A MATRIZ DIVINA

GREGG BRADEN

A MATRIZ DIVINA

UMA JORNADA ATRAVÉS DO TEMPO, DO ESPAÇO, DOS MILAGRES E DA FÉ

Tradução
HILTON FELÍCIO DOS SANTOS

Editora
Cultrix
SÃO PAULO

Título original: *The Divine Matrix*.

Copyright © 2007 Gregg Braden.

Copyright da edição brasileira © 2008 Editora Pensamento-Cultrix Ltda.

3ª edição 2012.

11ª reimpressão 2021.

Publicado originalmente em 2007 por Hay House Inc., USA.

Revisão técnica: Adilson Silva Ramachandra.

Todos os direitos reservados. Nenhuma parte deste livro pode ser reproduzida ou usada de qualquer forma ou por qualquer meio, eletrônico ou mecânico, inclusive fotocópias, gravações ou sistema de armazenamento em banco de dados, sem permissão por escrito, exceto nos casos de trechos curtos citados em resenhas críticas ou artigos de revistas.

A Editora Cultrix não se responsabiliza por eventuais mudanças ocorridas nos endereços convencionais ou eletrônicos citados neste livro.

O autor agradece ao Institute of HeartMath por permitir a reprodução da ilustração da figura 2; a Christopher Logue, pelo uso de seu poema "Come to the Edge" na Introdução; a Alvin Lee e ao Chrysalis Music Group, pela reprodução de trechos de "I'd Love to Change the World", no Capítulo 8.

O autor deste livro não oferece aconselhamento médico, nem recomenda técnicas de tratamento para males físicos, emocionais ou clínicos sem conselho médico, direto ou indireto. O autor pretende apenas oferecer informações de natureza geral, úteis para a nossa busca de bem-estar, emocional e espiritual. Nem o autor nem o editor são responsáveis pelo uso das informações aqui apresentadas.

Dados Internacionais de Catalogação na Publicação (CIP)
(Câmara Brasileira do Livro, SP, Brasil)

Braden, Gregg
    A Matriz Divina : uma jornada através do tempo, do espaço, dos milagres e da fé / Gregg Braden; tradução Hilton Felício dos Santos. -- São Paulo : Cultrix, 2008.
    Título original: The divine matrix : bridging time, space, miracles, and belief.
    Bibliografia.
    ISBN 978-85-316-1014-1
    1. Espiritualidade 2. Fé I. Título.

08-05306   CDD-299.93

Índices para catálogo sistemático:
1. Divina Matrix : Espiritualidade 299.93

Direitos de tradução para a o Brasil
adquiridos com exclusividade pela
EDITORA PENSAMENTO-CULTRIX LTDA.
Rua Dr. Mário Vicente, 368 — 04270-000 — São Paulo, SP
Fone: (11) 2066-9000
E-mail: atendimento@editoracultrix.com.br
http://www.editoracultrix.com.br
que se reserva a propriedade literária desta tradução.
Foi feito o depósito legal.

SUMÁRIO

Introdução 9

PARTE I
DESCOBRINDO A MATRIZ DIVINA:
O MISTÉRIO QUE UNE TODAS AS COISAS

CAPÍTULO 1   P: O que existe no espaço em volta?
R: *A Matriz Divina* 27

CAPÍTULO 2   Abalando o paradigma:
Os experimentos que mudam tudo 56

PARTE II
A PONTE ENTRE A IMAGINAÇÃO E A REALIDADE:
COMO A MATRIZ DIVINA FUNCIONA

CAPÍTULO 3   Somos observadores passivos ou criadores poderosos? ... 79

CAPÍTULO 4   Uma vez conectados, sempre conectados:
a vida no universo holográfico 114

CAPÍTULO 5   Quando o aqui é lá e o depois é agora:
o salto espacial e temporal na Matriz 133

PARTE III
MENSAGENS DA MATRIZ DIVINA:
VIDA, AMOR E CURA NA CONSCIÊNCIA QUÂNTICA

CAPÍTULO 6   O universo conversa conosco: mensagens da Matriz 149

CAPÍTULO 7   A leitura do espelho dos relacionamentos:
nossas próprias mensagens 169

CAPÍTULO 8   Reescrevendo o código da realidade:
vinte chaves para a criação consciente 201

AGRADECIMENTOS 214
NOTAS 217

*Tenho uma pequena gota
de sabedoria em minha alma.
Deixe que ela se dissolva no seu oceano.*

— Rumi

*"Toda matéria se origina e existe apenas em virtude de uma força. [...]
Devemos supor que por trás dessa força exista uma Mente consciente e
inteligente. Essa Mente é a <u>matriz</u> de toda a matéria."*
— Max Planck, 1944

Com essas palavras, Max Planck, o pai da teoria quântica,
descreveu o campo de energia universal que
conecta toda a criação: *a Matriz Divina*.

A Matriz Divina *é* o nosso mundo.
Também é cada coisa *no* nosso mundo.
É o nós, e tudo o que amamos, odiamos, criamos e experimentamos.
Vivendo na Matriz Divina, somos como artistas expressando
nossas paixões, medos, desejos e mais íntimos sonhos
na essência misteriosa de uma tela quântica.
Mas essa tela *somos nós*, como também somos as imagens na tela.
Somos a pintura e também o pincel.

Dentro da Matriz Divina somos o recipiente no qual
todas as coisas existem, a ponte unindo as criações
de nossos mundos interior e exterior, e o espelho
refletindo nossas criações.

Este livro é para aqueles que almejam despertar
o ímpeto de suas maiores paixões e mais íntimas aspirações.
Na Matriz Divina somos a semente
do milagre, assim como o próprio milagre.

INTRODUÇÃO

> *Venham até a borda.*
> *Podemos cair.*
> *Venham até a borda.*
> *É muito alto!*
> *VENHAM ATÉ A BORDA!*
> *E eles foram.*
> *Então ele empurrou,*
> *e eles voaram.*

Com essas palavras, descortinamos um belo exemplo do poder que nos aguarda quando temos a coragem de transpor os limites do que sempre julgamos verdadeiro em nossa vida. Nesse breve diálogo do poeta contemporâneo Christopher Logue, um grupo de iniciados enfrenta uma experiência bem diferente da que esperava.[1] Em vez de simplesmente ficarem *na* borda do abismo, são estimulados pelo mestre a ir *além* do abismo, de maneira tal que acabam surpresos e fortalecidos. É nesse território inexplorado que eles se experimentam de um modo diferente — e ao se descobrirem, encontram um novo tipo de liberdade.

Ler as páginas que se seguem é como se aproximar da borda do abismo. Elas descrevem a existência de um campo de energia — a Matriz Divina — que propicia o recipiente, a ponte e o espelho para tudo o que acontece entre o nosso mundo interior e o mundo externo ao nosso corpo. O fato de esse campo de energia existir dentro e em torno de todas as coisas, desde as menores partículas atômicas do quantum até as galáxias distantes, cuja luz só agora chega aos nossos olhos, muda nossa crença com relação ao papel que desempenhamos na criação.

Para alguns leitores, o que se segue será um jeito novo e muito diferente de compreender como o mundo funciona. Para outros, será uma síntese reconfortante do que já sabem, ou pelo menos suspeitam, ser verdadeiro. Para todos, entretanto, a existência de uma rede de energia fundamental interligando o nosso corpo, o mundo e tudo no universo, abre uma porta de ampla e misteriosa possibilidade.

Tal possibilidade sugere que podemos ser mais do que simples observadores vivendo um breve momento de uma criação preexistente. Quando olhamos a "vida" — nossa abundância material e espiritual, relacionamentos e carreira, nossos seres mais queridos e nossas maiores conquistas, ao lado de nossos medos e da escassez de todas essas coisas —, podemos estar contemplando também o reflexo de nossas crenças mais verdadeiras — e às vezes mais inconscientes. Essas crenças nos cercam porque foram manifestadas pela misteriosa essência da Matriz Divina e, por esse motivo, *a própria consciência* deve desempenhar um papel-chave na existência do universo.

SOMOS OS ARTISTAS E TAMBÉM A ARTE

Por mais forçada que essa idéia possa parecer a muitas pessoas, trata-se do ponto crucial de uma das maiores controvérsias debatidas pelas mentes mais brilhantes da história recente. As notas autobiográficas de Albert Einstein, por exemplo, nos contam que ele era um dos que acreditavam que somos observadores essencialmente passivos vivendo em um universo preexistente, sobre o qual exercemos uma influência muito pequena: "Lá fora encontra-se esse imenso universo", ele dizia, "que existe independentemente dos seres humanos e nos confronta como grande e eterna charada parcialmente acessível, pelo menos, às nossas inspeções e pensamentos."[2]

Contrastando com a perspectiva de Einstein, que ainda é sustentada por muitos cientistas hoje, John Wheeler, um físico de Princeton e colega de Einstein, oferece uma explicação radicalmente diferente de nosso papel na criação. Wheeler anuncia em termos enfáticos, claros e vívidos, que "Há muito tempo acreditamos que *lá fora* [ênfase do autor] existe um universo e que aqui se encontra o homem, o observador, protegido com segurança contra o universo por uma placa de quinze centímetros de vidro laminado". Ao observar os experimentos do século XX que nos mostravam como o ato de simplesmente olhar alguma coisa *mudava* essa coisa, Wheeler pondera: "Agora aprendemos com o mundo quântico que, até para observar um objeto tão minúsculo como um elétron, precisamos estilhaçar essa placa de vidro: temos que ir ao âmago. [...] Nosso antigo termo *observador* deve ser simplesmente abolido dos livros; deveremos substituí-lo por *participante*, uma nova palavra."[3]

Que mudança! Wheeler faz uma interpretação radicalmente diferente da usual sobre como nos relacionamos com o mundo, afirmando que não con-

INTRODUÇÃO

seguimos ficar apenas contemplando o universo acontecer. Os experimentos da física quântica realmente nos revelam que as propriedades de um elétron mudam enquanto ele está sob observação, basta que focalizemos nossa atenção sobre ele, ainda que por um breve instante. Os experimentos sugerem que o simples ato de observar é um ato de criar, e que a consciência executa uma criação. Aparentemente esses resultados apóiam a proposição de Wheeler de que não podemos mais nos julgar simples observadores, sem qualquer efeito sobre o mundo que observamos.

O pensamento de que, durante o breve período de nossa existência, estamos participando da criação, em vez de estarmos simplesmente passando pelo universo, exige nova percepção do que é o cosmos e de como ele funciona. A base de uma concepção do mundo tão radical fundamentou a série de livros e artigos de David Bohm, outro físico de Princeton e colega de Einstein. Bohm nos deixou duas teorias pioneiras antes de seu falecimento em 1992, oferecendo-nos duas visões muito diferentes do universo — visões praticamente holísticas, de certo modo — e do papel que nele desempenhamos.

A primeira foi uma interpretação da física quântica que estabeleceu o cenário para a reunião de Bohm com Einstein, início da amizade entre ambos. Foi essa a teoria que abriu a porta para o que Bohm chamou de "operação criativa de fundamentação [...] dos níveis de realidade"[4]. Em outras palavras, ele acreditava que existem planos de criação mais profundos e elevados fundamentando o modelo dos acontecimentos no nosso mundo. Nosso mundo físico se origina desses níveis mais sutis da realidade.

Sua segunda teoria explicava o universo como um sistema único e unificado da natureza, conectado de maneiras nem sempre muito óbvias. Durante seus primeiros trabalhos no Lawrence Radiation Laboratory (atualmente Lawrence Livermore National Laboratory) da University of California, Bohm teve a oportunidade de observar pequenas partículas de átomos em um estado gasoso especial conhecido como estado de *plasma*. Ele descobriu que as partículas nesse estado de plasma não se comportam como as unidades que usualmente consideramos autônomas, comportam-se mais como se estivessem interligadas entre si, como se fossem parte de uma existência maior. Esses experimentos lançaram a fundação para o trabalho pioneiro pelo qual Bohm provavelmente é mais conhecido, seu livro de 1980, *Wholeness and the Implicate Order**.

---

* *A Totalidade e a Ordem Implicada*, publicado pela Editora Cultrix, SP, 1992.

A MATRIZ DIVINA

Nessa obra modificadora de paradigmas, Bohm sugere que, se pudéssemos ver o universo inteiro de um ponto de vista mais elevado, todos os objetos do nosso mundo apareceriam como projeções de coisas que estariam acontecendo em outro ambiente fora de nosso campo de observação. Ele vislumbrou o que podemos e o que não podemos ver como expressões de um universo mais amplo, de uma ordem universal maior. Para distinguir entre as duas situações, ele chamou esses dois reinos de "implicado" e "explicado".

Tudo o que podemos ver e tocar e que aparece individualizado no nosso mundo — tais como as rochas, os oceanos, as florestas, os animais e as pessoas — são exemplos da *ordem explicada* da criação. Entretanto, por mais que essas coisas aparentem ser diferentes umas das outras, Bohm sugere que elas se encontram ligadas a uma realidade mais profunda, de uma maneira que simplesmente estamos impossibilitados de ver do lugar que ocupamos na criação. Ele viu todas as coisas que estão aparentemente separadas de nós como pertencentes a uma totalidade maior, que ele designou de *ordem implicada*.

Para descrever a diferença entre o implicado e o explicado, Bohm fez uma comparação com o que ocorre em um curso de água. Usando a metáfora do fluxo da água na mesma corrente líquida, ele descreveu a ilusão da individualidade das coisas da seguinte maneira: "No curso de água vemos uma multitude de vórtices, ondulações, agitações, ondas, salpicos, etc., evidentemente sem que possam existir como unidades autônomas"[5]. Ainda que as perturbações da superfície da água possam nos parecer individualizadas, Bohm as viu como intimamente ligadas e profundamente conectadas entre si. "Tais subsistências transitórias, embora dotadas de formas abstratas, *implicam apenas em uma independência relativa* [ênfase do autor], não têm existência totalmente independente"[6]. Em outras palavras, todas são parte da mesma água.

Bohm fez uso de tais exemplos para descrever sua percepção de universo e de tudo o que ele contém — incluindo-nos também —, o que efetivamente pode ser parte de um grande padrão cósmico no qual todas as partes são igualmente compartilhadas entre si. Englobando tal visão unificada da natureza, ele declarou simplesmente que "O melhor nome para essa nova introvisão talvez seja: *Totalidade Indivisa em Movimento Fluente*"[7].

Na década de 1970, Bohm ofereceu uma metáfora ainda mais clara para descrever como o universo pode ser pensado como um todo disperso, ainda que indivisível. Refletindo sobre a natureza inter-relacionada da criação, ele se convenceu mais ainda de que o universo funciona como um grande holograma cósmico. Em um holograma, cada parte de qualquer objeto representado contém a totalidade do objeto, com a única diferença de estar em menor escala. (Aos leitores não familiarizados com o conceito de holograma sugerimos consultar o Capítulo 4 para uma informação mais detalhada.) De acordo com a perspectiva de Bohm, o que hoje percebemos como nosso mundo é a projeção de algo ainda mais real e que se passa em um nível mais profundo do processo criativo. O original é o que se encontra no nível mais profundo — o do universo não-manifestado (implicado). Nessa visão do "como em cima, assim embaixo" e "como dentro, assim fora", os padrões encontram-se contido no interior dos padrões, completos dentro e fora de si mesmos, diferindo apenas quanto à escala.

A simplicidade elegante do corpo humano nos oferece um belo exemplo de holograma, já do nosso conhecimento. O DNA de qualquer parte do corpo contém nosso código genético — a totalidade do padrão do DNA — para todo o restante do corpo, independentemente da proveniência do código. Seja uma amostra do cabelo, da unha ou do sangue, o padrão genético que nos faz ser quem somos estará sempre contido no código [...] e sempre será o mesmo.

Assim como o universo muda constantemente do implicado para o explicado, o fluxo do não visto para o visto é o que constrói a dinâmica da criação. É essa natureza constantemente mutável da criação que John Wheeler tinha em mente quando descreveu o universo como "participativo" — isto é, inacabado e continuamente respondendo à consciência.

É interessante observar que é esse, precisamente, o modo pelo qual o mundo funciona, de acordo com a sabedoria das tradições antigas. Desde os antigos escritos védicos indianos, que alguns estudiosos acreditam datar de 5.000 anos a.C., aos Manuscritos do Mar Morto, de 2.000 anos de idade, as idéias convergem para a sugestão de que o mundo não passa de um espelho de coisas que acontecem em outro domínio mais elevado, ou em uma realidade mais profunda. Por exemplo, ao tecer considerações sobre novas traduções de fragmentos dos Manuscritos do Mar Morto, conhecidos como *Canções do Sacrifício de Sábado*, seus tradutores assim resumem o conteúdo: "O que acontece na Terra não é mais do que um pálido reflexo de uma realidade mais ampla e definitiva"[8].

Tanto a teoria quântica como os textos antigos nos levam a concluir que nos mundos invisíveis criamos o projeto dos relacionamentos, carreiras, êxitos e fracassos do mundo visível. A partir dessa perspectiva, a Matriz Divina funciona como o grande cenário cósmico que nos permite perceber a energia não-física de nossas emoções e crenças (nossa raiva, ódio e fúria, bem como nosso amor, misericórdia e compreensão) projetadas no meio físico da vida.

Assim como uma tela de cinema mostra sem avaliar qualquer imagem que tenha sido filmada, a Matriz aparentemente nos fornece uma superfície não-tendenciosa para nossas experiências e crenças interiores, a serem vistas no mundo. Algumas vezes conscientemente, mas muitas vezes sem perceber, "mostramos" nossas crenças mais verdadeiras acerca de qualquer assunto por meio dos nossos relacionamentos, desde a compaixão até a traição.

Em outras palavras, somos como artistas que expressam suas paixões, medos, sonhos e desejos mais profundos por meio da essência viva de uma misteriosa tela quântica. Entretanto, contrariamente a uma tela convencional de pintura que existe apenas em um lugar em um dado momento, nossa tela é feita da mesma coisa que constitui todas as coisas — está em toda parte e sempre se encontra presente.

Levemos a analogia da tela do pintor um passo adiante. Tradicionalmente os artistas estão separados de suas obras e usam seus instrumentos para consubstanciar uma criação íntima por meio de uma expressão exterior. Entretanto, no interior da Matriz Divina a separação entre o artista e sua arte desaparece: *somos* a tela, mas também as imagens nela colocadas, *somos* os instrumentos, mas também o artista que deles faz uso.

A simples idéia de criarmos de dentro de nossa própria criação nos faz lembrar um dos desenhos animados de Walt Disney, comuns nas televisões preto-e-branco nos idos das décadas de 1950 e 1960. Primeiramente víamos a mão de um artista não identificável rabiscando em um bloco de desenho um personagem bem conhecido, como por exemplo, o Mickey Mouse. A imagem, uma vez concluída, subitamente era animada e ganhava vida. Mickey começava então a criar seus próprios desenhos, e rabiscava outros personagens *de dentro* do próprio esboço. Repentinamente, o artista original não era mais necessário e saía da pintura [...] literalmente.

Mickey e companheiros assumiam sua própria vida e personalidade e a mão não era mais visível em parte alguma. Enquanto todos na casa de faz-de-conta estivessem dormindo, toda a cozinha era uma alegria só! O açucareiro dançava com o saleiro e a xícara confraternizava agitadamente com a manteigueira, os personagens já não tinham nenhuma ligação com o artista. Ainda que essa descrição possa ser considerada uma simplificação excessiva do funcionamento da Matriz Divina, ela é útil para ancorar nossa concepção, sutil e abstrata, de sermos criadores, criando de dentro de nossas criações.

Assim como o artista aperfeiçoa a imagem até que ela represente exatamente o que tem em mente, assim fazemos, aparentemente, em muitos aspectos

INTRODUÇÃO

com nossas experiências de vida, por meio da Matriz Divina. Mediante nossa paleta de crenças, avaliações, emoções e preces, nós nos colocamos em relacionamentos, empregos e situações de apoio e deslealdades ocorridos com vários indivíduos em diversos lugares. Ao mesmo tempo, essas pessoas e situações muitas vezes nos parecem insistentemente familiares.

Tanto como indivíduos como em conjunto, compartilhamos nossas criações de vida interior por meio do ciclo incessante dos momentos que se sucedem, dia após dia, continuamente. Como esse conceito é belo, bizarro e poderoso! Como o pintor que usa sem parar a mesma tela uma vez seguida de outra, na busca pela perfeita expressão de uma idéia, podemos nos ver como perpétuos artistas, construindo uma criação que sempre muda sem nunca terminar.

As implicações de estarmos cercados por um mundo maleável e de nossa própria lavra são vastas, poderosas e para alguns, talvez, um pouco assustadoras. Nossa capacidade de usar a Matriz Divina, de maneira intencional e criativa, subitamente nos dá forças para que mudemos o modo de perceber nosso papel no universo. No mínimo nos sugere que existe muito mais na vida do que acontecimentos ao acaso e sincronicidades ocasionais com as quais lidamos da melhor maneira possível.

Por fim, o relacionamento com a essência quântica que nos conecta a tudo mais nos lembra que nós mesmos somos criadores. Como tais podemos expressar nossos anseios mais profundos por cura, abundância, alegria e paz em tudo, de nosso corpo e vida até nossos relacionamentos. E podemos fazer isso conscientemente, da maneira e no momento que escolhermos.

Entretanto, assim como os iniciados do poema de Christopher Logue no começo desta Introdução estavam precisando de um "empurrãozinho" para conseguir alçar vôo, todas essas possibilidades exigem uma sutil, embora poderosa, mudança no modo de percebermos o mundo e nós mesmos. Nessa mudança subitamente captamos nossos desejos íntimos, nossos ideais mais elevados e sonhos grandiosos. Por mais miraculosa que essa realidade possa parecer, todas essas coisas — e muito mais — estão dentro das possibilidades do mundo da Matriz Divina. O segredo não consiste em apenas perceber como ele funciona, precisamos também dominar uma linguagem para comunicarmos nossos desejos de um modo que seja reconhecível por essa antiga rede de energia.

Nossas tradições mais caras e antigas nos lembram que de fato existe uma linguagem para falarmos à Matriz Divina, uma linguagem que dispensa palavras, que não implica no uso dos sinais de comunicação que fazemos com nossas mãos e corpo. Ela vem de maneira tão simples que praticamente já sabemos como "falar" fluentemente usando-a. Na realidade, é a que usamos todos os dias — é a linguagem da emoção humana.

A ciência moderna descobriu que nosso corpo, ao experimentar emoções, também processa mudanças químicas de coisas como pH e hormônios, ambos capazes de espelhar nossos sentimentos.[9] Mediante experiências "positivas" de amor, compaixão e perdão, por meio de emoções "negativas" de ódio, julgamento e inveja, somos dotados do poder de afirmar ou negar nossa existência a cada momento de todos os dias. Mais ainda, a mesma emoção que nos dá tal poder *dentro* do nosso corpo, estende sua força no mundo quântico, *além* do nosso corpo.

Pode ser útil imaginar que a Matriz Divina é como um cobertor cósmico que começa e termina no mundo do desconhecido, mas que se estende cobrindo todas as coisas entre seus extremos. Essa cobertura tem muitas camadas, já está na posição certa e está em toda parte, o tempo todo. Nosso corpo, vida e tudo o que conhecemos existem e ocupam um lugar dentro da trama de suas fibras. Desde o aquoso ambiente do útero materno até os casamentos, divórcios, amizades e carreiras, toda nossa experiência pode ser imaginada como "dobras" nesse cobertor.

De uma perspectiva quântica, tudo, desde os átomos da matéria, a folha do gramado, até nosso corpo, o planeta e o que se encontra além, tudo isso pode ser pensado como uma "perturbação" no tecido liso desse cobertor espaço-temporal. Talvez não seja coincidência o fato de as antigas tradições espirituais e poéticas se assemelharem tanto ao descreverem o fenômeno da existência. As escrituras védicas, por exemplo, falam de um campo unificado de "pura consciência", que banha e permeia toda a criação.[10] Nesses escritos, nossas experiências do pensar, sentir, ter emoções e alimentar crenças — e todo o discernimento criado por tais experiências — são considerados como "perturbações", interrupções em um campo que, não fosse por isso, teria suavidade e imobilidade.

De maneira semelhante, o poema do século VI *Hsin-Hsin Ming* (que se traduz como Versos sobre a Fé-Mente) descreve as propriedades de uma essência que é projeto de toda criação. Chamada Tao, está basicamente além da descrição, exatamente como vemos nas escrituras védicas. Isso é tudo, o receptáculo de toda experiência, assim como a experiência propriamente dita. O Tao é

INTRODUÇÃO

descrito como perfeito, "como um vasto espaço, onde nada falta e nada está em excesso".[11]

De acordo com *Hsin-Hsin Ming*, somente nos equivocamos com a harmonia do Tao quando perturbamos sua tranqüilidade com nossos juízos. Quando isso ocorre inevitavelmente e nos encontramos enredados por sentimentos de raiva e separação, seu texto nos oferece diretrizes para remediar essa condição: "Para entrar em direta harmonia com essa realidade, diga simplesmente quando a dúvida surgir, 'não dois'. Nesse 'não dois' nada está separado, nada é excluído".[12]

Ainda que eu esteja disposto a admitir a perda de alguma noção romântica sobre nossa vida ao admitirmos que somos um distúrbio na Matriz, isso também nos oferece uma forma poderosa de conceitualizar nosso mundo e nós mesmos. Se quisermos, por exemplo, travar novos relacionamentos, saudáveis e de afirmação à vida, deixar um romance curativo impregnar nossa vida ou propor uma solução pacífica para o Oriente Médio, temos de criar nova perturbação no campo, uma tal que espelhe nosso desejo. Precisamos fazer nova "dobra" nessa coisa que constitui o espaço, o tempo, o nosso corpo e o mundo.

Esse é o nosso relacionamento com a Matriz Divina. Recebemos o poder de imaginar, sonhar e sentir as possibilidades da vida no interior da Matriz propriamente dita, de tal modo que ela possa refletir de volta para nós nossas criações. Tanto as tradições antigas como a ciência moderna descreveram como esse espelho cósmico funciona; nos experimentos que serão descritos nos capítulos mais adiante, até mesmo mostramos, usando a linguagem da ciência, como tais reflexos funcionam. Mesmo admitindo que esses estudos resolvem alguns mistérios da criação, eles também descortinam questões mais profundas sobre nossa existência.

Certamente não sabemos tudo o que existe para se conhecer sobre a Matriz Divina. A ciência não tem todas as respostas — e com toda franqueza, os cientistas nem mesmo estão certos de onde veio a Matriz Divina. Sabemos que poderíamos estudá-la mais cem anos sem encontrar todas as respostas. O que sabemos, entretanto, é que a Matriz Divina existe. Ela está aqui e podemos nos valer do seu poder criativo pela linguagem das emoções.

Podemos aplicar esse conhecimento de um modo que seja útil e significativo em nossa vida. Ao fazer isso, nossa ligação com os outros e com todas as coisas não poderá ser negada. É sob a luz de tal conexão que poderemos perceber como realmente somos poderosos. Da posição de força que passamos a ter com tal feito podemos aproveitar a oportunidade de sermos pessoas mais pacíficas e misericordiosas, de trabalhar ativamente na criação de um mundo que espelhe essas e outras qualidades. Por meio da Matriz Divina temos a oportunidade de focalizar tais atributos em nossa vida, aplicá-los na tecnologia íntima dos nossos sentimentos, imaginação e sonhos. Ao fazer isso, aproveitamos a essência verdadeira do poder de mudar nossa vida e o mundo.

SOBRE ESTE LIVRO

Em muitos aspectos, nossa experiência com a Matriz Divina pode ser comparada ao *software* que faz nosso computador funcionar. Nos dois casos, as instruções devem usar uma linguagem que o sistema compreenda. Para o computador, trata-se de uma codificação numérica de 0s e 1s. Para a consciência, outro tipo de linguagem é necessária, uma que não faça uso de números, nem de alfabetos, nem mesmo de palavras. Como já somos parte da Matriz Divina, faz sentido que já tenhamos tudo o que é necessário para nos comunicarmos com ela, sem precisarmos de um manual de instruções ou de algum treinamento especial. E é assim que procedemos.

A linguagem da consciência parece ser a experiência universal da emoção. Já sabemos amar, odiar, temer e perdoar. Ao reconhecer que tais sentimentos na verdade são instruções que programam a Matriz Divina, ficamos em condições de aprimorar nossas habilidades e compreender melhor como encontrar alegria, cura e paz para nossa vida.

Este livro não pretende ser um trabalho definitivo na história da ciência e da nova física. Existem vários outros textos que têm sido maravilhosamente eficientes no despertar de nossa consciência para esse tipo de informação. Alguns são até mesmo citados aqui — por exemplo, o *Hyperspace*, de Michio Kaku, e *A Totalidade e a Ordem Implicada*, de David Bohm. Cada uma dessas obras nos mostra uma poderosa e nova forma de ver o mundo; recomendo ambas.

Este livro é uma obra escrita com a intenção de ser uma ferramenta útil — um guia — a ser aplicada nos mistérios da vida diária. Por essa razão, existem trechos em que escolhi dar mais atenção aos resultados radicais e inesperados dos experimentos quânticos, sem me prender excessivamente aos detalhes técnicos das experiências propriamente ditas. Para que compreendamos o poder para manifestar a cura, a paz, a alegria, o romance e a parceria, bem como para

INTRODUÇÃO

sobrevivermos ao nosso momento histórico, é mais importante enfatizar aquilo que os resultados nos dizem a respeito de nós mesmos, do que descer aos delicados detalhes de como os estudos foram feitos. Foram incluídas referências nas notas do fim do livro para os interessados nos detalhes técnicos.

Para muitas pessoas, os progressos no mundo da física quântica são pouco mais do que fatos interessantes, assuntos a tratar em conferências, *workshops* ou na hora do cafezinho. Ainda assim, a despeito da profundidade das implicações e da elevada filosofia que possamos alcançar, as descobertas aparentam ter relevância mínima na nossa vida diária. Qual a utilidade, por exemplo, de sabermos que uma partícula de matéria pode estar em dois lugares ao mesmo tempo e que os elétrons podem se deslocar mais rapidamente do que Einstein havia previsto, se esse conhecimento não acrescentar nada à nossa vida? Somente quando pudermos estabelecer a ligação entre essas estonteantes descobertas e a cura de nosso corpo, ou a nossa vivência em shopping centers, salas de estar, aeroportos e salas de aula, é que elas passarão a ter algum significado.

É para transpor esse aparente abismo entre os mistérios do mundo quântico e nossas experiências do dia-a-dia que *A Matriz Divina* oferece uma ponte. Este livro nos leva à próxima etapa, além da descrição dos resultados. Ele explica como essas descobertas nos ajudam a melhorar como pessoas e como, juntos, construiremos um mundo melhor.

Eu o escrevi para oferecer sentimentos de esperança, possibilidade e fortalecimento, em um mundo que tantas vezes nos faz sentir perdidos, ineficazes e impotentes. Minha meta é chegar a tais resultados com uma prosa em estilo de conversa, capaz de descrever as impressionantes percepções da nova ciência de uma maneira interessante e fácil de ser compreendida.

Minha experiência com apresentações ao vivo tem mostrado que para um entrosamento significativo com a audiência é importante respeitar a forma de aprendizado dos ouvintes. Independentemente de sermos mais orientados pelo "hemisfério esquerdo" do cérebro, ou da intensidade do uso que fazemos do "hemisfério direito", sentimos que, de fato, usamos os dois lados para compreender o mundo. E ainda que algumas pessoas confiem mais em um hemisfério do que em outro, é importante que respeitemos tanto a intuição como a lógica ao fazermos esse convite de dar um gigantesco salto na forma de encarar o mundo.

Por esse motivo, *A Matriz Divina* foi escrito da mesma maneira que a trama de uma tapeçaria é criada. Nestas páginas, teci descrições de casos pessoais e de experimentações diretas, que puxam mais pelo "hemisfério direito", com pesquisas e relatórios que privilegiam o "hemisfério esquerdo" e nos dão conta da razão por que tais histórias são importantes. Essa maneira de compartilhar informações tira dos dados a aparência de sabedoria de livros, ao mesmo tempo em que conserva avanços científicos suficientes para que essas informações façam sentido.

Assim como toda a vida provém de quatro bases químicas que criam nosso DNA, o universo aparentemente se fundamenta em quatro características da Matriz Divina que fazem tudo funcionar da maneira que funcionam. O segredo para usufruirmos os poderes conferidos pela Matriz reside em nossa habilidade de apreender as quatro memoráveis descobertas que a unem à nossa vida de um modo sem precedentes:

Descoberta 1: Existe um campo de energia conectando toda a criação.

Descoberta 2: Esse campo desempenha o papel de receptáculo, ponte e espelho para nossas crenças íntimas.

Descoberta 3: O campo está em toda a parte e é holográfico. As partes estão ligadas entre si e cada uma espelha o todo em escala menor.

Descoberta 4: Nossa comunicação com o campo se faz pela linguagem da emoção.

Está ao nosso alcance reconhecer e aplicar essas realidades, que são determinantes de tudo, da restauração de nossa saúde ao sucesso em nossas carreiras. No final das contas, nossa sobrevivência como espécie pode estar diretamente ligada à nossa capacidade e desejo de compartilhar práticas afirmativas de vida provenientes de uma visão do mundo quântico unificado.

Para fazer justiça aos imensos conceitos decorrentes da Divina Matriz, escrevi este livro em três partes, cada qual cobrindo uma das implicações-chave do campo. Em vez de criar uma conclusão formal no final de cada parte, ressaltei os conceitos importantes sob a forma de um sumário em linha e chamei o conceito de "princípios" designados por um número (princípio 1, princípio 2, e assim por diante). Para referência rápida, uma listagem dos vinte princípios pode ser encontrada no final do Capítulo 8.

Uma breve descrição de cada seção auxilia a navegação do material e na busca da informação útil para tudo, de importantes referências até inspirações profundas.

INTRODUÇÃO

A Parte I, "Descobrindo a Matriz Divina, o mistério que une todas as coisas", explora o duradouro sentimento humano que nos une ao campo de energia que liga todas as coisas. No Capítulo 1, descrevi um único experimento que fez os cientistas recuarem cem anos na busca pelo mencionado campo unificado. Nessa seção, também comentei a pesquisa do século XX que foi responsável por avanços na física quântica e que levou os cientistas a examinarem mais uma vez o experimento original, pelo qual nos informaram que todas as coisas são separadas umas das outras. Isso inclui três experimentos que são representativos e mostram a mais recente documentação sobre determinado campo de energia, não reconhecido anteriormente. Brevemente, os resultados demonstraram:

1. O DNA humano exerce efeito direto na matéria que constitui o mundo.
2. A emoção humana exerce efeito direto sobre o DNA que afeta a matéria que constitui o mundo.
3. A relação entre as emoções e o DNA transcende limites espaciais e temporais. Os efeitos são os mesmos, independentemente da distância.

Pouca dúvida ainda haverá ao se chegar ao final da Parte I quanto à existência da Matriz Divina. Quer sua descrição seja feita de uma perspectiva espiritual ou científica, é claro que existe algo — um campo de energia que conecta tudo o que fazemos, somos e experimentamos. As questões lógicas então passam a ser formuladas assim: "O que fazemos com essa informação?" e "Como poderemos usar a Matriz Divina em nossa vida?"

A Parte II, "A ponte entre a imaginação e a realidade: como a Matriz Divina funciona", explora o que significa viver em um universo onde, além de estarmos conectados (de modo não-local), tudo se encontra interligado *holograficamente*. O poder sutil desses princípios talvez seja uma das maiores descobertas da física do século XX — sendo bastante possível que seja a menos compreendida e a mais negligenciada. Essa é uma seção intencionalmente não-técnica, projetada para ser um guia útil dos mistérios das experiências que todos compartilhamos, mas que raramente reconhecemos como plenamente capazes de nos transmitir conhecimentos.

Quando olhamos nossa vida do ponto de vista de todas as coisas estarem em toda a parte todo o tempo, as implicações são tão vastas que muitas são de difícil percepção. É precisamente por causa da nossa conexão universal que temos poder para suportar, compartilhar e participar das alegrias da vida e tragédias em toda parte e a qualquer tempo. Como usamos esse poder?

A resposta começa com nossa compreensão de que realmente não existe "aqui" e "lá" ou "depois" e "agora". Da perspectiva da vida universalmente conectada como holograma, o *aqui é sempre lá* e o *depois é sempre agora*. As tradições espirituais antigas nos lembram de que, em todos os momentos de cada dia, fazemos escolhas que são afirmativas ou negativas para nossa vida. Em cada instante, escolhemos nos nutrir de maneira que contribuirá para fortalecer ou para enfraquecer nossa vida; para afirmar a vida pela respiração profunda ou para negá-la pela rasa; pelos pensamentos e falas que vão elevar ou denegrir a imagem de outras pessoas.

Pelo poder de nossa consciência não-local e holográfica, cada uma dessas escolhas, aparentemente insignificante, tem conseqüências que se estendem além dos lugares e momentos de nossa vida. Nossas escolhas individuais se combinam e se tornam nossa realidade coletiva — e isso é o que torna as descobertas tão excitantes e assustadoras. Pela compreensão desses fatos percebe-se:

- a razão por que nossas aspirações, pensamentos e preces já estarem sempre em seus destinos;
- que não somos limitados pelo nosso corpo ou pelas "leis" da física;
- que apoiamos nossos seres queridos em toda parte, seja no campo de batalha ou na sala da diretoria — sem ao menos sair de casa;
- que *temos* o potencial para nos tornarmos saudáveis instantaneamente;
- que *existe* a possibilidade de visão através do tempo e do espaço sem que ao menos precisemos abrir os olhos.

A Parte III, "Mensagens da Matriz Divina: vida, amor e cura na consciência quântica" mergulha diretamente nos aspectos práticos do que significa viver no campo unificado de energia, e também no seu efeito sobre os acontecimentos de nossa vida. Com exemplos de sincronicidades e coincidências, poderosos atos de cura intencional e o que nossos mais íntimos relacionamentos nos mostram, essa seção serve como modelo para que possamos reconhecer o que experiências semelhantes poderiam fazer em nossa vida.

Mediante várias histórias de caso, compartilho o poder, a ironia e a clareza de como eventos aparentemente insignificantes de nossa vida estão na verdade mostrando, "a nós mesmos", quais são nossas crenças mais profundas e verdadeiras. Entre os exemplos usados para descrever esse relacionamento, incluo

INTRODUÇÃO

a história de um caso de como nossos bichinhos de estimação podem nos mostrar com *seu* corpo como estão as condições físicas do nosso, que passaram despercebidas ou que ainda estão se desenvolvendo.

Este livro é o resultado de mais de vinte anos de pesquisas e de minha jornada pessoal na busca pelo significado de grandes segredos conservados pelas mais antigas, místicas e valorizadas tradições. Agradará a todos que sempre procuraram respostas para indagações de questões como: "Será que estamos *realmente* conectados e, se estivermos, qual a profundidade dessa conexão?" e "Em que medida nosso poder pode *verdadeiramente* mudar o mundo?"

A Matriz Divina foi escrito para todos cuja vida faz uma ponte entre a realidade do passado e a esperança do futuro. Ouça o pedido para conceder perdão e se compadecer, vindo de um mundo cambaleante pelas cicatrizes de tantos ferimentos, condenações e medos. A chave para sobrevivermos a essa época da história é criar uma nova forma de pensar enquanto ainda enfrentamos condições que ameaçam nossa existência.

Poderemos, por fim, descobrir que nossa capacidade para entender e aplicar as "regras" da Matriz Divina guarda o segredo de nossa cura mais profunda, da nossa maior alegria e da nossa sobrevivência como espécie.

— **Gregg Braden**
Santa Fé, Novo México

PARTE I

DESCOBRINDO A MATRIZ DIVINA: O MISTÉRIO QUE UNE TODAS AS COISAS

CAPÍTULO UM

P: O QUE EXISTE NO ESPAÇO EM VOLTA?
R: A MATRIZ DIVINA

> *"A ciência não pode resolver o derradeiro mistério da natureza. E isso porque, em última análise, nós mesmos somos [...] parte do mistério que tentamos resolver."*
> — Max Planck (1858–1947), físico
>
> *"Quando nos compreendemos, quando compreendemos a nossa consciência, compreendemos também o universo e a separação desaparece."*
> — Amit Goswami, físico

Existe um lugar onde todas as coisas começam, um lugar de pura energia, que simplesmente "é". Nessa incubadora quântica da realidade, todas as coisas são possíveis. Nosso sucesso pessoal, nossa abundância, a cura de nossas falhas, nossas carências e doenças, nossos maiores medos e desejos mais profundos, absolutamente tudo tem início nesse "caldo" potencial.

Por meio dos construtores da realidade: fantasias, expectativas, ponderações, paixões e preces, galvanizamos cada possibilidade na existência. Ao professar as crenças sobre quem somos, o que temos e o que não temos, o que deveríamos ser e o que não deveríamos ser, insuflamos vida nas nossas maiores alegrias, mas também em nossos mais negros momentos.

O princípio para dominar esse lugar de pura energia é ter o conhecimento de que ele existe, compreender seu funcionamento e usar uma linguagem que seja reconhecível. Como arquitetos da realidade, tudo fica à nossa disposição nesse local onde o mundo começa: o espaço puro da Matriz Divina.

A MATRIZ DIVINA

> **Princípio 1:** A Matriz Divina é o *receptáculo* que contém o universo, a *ponte* que interliga tudo e o *espelho* que mostra todas as nossas criações.

A última coisa que eu esperava ver em um final de tarde de outubro, ao escalar uma trilha remota em Four Corners no noroeste do Novo México, era um dos guardiões das tradições americanas nativas andando em minha direção nesse mesmo caminho. Mas lá estava ele, de pé no topo da pequena rampa que nos separava na medida em que nossos caminhos convergiam.

Não sei bem desde quando ele estava ali. No momento em que o vi ele aguardava minha chegada, olhava-me enquanto eu escolhia meu passo entre as pedras soltas da trilha. A luminosidade do fim de tarde ensombrava profundamente a silhueta do corpo do homem. Quando ergui a mão para bloquear a luz do sol dos meus olhos, vislumbrei mechas de seu cabelo comprido até os ombros e soprando pela face.

Ele parecia tão surpreso em me ver quanto eu em vê-lo. Protegendo o som com as mãos em concha em volta da boca, ele gritou: "Olá!"

"Olá", respondi. "Não esperava encontrar ninguém aqui a esta hora do dia." Aproximando-me, perguntei: "Há quanto tempo você estava me observando?"

"Não fazia muito tempo", ele disse. "Vim até aqui para ouvir as vozes dos meus ancestrais vinda dessas cavernas", falou enquanto apontava para o lado oposto do cânion.

O caminho em que estávamos dava voltas em torno de uma série de locais arqueológicos construídos há cerca de onze séculos por uma tribo misteriosa. Ninguém sabia de onde tinham vindo nem quem eram eles. Sem evidência alguma da evolução de suas habilidades ao longo do tempo, essas pessoas chamadas pelos nativos modernos simplesmente de "os antigos" apareceram em um momento da história trazendo a mais avançada tecnologia que jamais seria vista na América do Norte durante os mil anos seguintes.

Dos edifícios de quatro andares e perfeitas câmaras kivas (estruturas cerimoniais arredondadas) subterrâneas, aos amplos sistemas de irrigação e colheitas sofisticados, que garantiam o sustento da população, o lugar parecia ter surgido do nada num belo dia. E, de repente, os que o tinham construído foram embora — simplesmente desapareceram.

Os antigos nos deixaram preciosas pistas para nos dizer quem eles eram. Com exceção da arte rupestre nas paredes do cânion, nunca foram encontrados registros históricos sobre o fato. Não existem locais de cemitérios coletivos, de cremações nem cenários de guerras passadas. Ainda assim, as provas são visíveis: centenas de antigas habitações ao longo de uma garganta de dezoito quilômetros de comprimento por dois de largura, no canto remoto de um cânion desolado no noroeste do Novo México.

Eu já havia estado nesse lugar outras vezes para caminhar, imerso na estranha beleza dessa desolação aberta, e para sentir o passado. Nesse entardecer de outubro, tanto o nativo quanto eu havíamos chegado ao meio do deserto no mesmo dia e pela mesma razão. Enquanto trocávamos idéias sobre os segredos que o lugar ainda escondia, meu novo amigo me contou uma história.

UMA VEZ, HÁ MUITOS ANOS...

"Há muitos anos, o mundo era bem diferente do nosso mundo de hoje em dia", começou o nativo, guardião da sabedoria. "Existiam menos pessoas, vivíamos mais perto da terra. As pessoas entendiam a linguagem da chuva, as colheitas e o Grande Criador. Sabiam até mesmo como falar com as estrelas e os povos do céu. Estavam cientes de que a vida é sagrada, e que ela vinha do casamento da Mãe Terra com o Pai Céu. Era uma época em que tudo estava em equilíbrio, as pessoas eram felizes."

Senti alguma coisa muito antiga crescendo dentro de mim enquanto ouvia ecoando a calma voz do homem pelo arenito das paredes rochosas em volta. De repente, sua voz ficou triste.

"Então alguma coisa aconteceu", ele disse. "Ninguém realmente sabe o porquê, mas as pessoas começaram a se esquecer de quem eram. Ao se esquecerem, começaram a se sentir separadas — separadas da terra, separadas umas das outras e até mesmo de quem as havia criado. Ficaram perdidas, vagando pela vida, sem nenhuma direção ou destino. Nesse estado de segregação acreditavam que deviam lutar para sobreviver aqui neste mundo, para defender-se das mesmas forças que lhes concederam a vida, que tinham aprendido a viver com tanta harmonia e confiança. Logo passaram a se proteger energicamente do mundo em que viviam, em vez de viverem em paz com o mundo que estava dentro deles."

Imediatamente a história que ele contava encontrou ressonância em mim. Enquanto ouvia, eu identificava a descrição perfeita de como procedem os seres humanos hoje em dia! Nossa civilização, sem sombra de dúvida, focaliza mais o mundo *em nossa volta* do que o *nosso mundo interior*, com exceção de poucas culturas isoladas e de alguns remotos bolsões de tradições, ainda remanescentes.

A MATRIZ DIVINA

Gastamos centenas de milhões de dólares todos os anos defendendo-nos de doenças e tentando controlar a natureza. Ao fazermos isso, com toda probabilidade ficamos ainda mais desgarrados de uma posição de equilíbrio com o mundo natural. O guardião da sabedoria havia conquistado a minha atenção — a questão agora era: para onde ele ia levando tal história?

"Ainda que eles tenham esquecido quem eram, intimamente a dádiva de seus ancestrais continuava existindo", ele prosseguiu. "Ainda havia uma memória vivendo dentro deles. Durante a noite, dormiam e sonhavam que ainda tinham o poder da cura corporal, de fazer chover quando necessário e de falar com os ancestrais. Sabiam que, de algum modo, poderiam encontrar, uma vez mais, seu antigo lugar no mundo natural.

"Enquanto tentavam se lembrar de quem eram, começaram a construir coisas *externas* para se lembrarem das *internas*, para se recordarem quem realmente eram, intimamente. Com o passar do tempo chegaram até a construir máquinas de curar, fabricar produtos químicos para fertilizar seus plantios, e esticar fios para se comunicarem a longas distâncias. Quanto mais se distanciavam de seus poderes interiores, mais atravancadas sua vida ficava com as coisas que eles acreditavam que iam torná-los mais felizes."

Enquanto escutava, eu percebia o paralelo inconfundível entre a narração sobre essas pessoas e a nossa civilização de hoje. Nossa civilização ficou impregnada de sentimentos de impotência quanto a nos prestar ajuda ou fazer um mundo melhor. Com bastante freqüência sentimo-nos *desamparados* ao vermos pessoas queridas aprisionadas aos grilhões da dor ou na dependência dos vícios. Acreditamos *não ter poder* para minorar o sofrimento causado por doenças horríveis, que nenhum ser vivo deveria ser obrigado a enfrentar. Podemos *esperar* apenas pela paz que resgatará nossos entes queridos e os trará de volta dos campos de batalha estrangeiros. E também sentimo-nos insignificantes na presença de uma ameaça nuclear crescente, enquanto o mundo cerra fileiras dividindo-se nas várias crenças religiosas, hereditariedades e fronteiras.

Aparentemente, quanto mais desgarrados ficamos de nossas relações naturais com a terra, com nosso corpo, uns dos outros e de Deus, mais vazios nos tornamos. Tão vazios assim, empenhamo-nos na luta para preencher nosso vácuo íntimo com "coisas". Observando o mundo a partir dessa perspectiva, não posso deixar de pensar sobre dilema semelhante levado ao cinema pelo filme de ficção científica *Contato*. O consultor para temas de ciência do presidente dos Estados Unidos, representado pelo ator Matthew McConaughey, explora a questão fundamental enfrentada por todas as sociedades tecnológicas. Durante uma entrevista de televisão, ele indaga se nossa sociedade melhorou com os avanços tecnológicos. Teriam eles nos aproximado uns dos outros ou feito com que ficássemos mais separados? A questão acaba não sendo realmente respondida no filme, e um tópico desses poderia, sozinho, ser tema de um livro inteiro. Entretanto, o que o consultor desejava demonstrar era um argumento bastante sólido, quando indagou quanto de nosso poder dissipamos em distrações.

Ao sentirmos que videogames, filmes, relacionamentos virtuais online e comunicação que dispensa a voz são necessidades que estão substituindo o contato face a face na vida real, percebemos sinais de uma sociedade com problemas. A mídia eletrônica e de entretenimento, embora sem dúvida pareçam tornar a vida mais interessante, também podem ser vistas como bandeiras vermelhas que sinalizam perigo e nos dizem como estamos fora da rota de uma vida rica, saudável e significativa.

Além disso, quando *evitar doenças* passa a ser o principal foco de nossa vida em vez de como viver de maneira saudável, como *evitar a guerra* em lugar de como cooperar na paz, como *criar novas armas* e não como viver em um mundo onde os conflitos armados ficaram obsoletos, claramente fizemos a opção do caminho da sobrevivência e nada mais. Dessa maneira ninguém é verdadeiramente feliz — ninguém "vence", realmente. Quando nos encontramos vivendo assim, a atitude óbvia a tomar, evidentemente, é procurar por outro caminho. Precisamente essa é a proposta deste livro e este é o motivo pelo qual compartilho essa história.

"Como a história termina?" perguntei ao nativo, guardião da sabedoria. "As pessoas encontraram finalmente o poder e se lembraram de quem eram?"

Nesse momento do dia o Sol já tinha desaparecido por trás das escarpas do desfiladeiro e, pela primeira vez, eu podia ver melhor com quem estava falando. O homem queimado de sol em minha frente deu um amplo sorriso ao ouvir minha pergunta. Ficou quieto por um instante, depois sussurrou: "Ninguém sabe, porque a história ainda não terminou. As pessoas que se perderam são nossos ancestrais, somos nós que estamos escrevendo o final dessa história! O que você acha...?"

Depois disso só voltei a vê-lo poucas vezes, em vários locais das regiões e comunidades que ambos amávamos. Entretanto, lembro-me dele muitas vezes, até hoje. Enquanto observo como se desdobram os eventos no mundo, lembro-me dessa história e pergunto-me se ainda chegaremos a ver como termina durante nossa vida. Será que o leitor e eu seremos os que vão se lembrar?

A MATRIZ DIVINA

São muito grandes as implicações da história contada pelo homem do câ-nion. A sabedoria convencional da narração é a de que as ferramentas das civilizações passadas — independentemente da idade que tenham — eram de certa forma menos adiantadas do que as modernas tecnologias. Ainda que seja verdadeiro o fato de esses povos não contarem com os benefícios da ciência "moderna" naquela época para ajudá-los com seus problemas, talvez eles tivessem algo ainda melhor.

Nas minhas discussões com historiadores e arqueólogos cujas vidas são baseadas na interpretação do passado, esse tópico geralmente acaba sendo a origem de emoções acaloradas. "Se eles eram tão adiantados, onde está a prova de tanta tecnologia?", perguntam os especialistas. "Onde estão as torradeiras, os fornos de microondas e os aparelhos de DVD?" Acho muito interessante depender tanto das *coisas* feitas pelos indivíduos ao se interpretar como uma dada civilização teria se desenvolvido. E o que dizer do raciocínio que está sob a superfície do que eles fizeram? Embora nunca tenhamos nos deparado com uma TV ou câmera digital nos registros arqueológicos do sudoeste americano (ou em nenhum outro lugar, para falar a verdade, tanto quanto eu saiba) a questão é, por quê?

Será que ao encontrarmos os restos de civilizações avançadas, como as do Egito, Peru ou do sudoeste do deserto americano, estaremos realmente nos deparando com remanescentes de uma tecnologia a tal ponto *adiantada* que dispensava o uso de torradeiras e DVDs? Talvez tivessem superado a necessidade de viver em um mundo exterior desordenado e complexo. Talvez soubessem algo acerca deles mesmos que tenha lhes dado uma *tecnologia* interna para viver de modo diferente, uma sabedoria que já esquecemos. Tal sabedoria lhes trouxe tudo de que precisavam para sustentar e remediar suas vidas de uma maneira que estamos somente principiando a perceber.

Se isso for verdade, talvez não seja necessário buscar nada além da natureza para compreendermos quem somos e qual é, verdadeiramente, nosso papel nesta vida. É igualmente possível que algumas das nossas mais profundas e fortalecedoras percepções já estejam confirmadas pelas descobertas misteriosas feitas no mundo dos quanta. Durante o último século, os físicos descobriram que a matéria do nosso corpo e o universo nem sempre segue a forma limpa e organizada das leis da física, consideradas sagradas durante, aproximadamente, trezentos anos. De fato, na menor de todas as escalas do mundo, as próprias partículas que nos constituem quebram as regras que dizem sermos separados uns dos outros e limitados em nossa existência. No nível das partículas, aparentemente tudo está interconectado e é infinito.

Essas descobertas sugerem que existe algo no interior de cada um de nós que não é limitado pelo tempo, nem pelo espaço e nem mesmo pela morte. Essas descobertas concluíram que, aparentemente, vivemos em um universo "não-local", onde tudo está sempre conectado.

Dean Radin, cientista sênior do Institute of Noetic Sciences, foi pioneiro na exploração do que significa viver em tal mundo. Conforme sua explicação, a "não-localidade" significa que "existem maneiras de mostrar que coisas que parecem estar separadas, de fato não estão separadas".[1] Em outras palavras, o "nós" que habita nosso íntimo, não se limita pela pele e pelos pêlos de nosso corpo.

Não importa como chamemos esse "algo" misterioso, nós todos o temos, e o nosso se mistura com o dos outros, como parte do campo de energia que banha todas as coisas. Acredita-se que esse campo seja a rede quântica que conecta o universo, o infinitamente microscópico e o molde energético para tudo, desde a cura de nosso corpo ao fortalecimento da paz mundial. Para reconhecer nosso verdadeiro poder, precisamos compreender o que é esse campo e como ele funciona.

Se os antigos naquele cânion do norte do Novo México — ou, para falar a verdade, de qualquer outro lugar do mundo — compreendiam como essa esquecida parte do nosso interior funciona, temos uma forte argumentação para honrar a sabedoria dos ancestrais e entronizá-la em um lugar adequado na nossa época.

SERÁ QUE ESTAMOS CONECTADOS? REALMENTE CONECTADOS?

A ciência moderna está a ponto de resolver um dos maiores mistérios de todos os tempos. Provavelmente não vamos ter notícias sobre isso pelos telejornais no horário nobre da televisão, nem vamos ver manchetes noticiando o fato nos principais jornais. Mas, apesar de tudo, aproximadamente setenta anos de pesquisas na área da ciência conhecida como a "nova física" está apontando para conclusões irrefutáveis.

Princípio 2: Todas as coisas do mundo estão ligadas a todas as outras coisas.

Quer dizer: realmente ligadas! Essa é a novidade que altera tudo e que abala, sem dúvida alguma, os alicerces da ciência como hoje a conhecemos.

"Muito bem", podemos dizer, "já ouvimos isso antes. O que torna *essa* conclusão tão diferente? O que realmente significa estar conectado?" Essas são ótimas perguntas e as respostas poderão surpreendê-los. A diferença entre as novas descobertas e o que acreditávamos anteriormente é que, no passado, simplesmente nos *diziam* que a conexão existia. Mediante frases técnicas como "sensível dependência das condições iniciais" (ou "efeito borboleta") e por teorias sugerindo que o que é feito "aqui" tem um efeito "ali", podíamos observar, de maneira superficial, a atuação da conexão em nossa vida. Os novos experimentos, entretanto, nos levam a um passo adiante.

Além de provar que estamos ligados a tudo, as pesquisas agora demonstram que a conexão existe *por nossa causa*. Nossa conectividade nos dá o poder de ajeitar as coisas para que nos favoreçam, no que diz respeito à transformação de nossa vida. Para absolutamente tudo, da busca pelo romance à cura dos nossos entes queridos e à satisfação de nossas mais profundas aspirações, somos uma parte integral do que experimentamos todos os dias.

O fato de as descobertas mostrarem que podemos usar nossa conexão conscientemente abre as portas para nada menos do que a oportunidade de tirar partido do mesmo poder que movimenta todo o universo. Por meio da unidade que está no interior do seu corpo, do meu e do corpo de todos os seres humanos do planeta, temos uma comunicação direta com a mesma força que cria tudo, dos átomos às estrelas e ao DNA da vida!

No entanto, existe uma pequena armadilha: nosso poder para fazer isso está adormecido até que o despertemos. O segredo para acordar esse impressionante poder é fazer uma pequena mudança no modo como estamos habituados a ver o mundo. Assim como os iniciados de Logue descobriram que podiam voar depois de receberem um pequeno empurrão na borda do abismo (poema da página 9), com uma ligeira mudança de percepção podemos usufruir a mais poderosa força do universo para lidar com as situações aparentemente mais impossíveis de serem resolvidas. Isso acontece quando nos permitimos perceber de outro modo nosso papel no mundo.

Como o universo parece realmente ser um lugar muito grande — quase vasto demais para que a gente pelo menos consiga conceber seu tamanho —, podemos começar por nos ver de outro modo no dia-a-dia. A "pequena mudança" de que precisamos consiste em começar a nos ver *como parte* do mundo, não como se estivéssemos *separados dele*. A maneira de nos convencermos de que realmente somos um com tudo o que vemos e experimentamos é compreender *como* estamos unidos e *o que* tal conexão significa.

> **Princípio 3:** Para usufruirmos da força do universo propriamente dito, precisamos nos ver como *parte* do mundo, não como se estivéssemos *separados* dele.

Pela conexão que une tudo, a "coisa" da qual o universo é feito (ondas e partículas de energia) aparentemente quebra as leis do tempo e do espaço da maneira como estamos habituados a interpretá-las. Ainda que os detalhes pareçam mais algo ligado à ficção científica, eles são bem reais. As partículas de luz (fótons), por exemplo, já foram observadas como capazes de dupla localização — isto é, de se situarem, precisamente no mesmo instante, em dois locais diferentes separados por muitos quilômetros.

Do DNA de nosso corpo aos átomos de todo o restante, as coisas na natureza parecem compartilhar informações com mais rapidez do que foi previsto por Albert Einstein para o deslocamento de qualquer coisa — mais rapidamente do que a velocidade da luz. Em alguns experimentos, os dados chegam aos respectivos destinos até mesmo *antes* de deixarem seus locais de origem! Historicamente acreditava-se que tais fenômenos fossem impossíveis, mas, aparentemente, eles não apenas são possíveis, como também podem nos mostrar algo mais do que simplesmente as interessantes anomalias de pequenas unidades da matéria. A liberdade de movimento que as partículas quânticas demonstram pode revelar como o restante do universo funciona quando olhamos além dos conhecimentos da física.

Conquanto esses resultados possam ser parecidos com algum enredo futurístico de um episódio de *Jornada nas Estrelas*, eles estão sendo observados agora, sob o escrutínio dos cientistas de hoje em dia. Individualmente, os experimentos que produzem tais efeitos são certamente fascinantes e merecem uma investigação mais detalhada. Considerados em conjunto, entretanto, eles também sugerem que nós podemos não estar tão limitados pelas leis da física quanto imaginávamos. Talvez as coisas *sejam* capazes de viajar mais rapidamente do que a velocidade da luz e talvez elas *possam* estar em dois lugares ao mesmo tempo. E se as *coisas* têm essa capacidade, será que nós também temos?

Essas são precisamente as possibilidades que entusiasmam os inovadores de hoje e que mexem com nossa imaginação. É a associação da imaginação — a idéia de que alguma coisa possa ser como imaginamos — com a emoção que dá vida a uma possibilidade de que ela se transforme em realidade. A manifestação se inicia com o desejo de abrir espaço em nossas crenças para alguma coisa que por hipótese não existe. Criamos essa "alguma coisa" pela força da consciência e da percepção.

O poeta William Blake reconhecia que o poder da imaginação era a essência da nossa existência, mais do que algo que simplesmente experimentávamos de vez em quando, durante nossos períodos de folga. "O homem é todo imaginação", ele dizia e explicava: "O corpo eterno do homem é a imaginação, isto é, o próprio Deus"[2]. O filósofo e poeta John Mackenzie explicava mais ainda nosso relacionamento com a imaginação, e sugeria que "a distinção entre o que é real e o que é imaginário não é algo que possa ser mantido detalhadamente (...) todas as coisas são (...) imaginárias"[3]. Nessas duas descrições, os eventos concretos da vida devem primeiramente ser antevistos como possibilidades, antes de se transformarem em realidade.

Entretanto, para que as idéias do imaginário de um momento no tempo se transformem na realidade de outro momento, deve existir algo que interligue ambos. De alguma maneira deve existir no tecido do universo a conexão entre fantasias passadas e realidades presentes e futuras. Einstein acreditava firmemente que o passado e o futuro estavam intimamente entrelaçados com coisas de uma quarta dimensão, e que formavam uma realidade que ele chamou de *espaço–tempo*. "A distinção entre o passado, o presente e o futuro", ele dizia, "não passa de uma ilusão persistentemente obstinada"[4].

Dessa maneira, por meios que nós apenas começamos a compreender, concluímos estar conectados não somente com tudo aquilo que vemos em nossa vida hoje, mas também com tudo o que já existiu, bem como com coisas que nem aconteceram ainda. E o que estamos experimentando *agora* é o resultado dos eventos que ocorreram (pelo menos parcialmente) no âmbito do universo visível.

As implicações desses relacionamentos são imensas. Em um mundo onde um campo inteligente de energia conecta tudo, desde a paz mundial até as curas pessoais, o que pode ter parecido mera fantasia e milagres antigamente, de repente se transforma em um acontecimento possível de suceder em nossa vida.

Com essas conexões em mente devemos começar a pensar em um modo de nos relacionarmos com a vida, com nossa família e até mesmo com nossos relacionamentos casuais de uma nova e poderosa perspectiva. Bom ou mau, certo ou errado, tudo, desde as mais leves e belas experiências da vida, até as ocasiões do mais horrível sofrimento humano, nada poderá mais ser considerado como obra do acaso. Claramente o princípio para a cura, a paz, a abundância e a criação de experiências, carreiras e relacionamentos que nos trazem alegria é a compreensão da profundidade da ligação que temos com toda nossa realidade.

BUSCANDO A MATRIZ

Lembro-me da primeira vez que dei notícias da nossa conectividade com o mundo ao meu amigo americano nativo do cânion. Durante um encontro casual no mercado local, eu comecei a comentar, muito animado, um comunicado à imprensa que tinha acabado de ler sobre um "novo" campo de energia que havia sido descoberto, um campo unificado, diferente de todos os campos de energia até então conhecidos.

"Este é o campo de energia que conecta todas as coisas", desabafei. "É esse campo que nos conecta com o mundo, é ele que nos interliga uns aos outros e até com o universo além da Terra, exatamente como nós conversamos naquela vez."

Meu amigo ouvia calado, como de hábito, respeitando minha agitação. Depois de algum tempo ele tomou uma respiração profunda e replicou com a mesma franqueza que eu já tinha visto tantas vezes antes.

Foi honesto e direto ao âmago da questão. "Pois bem!", ele disse, "então você acaba de descobrir que tudo está interligado. Isso é o que nosso povo vem dizendo há tantos anos. Muito bom que sua ciência também tenha chegado à mesma conclusão!"

Se um campo inteligente de energia realmente desempenha um papel tão importante na maneira como o universo funciona, por que então, só agora, vieram nos dar a notícia? Acabamos de emergir do século XX, época em que os historiadores podem certamente considerar como o mais notável período da história. Não foi preciso mais do que uma única geração para que aprendêssemos como acionar o poder do átomo, armazenar uma livraria do tamanho de um quarteirão urbano dentro de um chip de computador e ler e manipular o DNA da vida. Como poderíamos ter logrado tantas maravilhas científicas e ainda assim termos deixado passar a descoberta mais importante de todas, a compreensão única que nos possibilita chegar à própria aptidão para criar? A resposta a essa pergunta é surpreendente.

Em um passado não muito distante, os cientistas tentaram resolver o mistério da existência ou não de uma ligação nossa a um campo de energia inteli-

A MATRIZ DIVINA

gente, mediante a demonstração cabal da própria existência ou não de tal campo. Ainda que a idéia da investigação fosse boa, cem anos depois ainda estamos nos recuperando da forma pela qual esse famoso experimento foi interpretado. Como resultado disso, durante a maior parte do século XX, se algum cientista ousasse mencionar a existência de um campo unificado de energia interligando todas as coisas de um espaço que estaria vazio sem o tal campo, certamente seria alvo de chacota na sala de aula e arriscaria sua posição acadêmica na universidade. Com raras exceções, essa não era uma concepção aceita, nem mesmo tolerada, em discussões científicas sérias. Entretanto, nem sempre as coisas foram assim.

Ainda que continue sendo um mistério essa conectividade no universo, têm ocorrido inúmeras tentativas de batizar tal fenômeno, de dar-lhe um nome como uma maneira de reconhecer sua existência. Nos sutras budistas, por exemplo, o reino do grande deus Indra é descrito como o lugar onde se origina toda a rede que interliga a totalidade do universo. "Muito distante, na morada celestial do grande deus Indra, existe um ninho maravilhoso feito por um ardiloso artesão de tal modo que ele se estende em todas as direções"[5].

Na história do surgimento da tribo hopi diz-se que o ciclo atual do globo terrestre começou há muito tempo, quando a Aranha Avó emergiu no vazio do mundo. A primeira coisa que ela fez foi girar a rede que interliga todas as coisas e, por meio dela, criar o lugar onde seus filhos pudessem viver.

Os que acreditavam, desde os tempos dos antigos gregos, no campo universal de energia interligando todas as coisas davam-lhe o nome de *éter*. O éter era considerado como a própria essência do espaço na mitologia grega, era descrito como "o ar respirado pelos deuses". Tanto Pitágoras como Aristóteles o identificavam como sendo o misterioso quinto elemento da criação, aquele que se seguia aos quatro primeiros tão conhecidos: fogo, ar, água e terra. Posteriormente, os alquimistas continuaram a usar as palavras dos gregos para descrever nosso mundo — uma terminologia que persistiu até o nascer da ciência moderna.

Contradizendo a visão tradicional da maioria dos cientistas de hoje em dia, algumas das maiores mentes da história não somente acreditavam na existência do éter, como levaram tal crença a um patamar superior. Diziam que era *necessário* que o éter existisse para que as leis da física funcionassem como funcionam. *Sir* Isaac Newton, o "pai" da moderna ciência, durante os anos de 1600 usou a palavra *éter* para descrever a substância invisível que permeava todo o universo, e que ele acreditava ser a responsável pela força da gravidade e pelas sensações experimentadas pelo corpo humano. Ele a imaginava como um espírito vivo, ainda que reconhecesse a falta de um equipamento adequado para validar sua crença nos tempos que vivia.

Foi somente no século XIX que James Clerk Maxwell, autor da teoria eletromagnética, veio a oferecer formalmente uma descrição científica do éter que interliga todas as coisas. Ele o descreveu como uma "substância material de espécie mais sutil que os corpos visíveis e que se supunha existir em regiões do espaço aparentemente vazias"[6].

Muito recentemente, já no século XX, algumas das mentes científicas mais respeitadas ainda faziam uso da terminologia antiga para descrever a essência que preenche o espaço vazio. Imaginavam o éter como uma substância real e com uma consistência que o situava entre a matéria física e a energia pura. Era através do éter, raciocinavam os cientistas, que a luz se movia de um ponto ao outro, navegando no que, se não fosse por ele, pareceria tratar-se de um espaço vazio.

"Não posso senão pensar no éter, possível base de um campo eletromagnético com energia e vibrações, como provido de um certo grau de consistência, por mais diferente que possa ser de toda a matéria comum", afirmou em 1906 o físico ganhador do prêmio Nobel Hendrik Lorentz[7]. As equações de Lorentz foram as que deram a Einstein o instrumental para desenvolver sua revolucionária teoria da relatividade.

Ainda que suas teorias parecessem prescindir do éter no universo, o próprio Einstein acreditava que alguma coisa seria descoberta para explicar como o vazio do espaço era ocupado, e afirmava: "O espaço sem o éter é inimaginável." De uma forma semelhante ao modo de pensar de Lorentz e dos antigos gregos, que acreditavam ser essa substância o meio através do qual as ondas se deslocavam, Einstein afirmava que o éter era necessário para que as leis da física pudessem existir: "No espaço [sem o éter] não apenas seria impossível a propagação da luz, mas também não seria possível existir padrões para o espaço e o tempo"[8].

Embora por um lado parecesse que Einstein concordava com a possibilidade do éter, por outro lado ele advertia que o éter deveria ser considerado como energia no seu sentido mais usual. "O éter não pode ser imaginado como provido das qualidades características de um meio ponderável, como se consistisse de partes ['partículas'] que pudessem ser acompanhadas ao longo do tempo."[9] Assim, ele descrevia como conseguia manter a compatibilidade entre

A MATRIZ DIVINA

a existência do éter — mesmo levando em conta sua natureza não-convencional — e suas teorias.

Ainda hoje, a simples menção de campo de éter provoca debates acalorados sobre sua possível não existência. Impossível esquecer um experimento famoso, levado a cabo justamente para provar, de uma vez por todas, a existência ou não do éter universal. Como é freqüente nesse tipo de investigação, o resultado levantou mais questionamentos — e controvérsias — em vez de resolver a questão.

O MAIOR EXPERIMENTO "FALHO" DA HISTÓRIA

Executado há mais de cem anos, o experimento do éter recebeu o nome dos dois cientistas que o imaginaram, Albert Michelson e Edward Morley. O experimento Michelson–Morley tinha como único objetivo determinar, sem deixar margem a dúvidas, a existência ou não do misterioso éter do universo. O experimento, ansiosamente esperado durante tanto tempo — e proposto como meio de verificação dos resultados de uma experiência semelhante executada em 1881 —, foi o burburinho do momento entre os membros da comunidade científica reunida em 1887 no laboratório que atualmente é o Case Western Reserve University[10]. Em última análise, essa experiência teve conseqüências que nem as melhores mentes do final do século XIX poderiam ter imaginado.

O pensamento por trás do experimento era inovador, sem dúvida alguma. Michelson e Morley raciocinaram que o éter, se realmente existisse, deveria se apresentar como uma forma de energia presente em todos os lugares, sempre em repouso, sem movimento algum. E se tal fosse verdade, a passagem da Terra através desse campo no espaço deveria criar um movimento que poderia ser medido. Assim como somos capazes de detectar o ar que agita os trigais dourados nas planícies do Kansas, também deveríamos ser capazes de identificar a "brisa" do éter. Michelson e Morley batizaram esse fenômeno hipotético de *vento do éter*.

Todos os pilotos concordam que o tempo necessário para se deslocarem de um lugar para outro pode ser consideravelmente reduzido se o avião voar *a favor* das correntes atmosféricas. E sabem também que a resistência do ar em sentido contrário pode acrescentar horas ao tempo de vôo, dada a dificuldade de deslocamento imposta ao avião ao voar *contra* o fluxo de ar. Michelson e Morley então pensaram em lançar raios de luz em sentidos opostos e simultaneamente: a diferença de tempo para que os raios alcançassem seus respectivos objetivos deveria facilitar a constatação da presença do vento do éter, bem

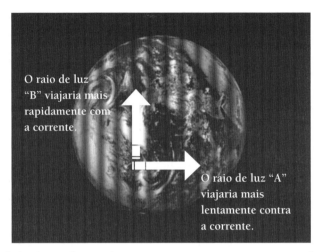

Figura 1. Michelson e Morley acreditavam que, se o éter existisse, um raio de luz que se movesse contra o sentido do fluxo de éter (A) seria retardado, ao passo que deveria se deslocar mais rapidamente se fosse a favor da corrente (B). O experimento, levado a cabo em 1887, não encontrou nenhuma corrente de éter e foi então concluído que o éter não existia. As conseqüências dessa interpretação perseguiram os cientistas durante mais de cem anos. Em 1986, a revista *Nature* informou resultados de experimentos semelhantes conduzidos com equipamentos de medição mais sensíveis. A conclusão foi: existia um campo com as características que haviam sido atribuídas ao éter um século antes e o procedimento de tal campo tinha sido exatamente aquele antecipado pelas antigas previsões.

como viabilizar a medição da intensidade de seu fluxo. Ainda que o experimento fosse uma boa idéia, os resultados surpreenderam todos os envolvidos.

Foi concluído que o equipamento usado por Michelson e Morley não havia detectado nenhum vento de éter. Ambos os experimentos conduzidos em 1881 e 1887 aparentemente levavam à mesma conclusão: não existia nenhum vento de éter. De acordo com o renomado *American Journal of Science*, a interpretação de Michelson sobre os resultados da experiência ficou conhecida como "o mais bem-sucedido experimento falho" da história. "Os resultados demonstram ser incorreta a hipótese do campo estacionário de éter, e a conclusão inescapável é que a hipótese está errada."[11]

Conquanto o experimento possa ter sido considerado "falho" com relação a comprovar a existência do éter, o que realmente ele demonstrou é que o campo de éter pode não se comportar do modo como os cientistas imaginaram originalmente. O fato de não ter sido detectado movimento não significa que

A MATRIZ DIVINA

o éter não estivesse presente. Imagine se colocássemos a mão acima da cabeça para comprovar se o vento existe ou não! Essa conclusão é semelhante, embora grosseiramente, ao mesmo raciocínio que se seguiu ao experimento feito em 1887, o de que o ar não existe por não sentirmos brisa alguma.

Os cientistas modernos, ao aceitarem aquele experimento como comprobatório da não existência do éter, agiram admitindo a hipótese de que no nosso universo as coisas acontecem de maneira independente umas das outras. Admitiram que aquilo que um indivíduo faz em uma parte do mundo não guarda relação alguma com outras áreas, nem exerce efeito algum sobre alguém que esteja a meio planeta de distância. Pode-se argumentar com alguma razão que esse experimento fundamentou-se em uma visão do mundo que tem exercido profundo impacto em nossa vida e na Terra. Como uma conseqüência desse modo de ver as coisas nós governamos nações, levamos energia até as cidades, testamos bombas atômicas e exaurimos os recursos do planeta acreditando que aquilo que fazemos em um lugar não provoca impacto em outro. Desde 1887 temos baseado o desenvolvimento de uma civilização inteira acreditando que cada coisa está separada de todo o restante, sem perceber que essa premissa simplesmente foi demonstrada não ser verdadeira pelos experimentos mais recentes!

Hoje em dia, mais de cem anos depois do experimento original, tem-se desenvolvido novos estudos sugerindo que o éter, ou alguma coisa como ele, de fato existe — parece apenas não se comportar como Michelson e Morley previam. Ao acreditarem não existir movimento algum no campo do éter e ao pensarem que ele seria constituído de eletricidade e magnetismo como as outras formas de energia descobertas em meados de 1800, eles estavam buscando o éter como teriam procurado qualquer outra forma de energia convencional. Mas o problema é que o éter está longe de ser convencional.

Em 1986 a revista *Nature* publicou um despretensioso relatório intitulado simplesmente "Relatividade especial".[12] Suas implicações abalaram fundamentalmente as bases do experimento de Michelson–Morley, e também tudo o que acreditamos com relação à nossa conexão com o mundo: tratava-se de uma experiência sob o patrocínio da Força Aérea dos EUA, levada a cabo por um cientista chamado E. W. Silvertooth. Silvertooth duplicou o experimento de 1887, mas, como usou um equipamento muito mais sensível, terminou por declarar que *havia* detectado movimento no campo de éter. Declarou ainda que o movimento detectado estava interligado ao movimento da Terra através do espaço, exatamente como havia sido previsto inicialmente! Essa experiência e outras desde então têm sugerido que o éter existe realmente, exatamente como Planck tinha sugerido em 1944.

Ainda que os experimentos modernos continuem a indicar que o campo está lá, podemos ter certeza de que ele nunca mais será chamado de "éter". Nos círculos científicos a mera menção da palavra conjura adjetivos variando entre "pseudociência" e "bobagem". Como veremos no Capítulo 2, a existência de um campo universal de energia permeando nosso mundo tem sido designada por termos muito diferentes — e os experimentos que comprovam sua existência são tão novos que ainda não foi feita a seleção de apenas um nome. Independentemente de como decidamos chamá-lo, alguma coisa definitivamente existe e está lá. Liga tudo o que existe no nosso mundo e além dele, afeta-nos de maneiras que só agora principiamos a compreender.

Mas, então, o que é que houve? Como pudemos deixar de ver um princípio tão poderoso para a compreensão do funcionamento do universo? A resposta para essa questão secciona o núcleo da busca que tem criado as mais intensas controvérsias e os mais acalorados debates entre os maiores cérebros nos últimos dois séculos — uma disputa que prossegue até os dias de hoje. Tudo se refere à maneira de percebermos o mundo e de como o interpretamos a partir do nosso ponto de vista.

O segredo reside no fato de que a energia que interliga tudo no universo faz também parte daquilo que conecta! Em vez de considerarmos o campo como algo separado da nossa realidade do dia-a-dia, o que os experimentos nos dizem é que o mundo visível, na realidade, é a origem do campo: é como se a Matriz Divina se espalhasse suavemente por todo universo, de vez em quando "dobrando-se" aqui e ali para formar uma rocha, uma árvore, o planeta ou a pessoa captada pelo nosso reconhecimento. No final das contas, todas as coisas são apenas ondulações no campo, e essa mudança sutil, apesar de poderosa no modo de pensar, vem a ser a chave para usufruirmos da energia da Matriz Divina em nossa vida. Para isso, entretanto, devemos compreender por que os cientistas percebem o mundo da forma como o fazem hoje.

UMA BREVE HISTÓRIA DA FÍSICA: DIFERENTES REGRAS PARA DIFERENTES MUNDOS

A ciência nada mais é do que uma linguagem para descrevermos o mundo e nosso relacionamento com ele e com o universo além dele. Trata-se apenas de mais uma linguagem, pois não podemos esquecer que houve outras, como por exemplo, a *alquimia* e a *espiritualidade*, que foram usadas muito antes do alvorecer da ciência moderna. Ainda que não muito sofisticadas, sem dúvida alguma elas funcionaram. Sempre me surpreendo quando ouço as pessoas per-

A MATRIZ DIVINA

guntarem: "Como fazíamos antes de conhecer a ciência? Será que sabíamos alguma coisa a respeito do nosso mundo?" A resposta é um sonoro "Sim!" Sabíamos, e muito, a respeito do universo.

O que sabíamos funcionou tão bem que nos forneceu a estrutura para compreendermos todas as coisas, da origem da vida ao por que ficamos doentes, como devemos nos tratar quando caímos de cama e até mesmo como devemos fazer para calcular os ciclos do Sol, da Lua e das estrelas. Ainda que essa espécie de saber, obviamente, não esteja descrita na linguagem técnica a que estamos acostumados, ela foi capaz de produzir uma história bastante eficiente sobre o funcionamento de tudo, e explicar a razão das coisas serem como são. Uma explicação tão boa que tornou possível a existência de nossa civilização durante mais de 5.000 anos, independentemente da ciência hoje conhecida.

De modo geral, considera-se que o reconhecimento da ciência e da era científica se deu no início dos anos de 1600. Ocorreu em julho de 1687, quando Isaac Newton formalizou os princípios matemáticos que aparentemente descrevem nosso mundo cotidiano, publicando então o *Philosophiae Naturalis Principia Mathematica*.

Durante mais de duzentos anos as observações de Newton sobre a natureza alicerçaram o campo científico hoje conhecido como o da "física clássica". Juntamente com as teorias de Maxwell sobre a eletricidade e o magnetismo do final dos anos de 1800, e com as teorias da relatividade de Einstein nos primeiros anos da década de 1900, a física clássica se saiu muitíssimo bem explicando coisas em grande escala, coisas que vemos todos os dias, como por exemplo o movimento dos planetas e as maçãs que caem de árvores. Serviu-nos tão bem que fomos capazes de calcular as órbitas dos satélites e até mesmo de levar o homem até a Lua.

Entretanto, durante os primeiros anos do século XX, os avanços da ciência nos mostraram a existência de um lugar na natureza onde a lei de Newton simplesmente não parece ser aplicável: o mundo bem pequeno do átomo. Realmente não tínhamos tecnologia para pesquisar o mundo subatômico antes disso, ou para observar o comportamento das partículas durante o nascimento de estrelas em galáxias distantes. Em ambos os reinos — o maior de todos e o menor de todos — os cientistas começaram a ver coisas que não podiam ser explicadas pela física tradicional. Um novo tipo de física deveria ser desenvolvido, com regras que explicassem as exceções do nosso mundo do dia-a-dia: as coisas que aconteciam no mundo da física quântica.

A definição de física quântica está no seu próprio nome. *Quantum* significa "uma quantidade discreta de energia eletromagnética" — basicamente, trata-se daquilo que constitui o mundo quando ele é reduzido à sua essência. Os físicos quânticos logo descobriram que o mundo era sólido apenas na aparência, na realidade não era sólido coisa nenhuma. A analogia explicada a seguir pode nos esclarecer melhor o porquê disso.

Quando estamos no cinema assistindo a um filme, sabemos que as imagens que se movem na tela estão nos transmitindo uma ilusão. O romance e a tragédia que tangem nossas emoções não passam de fotogramas estáticos sendo disparados muito rapidamente, um em seguida ao outro, criando, dessa maneira, a sensação de uma história contínua. Conquanto nossos olhos estejam vendo as imagens quadro a quadro, nosso cérebro consegue fundi-las de modo a percebermos o movimento como ininterrupto.

Os físicos quânticos acreditam que nosso mundo funciona de uma maneira bastante semelhante. Por exemplo, quando vemos a defesa da cortada no vôlei ou o salto triplo da patinação artística no gelo ao assistirmos um programa de esportes na televisão, o que realmente estamos presenciando, em termos quânticos, é uma série de eventos isolados que acontecem muito rapidamente e que são apresentados conjuntamente. Semelhantemente ao modo como muitas imagens juntas fazem o movimento parecer tão real, a vida na realidade ocorre como breves e minúsculas erupções de luz que chamamos de "quanta". O quanta da vida acontece de maneira tão rápida que, salvo se formos donos de um cérebro treinado para operar de modo diferente (como em alguns casos da prática da meditação), o que ele faz é simplesmente tirar uma média dos pulsos para criar uma ação ininterrupta, semelhante àquela que nos prende quando assistimos à televisão.

A física quântica estuda, portanto, tudo o que acontece em uma escala muito pequena de forças subjacentes ao nosso mundo físico. A aparente diferença entre o modo de funcionamento do mundo quântico e a do mundo cotidiano fez com que surgissem duas escolas entre os cientistas e os físicos contemporâneos: a clássica e a quântica. Cada uma dessas escolas tem sua própria teoria de apoio.

O grande desafio tem sido compatibilizar essas duas maneiras tão diferentes entre si de ver as coisas em um único modo de enxergar o universo — a teoria unificada. Para isso torna-se necessário que exista alguma coisa que preencha o que nós percebemos como o espaço vazio. Mas o que poderia ocupá-lo?

RESUMO DO LONGO CAMINHO RUMO À TEORIA UNIFICADA

1687 — **Física newtoniana**: Isaac Newton publica suas leis do movimento e a ciência moderna começa. É uma visão que percebe o universo como sendo um sistema mecânico de massas onde o espaço e o tempo são absolutos.

1867 — **Física da teoria do campo**: James Clerk Maxwell propõe a existência de forças que não podem ser explicadas pela física de Newton. Seus trabalhos de pesquisa, juntamente com os de Michael Faraday, apontam para a descoberta de um universo constituído de campos de energia que interagem uns com os outros.

1900 — **Física quântica**: Max Planck publica sua teoria do mundo como lampejos de energia chamada "quanta". Os experimentos na escala quântica mostram que a matéria existe como probabilidades e tendências, não como coisas absolutas, e sugere que a "realidade" pode não ser exatamente tão real ou sólida afinal de contas.

1905 — **Física da relatividade**: A visão do universo por Albert Einstein perturba a física newtoniana. Einstein propõe que o tempo seja relativo, em vez de absoluto. Um aspecto essencial da relatividade é a consideração de que o espaço e o tempo não podem ser separados, coexistem em uma quarta dimensão.

1970 — **Física da teoria das cordas**: Os físicos formulam teorias que descrevem o universo como constituído por minúsculas cordas vibrantes que podem ser usadas para explicar tanto as observações do mundo quântico, como as do mundo do dia-a-dia. A teoria é formalmente aceita pelas principais correntes de pensamento da comunidade dos físicos em 1984, passando a ser vista como uma possível ponte de união com todas as outras teorias.

20?? — **Nova e melhorada Teoria Unificada da Física**: Algum dia, no futuro, os físicos descobrirão uma maneira de explicar a natureza holográfica do que observamos no universo quântico, bem como aquilo que percebemos diariamente no mundo. Eles formularão equações para unificar suas explicações em uma única história consistente.

O QUE EXISTE NO ESPAÇO EM VOLTA?

Logo no início do filme *Contato*, a personagem principal, a dra. Arroway (representada por Jodie Foster), pergunta ao pai a questão que se torna emblemática durante todo o restante do filme: *Estamos sós no universo?* O pai dela responde de um modo que se torna a pedra de toque para todas as coisas ver-

P: O QUE EXISTE NO ESPAÇO EM VOLTA? R: A MATRIZ DIVINA

dadeiras que ainda lhe surgirão na vida. Quando ela se encontra em situações especialmente vulneráveis, tais como a de se abrir ao romance ou a de confiar a experiência que teve em um universo distante para onde foi transportada, as palavras do pai transformam-se em diretrizes de suas crenças: ele havia respondido simplesmente que, se estivéssemos sozinhos, isso seria um terrível desperdício de espaço.

De maneira bastante semelhante, se acreditarmos que o espaço entre duas coisas está vazio, estaríamos também presenciando um tremendo desperdício. Os cientistas acreditam que mais de 90% do cosmos está "faltando" e nos parece ser um espaço vazio. Isso significa que o universo inteiro, como o divisamos, contém apenas 10% da matéria percebida. E será realmente crível que os 10% da criação ocupados por nós encerram tudo o que existe? O que existe no espaço que pensamos estar "vazio"?

Se ele realmente estiver vazio, a grande questão que precisaria ser respondida é: Como podem as ondas de energia que transmitem tudo, das conversas de celulares à luz cujo reflexo traz as palavras dessa página aos seus olhos, como essas ondas podem se deslocar de um ponto para outro? Assim como a água conduz as ondas provocadas por uma pedra que cai em um lago, de modo semelhante deve existir algo que conduza as vibrações da vida de um ponto para o outro do universo. Entretanto, para que isso seja verdade, deveremos contrariar um dos princípios básicos da ciência moderna: a crença de que o espaço é vazio.

No dia em que pudermos finalmente desvendar de que é feito o espaço, teremos dado um grande passo para nos compreender e entender a nossa relação com o mundo que nos cerca. Essa questão, como veremos, é tão antiga quanto a humanidade. E a resposta, como também veremos mais adiante, com toda a probabilidade tem estado conosco o tempo todo.

A sensação de estarmos de algum modo ligados ao universo, ao nosso mundo e uns aos outros, tem sido uma constante, desde a história dos aborígines gravada nos rochedos da Austrália (que devem ter mais de 20.000 anos de idade), aos templos do antigo Egito e à arte pictórica pré-histórica gravada nas rochas do sudoeste americano. Ainda que essa convicção aparente ser mais firme do que nunca nos dias de hoje, precisamente o que nos une é que continua sendo assunto de controvérsia e debate. Se estamos interligados, alguma coisa está fazendo essa ligação. A humanidade tem percebido que dentro do vazio que chamamos de "espaço", alguma coisa realmente existe. Essa tem sido

A MATRIZ DIVINA

a percepção dos poetas, filósofos, cientistas e daqueles que procuram respostas além das idéias rotineiras de todos os dias.

O físico Konrad Finagle (1858–1936) propôs a óbvia questão com relação ao significado do espaço propriamente dito quando fez a pergunta "Imagine o que aconteceria se retirarmos o espaço que se encontra em volta da matéria. Todo o universo encolheria para ficar do tamanho de um grão de poeira. [...] é o espaço que impede que tudo aconteça no mesmo lugar"[13]. O antropólogo pioneiro Louis Leakey afirmou uma vez que: "Só poderemos verdadeiramente progredir se compreendermos quem somos". Creio que essa declaração é bastante verdadeira. A maneira como nos vemos no passado foi bastante eficaz para nos trazer até onde nos encontramos hoje. Agora é chegado o momento de abrirmos a porta para a visão que temos de nós mesmos, de nos olharmos de uma maneira que amplie nossas possibilidades. É provável que nossa relutância em aceitar as conseqüências do espaço ser ocupado por uma força inteligente e admitir que somos parte desse espaço, tenha sido, até hoje, o maior obstáculo para compreendermos quem realmente somos e como o universo funciona.

A ciência moderna no século XX pode ter descoberto o que se encontra no interior do espaço vazio: existe um campo de energia diferente de todos os outros tipos de energia conhecidos. Exatamente como a rede de Indra e o éter de Newton sugerem, essa energia parece sempre estar em toda parte, aparentemente existindo desde o início dos tempos. Em uma palestra de 1928, Albert Einstein disse: "De acordo com a teoria geral da relatividade, o espaço sem éter seria inimaginável, uma vez que a luz não poderia se propagar sem éter e nem seria possível formular padrões para um espaço onde não houvesse éter"[14].

Max Planck afirmou que a existência do campo sugeria uma inteligência responsável pelo nosso mundo físico. "Devemos supor que por trás dessa força [que percebemos com sendo a matéria] existe uma Mente *consciente e inteligente*." Ele concluiu então que: "Essa mente é a *matriz* de toda matéria [colchete e itálicos do autor]"[15].

A CAUDA DO LEÃO DE EINSTEIN

Quer estejamos falando sobre o salto cósmico entre as estrelas e galáxias distantes ou sobre o microespaço entre as bandas de energia que formam o átomo, usualmente percebemos o espaço entre as coisas como vazio. Quando dizemos que alguma coisa está "vazia", geralmente queremos dizer que nada — absolutamente nada em absoluto — existe ali.

Sem dúvida, para o olhar não-treinado, o que chamamos de "espaço" certamente parece vazio. Mas até que ponto esse espaço está realmente vazio? Quando nos detemos mesmo a examinar o assunto, qual o significado de viver em um mundo onde o espaço entre a matéria é verdadeiramente vazio de qualquer coisa? Primeiramente, sabemos que a existência de um lugar desses no universo é impossível, por uma razão muito simples: como o ditado bem diz, a natureza abomina o vácuo. Entretanto, se pudéssemos nos transportar magicamente para um lugar desses, que tipo de vida encontraríamos?

Logo de início podemos afirmar que seria um lugar muito escuro. Por exemplo, ainda que pudéssemos acender uma lanterna sua luz não iria a parte alguma porque não haveria nenhum meio para a luz atravessar. Seria como se atirássemos uma pedra em um lago e ficássemos observando as ondas na superfície da água. A pedra atingiria o fundo, mesmo que não houvesse água no lago, mas nenhuma onda seria formada por falta de um meio por onde as ondas pudessem se irradiar a partir de um impacto, como geralmente fazem.

Precisamente pelo mesmo motivo, nosso mundo hipotético seria igualmente muito calmo. O som, para ser sustentado, também precisa viajar atravessando algum meio. De fato, praticamente todo tipo de energia hoje conhecida — do movimento do vento ao calor do sol — não poderia existir, porque os campos elétricos, magnéticos e radiantes — e mesmo os campos de gravidade — não teriam o mesmo significado em um mundo onde nada existisse realmente no espaço.

Felizmente, não precisamos especular sobre como seria um mundo desses, pois o espaço que nos cerca está muito longe de ser vazio. Independentemente de como o chamamos ou de como a ciência e a religião o definem, é claro que existe um campo ou presença constituindo a "grande rede", ligando tudo o que foi criado e nos unindo ao poder mais elevado de um mundo maior.

No início do século XX, Einstein fez referência a uma força misteriosa que ele estava seguro que existia naquilo que vemos como o universo que nos cerca. "A natureza nos mostra apenas a cauda do leão", dizia ele, querendo dizer que havia algo mais do que podíamos perceber como realidade, ainda que não pudéssemos vê-la a partir do nosso ponto de vista particular. A analogia de Einstein sobre o cosmos mostra a beleza e a eloqüência típica da visão que ele tinha do universo: "Não duvido que o leão seja o dono dela [da cauda], mesmo que ele não possa se revelar imediatamente por causa do seu tamanho descomunal"[16]. Em escritos posteriores, Einstein prosseguiu dizendo que, independentemente de quem somos ou de qual possa ser nosso papel no universo, todos nós estamos subordinados a um poder mais elevado: "Seres humanos, vegetais ou poeira cósmica — todos nós dançamos ouvindo o ritmo misterioso da distante melodia de um flautista invisível"[17].

Com sua declaração de criação de uma inteligência subjacente, Planck descreveu a energia do leão de Einstein. Fazendo isso ele acendeu a chama da controvérsia que continua a queimar mais intensamente do que nunca nos dias de hoje. No centro dessa controvérsia estão as velhas idéias acerca do que o mundo é feito (e, incidentalmente, de qual é a realidade do universo) escapando livremente pela janela! Há mais de meio século o pai da teoria quântica já nos dizia que tudo está ligado por uma energia bastante real, embora não convencional.

LIGADOS À FONTE: O ENTRELAÇAMENTO QUÂNTICO

Desde que Planck tornou conhecidas suas equações de física quântica no século XX, muitas teorias foram desenvolvidas e numerosos experimentos foram feitos que, aparentemente, comprovam sua concepção de todas as coisas serem interligadas.

Na escala mais diminuta do universo, as partículas subatômicas e os átomos realmente agem como se estivessem conectadas. O problema é que os cientistas não sabem como — ou mesmo se — o comportamento observado em escalas tão pequenas tem algum significado para as grandes realidades de nossa vida diária. Se tiver algum sentido, as descobertas estão indicando que as tecnologias surpreendentes da ficção científica podem, mais cedo do que se pensa, tornarem-se reais no nosso mundo!

Em 2004, físicos da Alemanha, China e Áustria divulgaram relatos que se pareciam mais com fantasias do que com experimentos científicos. Foram relatadas na revista *Nature* as primeiras experiências documentadas de teletransporte para destino indeterminado — ou seja, o envio de informações quânticas de uma partícula (seu código energético) para diferentes locais ao mesmo tempo[18]. Em outras palavras, um processo semelhante ao de "passar o fax de um documento destruindo o original ao fazê-lo"[19].

Outros experimentos demonstraram feitos igualmente impossíveis, tal como o da radiação de partículas (*beaming*) de um local para outro e o da localização concomitante em dois lugares. Por mais diferente que uma investigação pareça ser da outra, todas elas compartilham um denominador comum que implica numa história ainda mais surpreendente. Pois para esses experimentos ocorrerem da maneira como ocorrem, é imperativo que exista um meio — em outras palavras, deve existir algo através do qual as partículas possam se mover. E aqui reside o maior de todos os mistérios dos tempos modernos, uma vez que a física convencional afirma que tal meio não existe.

Os jornais científicos do mundo inteiro publicaram em 1997 os resultados de uma experiência que, na opinião dos físicos tradicionais, não deveria ter acontecido. O experimento, relatado a mais de 3.400 jornalistas, educadores, cientistas e engenheiros em mais de quarenta países, foi levado a cabo na Universidade de Genebra, na Suíça e fez uso daquilo que constitui nosso mundo — as partículas de luz chamadas *fótons*. O resultado foi de tal natureza que até hoje ainda abala as bases do conhecimento convencional [20].

Especificamente, os cientistas dividiram um único fóton em duas partículas separadas, criando "gêmeos" com propriedades idênticas. Usando então equipamento desenvolvido para o experimento, eles dispararam ambas as partículas em direções opostas. Os gêmeos foram colocados em uma câmara especialmente projetada com dois trajetos de fibras ópticas, exatamente como as que transmitem chamadas telefônicas, distanciando-se dez quilômetros da câmara em direções opostas. Ao atingir seus respectivos alvos, os fótons gêmeos distavam um do outro 22 quilômetros. No final do caminho os gêmeos eram forçados a "escolher" entre duas rotas aleatórias, idênticas sob todos os aspectos.

O que fez o experimento tão interessante ocorreu quando as partículas alcançaram o local onde elas tinham que seguir por um caminho ou outro, pois ambos os fóton gêmeos fizeram precisamente as mesmas escolhas e usaram o mesmo caminho todas as vezes que o experimento foi executado. Sem exceção, os resultados foram idênticos a cada vez que o experimento foi feito.

Ainda que fosse de conhecimento geral que os fótons gêmeos eram separados e que não tinham comunicação alguma um com o outro, eles agiam como se fossem interligados! Os físicos chamam essa conexão misteriosa de "entrelaçamento quântico". O líder do projeto, Nicholas Gisin, explica, "É simplesmente fascinante que os fótons entrelaçados formem um único e mesmo objeto. Mesmo quando os fótons gêmeos estão separados geograficamente, se um deles for modificado o outro fóton automaticamente passará pela mesma mudança" [21].

Historicamente, não há absolutamente nada na física tradicional que possa explicar o que os experimentos demonstraram. Ainda assim, vemos muitas vezes experimentos como o de Gisin. O dr. Raymond Chiao da University of California em Berkeley, descreve os resultados dos experimentos de Genebra como "Um dos mais profundos mistérios da mecânica quântica. Essas conexões são um fato da natureza comprovado pela experimentação, mas tentar explicá-los filosoficamente é muito difícil"[22].

A razão pela qual essas investigações são importantes para nós é que a sabedoria convencional nos levou a crer que não existe nenhum modo dos fótons se comunicarem uns com os outros — suas escolhas são independentes e não relacionadas umas com as outras. Acreditamos que, quando os objetos físicos desse mundo são separados, eles realmente se *separam* em todos os sentidos da palavra. Mas os fótons nos mostram algo bem diferente.

Comentando sobre esse fenômeno bem antes das experiências de 1997 terem sido executadas, Albert Einstein denominou a possibilidade de tais resultados acontecerem de "efeitos fantasmagóricos a distância". Hoje em dia os cientistas acreditam que esses resultados não-convencionais são propriedades que ocorrem exclusivamente no reino quântico e os reconhecem como sendo "esquisitices quânticas".

A conexão entre os fótons foi tão completa que pareceu ser instantânea. Uma vez reconhecida na escala diminuta dos fótons, o mesmo fenômeno foi subseqüentemente encontrado em outros locais da natureza, até mesmo nas galáxias separadas por anos-luz de distância. "Em princípio, não deve fazer diferença alguma se a correlação entre as partículas ocorre quando elas estão separadas por alguns metros ou pelo universo inteiro", diz Gisin. Por quê? O que conecta duas partículas ou duas galáxias a tal ponto que uma mudança na primeira faz com que ocorra, simultaneamente, uma mudança na segunda? O que estão nos mostrando agora sobre como o mundo funciona que fomos incapazes de ver naquelas experiências do passado?

Para responder a essa pergunta devemos primeiramente compreender de onde vem a Matriz Divina. E para fazer isso precisamos recuar — recuar muito — até a época em que os cientistas ocidentais acreditam ter sido o começo de tudo ... ou pelo menos do universo conhecido por nós.

A ORIGEM DA MATRIZ

A principal corrente dos cientistas de hoje em dia acredita que o universo teve início de 13 a 20 bilhões de anos atrás, com uma gigantesca explosão diferente de tudo o que jamais existiu antes e de tudo o que existiu desde então. Ainda que existam teorias conflitantes sobre quando isso teria ocorrido e se teria havido uma única ou várias explosões, parece existir o consenso de que nosso universo iniciou-se com uma substancial liberação de energia muito tempo atrás. Em 1951, o astrônomo Fred Hoyle cunhou o termo que ainda hoje usamos para nos referir à essa inconcebível explosão: ele a chamou de "Big Bang".

Os pesquisadores avaliaram que poucas frações de segundo antes que o "Big Bang" ocorresse, nosso universo inteiro era muitíssimo menor do que é hoje. Os modelos de computador sugerem que ele era tão pequeno realmente que se encontrava comprimido em uma minúscula esfera. Com todo o espaço "vazio" removido daquilo que acreditamos ser o universo hoje, acredita-se que essa esfera fosse do tamanho de um grão de ervilha!

Entretanto, embora fosse tão pequena, certamente não era nada fria. Os modelos que já foram propostos sugerem que a temperatura dentro desse espaço compacto atingia a inconcebível magnitude de 10 quintilhões de graus centígrados — muitas vezes mais quente do que a atual temperatura do Sol. Dentro de uma fração de segundo depois do Big Bang, as simulações mostram que a temperatura pode ter ficado mais amena e chegado a uns aprazíveis 18 bilhões de graus, dando seqüência tranqüila ao nascimento de nosso universo.

Enquanto a força expansiva do Big Bang avassalava o vazio do vácuo existente, ela trazia consigo mais do que apenas o calor e a luz que poderíamos esperar. Essa força jorrava como um padrão de energia que se tornou modelo para todas as que agora existem e para todas as que poderão existir algum dia. Esse padrão é o tema de mitos antigos, tradições atemporais e sabedoria mística. O eco de tal padrão perdura até os dias de hoje, com os mais variados nomes, desde o de "rede" de Indra (sutra budista) até o da tradicional "teia", da Aranha Avó do povo hopi.

É essa rede ou teia de energia que continua a se expandir por todo o cosmos como essência quântica de todas as coisas, incluindo-nos e incluindo o que nos cerca. Essa é a energia que liga nossa vida como uma Matriz Divina. É essa essência que também atua como espelho multidimensional, que reflete as criações de nossas emoções e crenças como nosso mundo. (Veja Parte III.)

Como poderemos ter certeza de que *tudo* no universo está realmente conectado? Para responder a essa pergunta, voltemos ao Big Bang e ao experimento da Universidade de Genebra, da seção anterior. Por mais diferentes que pareçam, existe uma semelhança sutil entre os dois: nos dois casos, a conexão que está sendo explorada é a que existiu entre duas coisas que um dia estavam unidas fisicamente. No caso do experimento, a divisão de um único fóton em duas partículas idênticas cria os gêmeos, e isso é feito para garantir que ambos sejam semelhantes em todos os aspectos. O fato de os fótons e as partículas do

A MATRIZ DIVINA

Big Bang terem sido uma vez parte um do outro é o que há de mais importante para explicar a conectividade que apresentam. Aparentemente, as coisas que são unidas *ficam para sempre unidas*, quer permaneçam ou não fisicamente ligadas.

> **Princípio 4:** Coisas que são unidas *ficam para sempre unidas*, quer permaneçam ou não fisicamente ligadas.

Esse é um aspecto fundamental da nossa discussão, por uma razão verdadeiramente importante e freqüentemente menosprezada. Embora o universo nos pareça tão imenso, apesar dos bilhões de anos-luz necessários para o brilho das mais distantes estrelas alcançar nossos olhos, houve uma época em que toda essa matéria esteve espremida e ocupando um espaço muito pequeno. Nesse inconcebível estado de compressão, tudo estava fisicamente unido. Quando a energia do Big Bang provocou a expansão do universo, as partículas da matéria foram ficando separadas por espaços cada vez maiores.

Os experimentos sugeriram que, independentemente do espaço que exista separando duas coisas, se elas estiveram unidas algum dia elas permanecem unidas para sempre. Tudo leva a crer que o estado de entrelaçamento unindo as partículas hoje separadas também se aplica às coisas do universo que estavam ligadas antes do Big Bang. Tecnicamente, tudo o que se encontrava fundido no cosmos do tamanho de um grão de ervilha há 13 ou 20 bilhões de anos ainda se encontra conectado! E a energia que faz essa conexão é a que Planck descreveu como sendo a "matriz" de todas as coisas.

A ciência moderna aperfeiçoou nossa compreensão da matriz de Planck, descreveu-a como uma forma de energia que se encontra em toda parte, sempre presente desde que o tempo começou a ser marcado, no momento do Big Bang. A existência desse campo implica em três princípios que têm tido efeito direto sobre o modo em que vivemos, sobre tudo o que fazemos e, até mesmo, sobre como nos sentimos em cada dia de nossa vida. Sem dúvida alguma, tais idéias contradizem muitas crenças bem estabelecidas, tanto científicas como espirituais. Ao mesmo tempo, entretanto, precisamente por causa desses princípios, abre-se a porta para o fortalecimento e a afirmação de um modo de ver o mundo e viver nossa vida, como ponderado a seguir.

1. O primeiro princípio sugere que, pelo fato de todas as coisas existirem *dentro* da Matriz Divina, todas as coisas encontram-se conectadas. Assim

sendo, o que fazemos em uma parte de nossa vida deve ter efeito e certamente influi em outras partes.

2. O segundo princípio propõe que a Matriz Divina seja *holográfica* — querendo dizer que qualquer parte do campo contém tudo o que existe no campo. Como se acredita que a consciência propriamente dita seja holográfica, isso quer dizer, por exemplo, que ao fazermos uma oração no nosso quarto, *ela já existe* em nossos entes queridos e no lugar para onde é intencionada. Em outras palavras, não é necessário enviar nossas preces para lugar algum, porque ela já existe em todos os lugares.

3. O terceiro princípio indica que o passado, o presente e o futuro encontram-se intimamente ligados. A Matriz aparenta ser o recipiente que contém o tempo, que fornece a continuidade entre as escolhas de nosso presente e as experiências de nosso futuro.

Independentemente de como a chamemos ou de como a religião possa defini-la, é claro que existe alguma coisa — alguma força, um campo, uma presença — constituindo a grande "rede" que nos liga uns aos outros, que nos une ao nosso mundo e a um poder maior.

Se pudermos verdadeiramente apreender o que os três princípios nos contam sobre nossos relacionamentos uns com os outros, com o universo e com nós mesmos, os acontecimentos de nossa vida assumirão um significado inteiramente novo. Tornamo-nos participantes, não mais vítimas das forças que não podemos ver nem compreender. Estar nessa posição é estar no exato local onde começamos a nos fortalecer.

CAPÍTULO DOIS

ABALANDO O PARADIGMA:
OS EXPERIMENTOS QUE MUDAM TUDO

> *"Tudo deve ser baseado em uma idéia simples. Depois de a descobrirmos ela será tão irresistível, tão bela, que comentaremos entre nós, sim, não poderia ser diferente."*
> — John Wheeler (1911–), físico
>
> *"Poderemos ser enganados de duas formas. Uma é acreditando no que não é verdade; a outra é nos recusando a acreditar no que é verdade."*
> — Søren Kierkegaard (1813–1855), filósofo

Os primeiros raios da manhã lançavam sombras compridas da silhueta das montanhas Sangre de Cristo que se erguiam atrás de nós, ao leste. Eu tinha concordado em encontrar meu amigo José (chamemo-lo assim) aqui no vale, simplesmente para passear, conversar e aproveitar a manhã. Enquanto mirávamos a vastidão de terra que une o norte do Novo México ao sul do Colorado, descortinávamos os muitos quilômetros de campos que nos separavam da grande e profunda grota da Garganta do Rio Grande, com suas laterais escarpadas que constituem as margens do rio de mesmo nome. As sálvias do altiplano desértico espalhavam no ar uma fragrância especial naquela manhã e, enquanto andávamos, José comentava sobre a família da vegetação que cobria o terreno.

"Todo esse campo", disse ele, "até onde nossa vista alcança, funciona como se fosse uma única planta." O calor de sua respiração formava pequenas e breves nuvens de vapor a cada palavra que ele pronunciava no ar gelado da manhã.

"Existem muitos arbustos nesse vale", ele continuou, "e cada planta está unida às outras por um sistema de raízes que escapa à nossa visão. Embora invisíveis aos nossos olhos, enterradas no solo, as raízes não deixam de existir — o campo inteiro faz parte de uma única família de sálvias. E assim como acontece em qualquer família", ele explicou, "a experiência de um membro é compartilhada, até certo ponto, por todos os demais membros da mesma família."

Fiquei meditando sobre as palavras de José. Que bela metáfora para o modo pelo qual nos encontramos interligados uns aos outros e ao mundo em torno de nós. Somos levados a pensar que estamos separados uns dos outros, de nosso mundo e de tudo o que acontece nele. Com base nessa crença sentimo-nos isolados, algumas vezes impotentes, para alterar as coisas que nos causam dor e que podem provocar sofrimento em outras pessoas. A ironia é que também nos encontramos inundados por livros de auto-ajuda e *workshops* que frisam como é intensa nossa interligação, como é poderosa nossa consciência e como o gênero humano realmente constitui uma única e preciosa família.

Enquanto José falava, eu não podia deixar de pensar sobre a forma escolhida pelo grande poeta Rumi para descrever nossa condição. "Que seres estranhos nós somos!", constatou ele. "Mesmo sentados no inferno, no fundo da escuridão, tememos pela nossa própria imortalidade."[1]

Precisamente, pensei. *As plantas desse campo não estão apenas interligadas; em conjunto elas têm mais poder do que qualquer uma delas sozinha.* Qualquer arbusto isolado no vale, por exemplo, exerce influência apenas em torno da pequena área que o cerca. Entretanto, ponha centenas de milhares de arbustos juntos e tudo muda de figura! Juntos eles alteram aspectos como o pH do solo de tal modo que garantem a própria sobrevivência. Ao fazerem isso, o subproduto de suas existências — o oxigênio abundante — vem a ser o substrato de nossa própria essência. Como família unificada, essas plantas têm o poder de mudar o mundo delas.

Na verdade, é bem possível que tenhamos mais em comum com a sálvia do Novo México do que poderíamos imaginar. Assim como elas individual e coletivamente podem mudar o próprio mundo, nós também podemos mudar o nosso.

Cada vez mais pesquisas têm indicado que somos mais do que simples retardatários cósmicos passando por um universo cuja construção terminou há muito tempo. Evidências experimentais permitem concluir que, na realidade, criamos o universo ao longo da vida, somando nossa contribuição ao que já existe! Em outras palavras, parece que somos a própria energia da qual o cosmos é formado, bem como os seres que experimentam a própria criação. Isso porque *somos consciência*, e a consciência aparentemente é feita da mesma "coisa" da qual o universo é formado.

Essa é a verdadeira essência da teoria quântica, fonte de tantas preocupações para Einstein. Até o fim da vida, Einstein acreditou firmemente que o universo existia independentemente de nós. Respondendo às analogias sobre como afetamos o mundo e ao comentar os experimentos que demonstram que a matéria muda de comportamento quando a observamos, ele simplesmente declarou: "Gosto de pensar que a Lua está lá no céu, mesmo quando não a estou vendo"[2].

Embora nosso papel preciso na criação ainda não esteja perfeitamente compreendido, as experiências levadas a efeito no mundo quântico demonstram claramente que a consciência exerce efeito direto nas partículas mais elementares da criação. E nós somos a fonte da consciência. Talvez John Wheeler, professor emérito em Princeton e colega de Einstein, tenha conseguido fazer o melhor de todos os resumos sobre a nossa tão recente compreensão desse papel.

Os estudos de Wheeler levaram-no a acreditar que poderíamos viver em um mundo na realidade criado pela própria consciência — um processo que ele chamou de *universo participativo*. "De acordo com isso [com o princípio participativo]", diz Wheeler, "não poderíamos nem ao menos imaginar um universo que, de algum modo e por algum tempo, não contivesse observadores, pois os próprios materiais de construção do universo são esses atos de observação participativa"[3]. Ele apresenta o ponto central da teoria quântica quando declara: "Nenhum fenômeno elementar pode ser considerado um fenômeno até que seja observado (ou registrado)"[4].

O ESPAÇO É A MATRIZ

Se os "materiais de construção do universo" são feitos de observação e participação — *nossa* observação e *nossa* participação —, qual é a coisa que estamos criando? Para criarmos alguma coisa, primeiramente é preciso que haja algo disponível para usarmos no processo criativo, alguma essência maleável que seja o equivalente a uma massa de modelar para o universo. Do que é feito o universo, o planeta e os nossos corpos? Como tudo isso se ajusta em conjunto? Será que nós realmente controlamos alguma coisa?

Para responder tal espécie de perguntas precisamos nos deslocar para além dos limites das tradicionais fontes de conhecimento — a ciência, a religião e a espiritualidade —, unindo essas fontes a uma sabedoria maior. É nesse ponto que entra a Matriz Divina. Não se trata de ela desempenhar um pequeno papel de subproduto do universo ou de ser simplesmente uma parte da criação; *a Matriz é a criação*. Ao mesmo tempo, ela é o material que compreende tudo, bem como o recipiente para tudo o que é criado.

Quando penso na Matriz dessa maneira, não posso deixar de me lembrar da descrição que o cosmologista Joel Primack, da University of California em Santa Cruz, fez, do instante em que a criação começou. Em vez de considerar o Big Bang como tendo sido uma explosão que aconteceu em algum lugar, da maneira como tipicamente esperamos que as explosões ocorram, ele diz: "O Big Bang não ocorreu em algum lugar do espaço, ele ocupou o espaço inteiro"[5]. O Big Bang foi *o espaço propriamente dito*, irrompendo em um novo tipo de energia, *como* energia! Assim como a origem do universo foi o espaço propriamente dito, manifestando-se energeticamente, a Matriz é a *realidade em si mesma* — todas as possibilidades sempre em movimento, como a essência duradoura que interliga todas as coisas.

A FORÇA ANTES DO COMEÇO

Os antigos escritos da Índia chamados Vedas fazem parte do rol das mais antigas escrituras conhecidas, alguns estudiosos chegando a acreditar que a coleção possa datar de 7.000 anos. Em um de seus mais conhecidos textos, o Rig Veda, existe a descrição de uma força que fundamenta a criação, a origem da formação de todas as coisas — a força que existia antes do "começo". Essa energia, denominada *Brahman*, é identificada como "o não-nascido [...] aquele em que todas as coisas permanecem"[6]. Mais adiante o texto torna claro que todas as coisas existem porque "o Uno se manifesta como muitos, o informe que se coloca de muitas formas"[7].

Usando outra linguagem, poderíamos pensar na Matriz Divina precisamente da mesma maneira — como sendo uma força anterior a todas as outras forças. É o recipiente que contém o universo, como um modelo para tudo o que acontece no mundo físico. Como é a substância do universo, fundamenta o raciocínio de que existiu desde o começo da criação. Sendo esse o caso, a questão que vem à baila é: "Por que os cientistas só agora encontraram provas da existência da Matriz?"

Essa excelente pergunta é a que sempre faço, em todas as oportunidades que surgem, aos cientistas e pesquisadores que investigam esse campo. Em todas as vezes que formulo a pergunta a resposta é tão semelhante que quase posso prever o que vai ocorrer. Primeiramente, sou olhado com um olhar de descrença, de quem custa a acreditar que eu esteja afirmando que a ciência deixou passar despercebido algo tão importante como o campo de energia que interliga todas as coisas. Em seguida a discussão se volta para equipamentos e tecnologia. "Simplesmente não tínhamos a tecnologia necessária para detectar um campo tão sutil", é a forma que a resposta toma, normalmente.

Ainda que isso possa ser verdadeiro até certo ponto, pelo menos durante os últimos cem anos tivemos a capacidade de construir detectores que nos dizem que a Matriz Divina (ou o éter, ou a rede da criação, ou qualquer outro nome pelo qual queiramos designá-la) realmente existe. Corresponde mais à realidade afirmar que o grande obstáculo para a descoberta da Matriz Divina foi a relutância da corrente científica principal em reconhecer sua existência.

Essa força primordial de energia fornece a essência para tudo o que experimentamos e criamos. Ela retém o segredo dos mistérios mais profundos sobre quem somos, bem como a resposta às mais antigas questões sobre como funcionam as coisas aqui neste mundo.

TRÊS EXPERIMENTOS QUE MUDAM TUDO

A história verá o último século como o da descoberta, como o século de uma revolução científica. Pode-se argumentar, com alguma razão, que as descobertas mais importantes, que ficaram sendo alicerces de disciplinas inteiras, ocorreram ao longo dos últimos cem anos. Das descobertas dos pergaminhos do Mar Morto em 1947, passando pelos duplos helicóides do modelo do DNA de Watson e Crick, até a tecnologia da miniaturização da eletrônica de microcomputadores, o século XX foi um século sem precedentes em termos de avanços científicos. Muitas descobertas surgiram tão rapidamente que nos deixaram zonzos. Ainda que elas tenham aberto a porta para novas possibilidades, ainda não fomos capazes de dar uma resposta à seguinte pergunta: "O que essa informação significa em nossa vida?"

Assim como o século XX foi a época da descoberta, podemos pensar o século XXI como um período destinado a dar significado às nossas descobertas. Muitos cientistas, professores e pessoas importantes de hoje em dia estão

ABALANDO O PARADIGMA: OS EXPERIMENTOS QUE MUDAM TUDO

engajados nesse processo. Ainda que a distância de um campo de energia universal tenha sido teorizada, visualizada, descrita em muitos textos e imaginada durante um bom tempo, apenas recentemente foram feitos experimentos provando, de uma vez por todas, que a Matriz existe.

Entre 1993 e 2000, uma série de experimentos sem precedentes demonstrou a existência de um campo subjacente de energia banhando o universo. Para fins deste livro, escolhi três que ilustram, de maneira clara, o tipo de estudo que redefine nossa idéia de realidade. Enfatizo que esses experimentos são apenas representativos, pois existem outros relatados com resultados semelhantes e, aparentemente, em bases diárias.

Ainda que tais estudos sejam fascinantes, o que realmente me interessa é o pensamento por trás de cada investigação. Por exemplo, quando os cientistas projetam experimentos para determinar a relação entre o DNA humano e a matéria física, podemos ficar absolutamente seguros de que uma importante mudança de paradigmas está prestes a ocorrer. Digo isso porque antes desses experimentos provarem que tal relação existia, a crença comum era a de que todas as coisas do mundo eram separadas umas das outras.

Assim como ouvíamos cientistas da "velha escola" afirmar claramente que, se algo não pudesse ser medido era porque esse algo não existia, de maneira semelhante, antes da publicação dos experimentos a seguir, acreditava-se que, se duas coisas estão fisicamente separadas, uma não exerce efeito algum sobre a outra — não existiria a menor conexão entre elas. Mas essas convicções mudaram nos últimos anos do século.

Foi nessa época que o biologista quântico Vladimir Poponin relatou a pesquisa que ele e seus colegas, incluindo Peter Gariaev, estavam fazendo na Russian Academy of Sciences. Em um artigo que apareceu nos Estados Unidos em 1995, os dois cientistas descreveram uma série de experimentos indicando que o DNA humano afetava diretamente o mundo físico por meio do que eles acreditavam ser um novo campo de energia, um campo que unia o DNA ao mundo físico[8]. Minha impressão é que o campo com que eles acabaram trabalhando não era "realmente novo", no sentido mais verdadeiro da palavra. O mais provável é que esse campo sempre tenha existido, simplesmente nunca tendo sido reconhecido pelo fato de ser uma forma de energia para a qual ainda não existiam equipamentos adequados de medição.

O dr. Poponin visitava uma instituição norte-americana quando esses experimentos foram repetidos e publicados. O quanto esse estudo, "The DNA Phantom Effect", nos diz acerca do nosso mundo, talvez esteja mais bem re-

A MATRIZ DIVINA

sumido nas próprias palavras de Poponin. Na introdução do seu relatório, ele diz: "Acreditamos que essa descoberta tenha uma enorme importância para a explicação e a compreensão mais profunda dos mecanismos subjacentes a fenômenos de energia sutis, inclusive de muitos fenômenos de curas alternativas observadas"[9].

Mas, afinal, o que realmente Poponin está nos dizendo aqui? O experimento I descreve um efeito ilusório e o que esse efeito nos conta a respeito de nossa relação com o mundo, com nosso semelhante e com o universo além de nós. [...] É totalmente voltado para nós e para o nosso DNA.

EXPERIMENTO I

Poponin e Gariaev projetaram seus experimentos pioneiros para testar o comportamento do DNA em partículas de luz (fótons), a "matéria" quântica de que o nosso mundo é feito. Primeiramente, eles removeram todo o ar de um tubo especialmente projetado, criando o que entendemos como sendo o vácuo. Tradicionalmente, o termo *vácuo* transmite a idéia de que o recipiente onde ele existe está vazio, mas mesmo com o ar removido, os cientistas sabiam que alguma coisa permanecia dentro dele: os fótons. Usando equipamento de engenharia de elevada precisão, os cientistas mediram a localização das partículas dentro do tubo.

Queriam determinar se as partículas de luz estavam espalhadas por toda parte, se tinham aderido às laterais do vidro, ou se, talvez, tinham ficado aglomeradas em uma pilha no fundo do recipiente. O que eles encontraram não causou surpresa alguma logo de início: os fótons estavam distribuídos de uma maneira completamente desordenada. Em outras palavras, as partículas estavam em todo o interior do recipiente — precisamente como Poponin e sua equipe esperavam que elas estivessem.

Na parte seguinte do experimento, amostras de DNA humano foram colocadas no interior do tubo fechado, juntamente com os fótons. Na presença do DNA, as partículas de luz assumiram uma atitude que ninguém previa: em vez do padrão de distribuição espalhada que a equipe havia notado anteriormente, *as partículas se organizaram* de maneira diferente na presença do material vivo. O DNA estava irrefutavelmente exercendo uma influência direta sobre os fótons, como se estivessem imprimindo padrões regulares a eles por meio de uma força invisível. Isso é importante, uma vez que não existe absolutamente princípio algum na física convencional que justifique tal procedimento. Apesar de a experiência ter sido conduzida em ambiente controlado, a observação do

DNA — essa substância que nos constitui — possibilitou que fosse documentado o efeito direto que ele exercia sobre *a "matéria" quântica que constitui tudo no nosso mundo!*

A próxima surpresa ocorreu quando o DNA foi removido do recipiente. Havia razões de sobra para os cientistas que participavam do experimento acreditarem que as partículas de luz voltariam a ser vistas naquele estado inicial de espalhamento por todo o tubo. Depois do experimento de Michelson–Morley, descrito no Capítulo 1, nada na literatura tradicional sugeria que qualquer outra coisa pudesse ocorrer. Entretanto, em vez disso, os cientistas presenciaram uma ocorrência muito diferente: os fótons permaneceram ordenados, exatamente como se o DNA ainda estivesse no tubo. Em suas próprias palavras, Poponin descreveu a luz como exibindo um comportamento "surpreendentemente contra-intuitivo".[10]

Depois de verificarem os instrumentos e os resultados, Poponin e seus colegas enfrentaram a tarefa de achar alguma explicação para o que tinham acabado de observar. Uma vez que o DNA tinha sido removido do tubo, o que poderia estar afetando as partículas de luz? Será que o DNA deixava alguma coisa para trás, alguma força residual com o poder de união depois da remoção da matéria física? Ou será que algum fenômeno ainda mais misterioso estava acontecendo? Estaria o DNA e as partículas de luz ainda conectados de algum modo e com alguma intensidade além da nossa capacidade de detecção, ainda que estivessem fisicamente separados e não ocupassem mais o mesmo tubo?

Em seu relatório, Poponin escreveu que ele e seus pesquisadores foram "forçados a aceitar a hipótese de trabalho de que alguma estrutura nova de campo fora excitada"[11]. Como o efeito parecia estar diretamente relacionado à presença do material vivo, o fenômeno foi denominado "efeito do DNA fantasma". A nova estrutura de campo de Poponin aparentava ser surpreendentemente semelhante à "matriz" que Max Planck havia identificado cinqüenta anos antes, juntamente com os efeitos sugeridos pelas antigas tradições.

— **Resumo do Experimento I:** Esse experimento tem importância por vários motivos. Talvez o mais óbvio deles seja o fato de nos mostrar claramente que existe uma relação direta entre o DNA e a energia da qual o mundo é feito. Dentre as muitas conclusões que podemos tirar dessa poderosa demonstração, duas são garantidas:

1. Existe um tipo de energia que não era reconhecida como tal no passado.
2. As células, ou o DNA, influenciam a matéria por meio dessa forma de energia.

A MATRIZ DIVINA

Como resultado de experiências sob estrito controle de condições laboratoriais (talvez pela primeira vez), surgiram provas das poderosas relações que as antigas tradições já consideravam sagradas há muitos séculos. O DNA mudou o comportamento das partículas de luz — a essência do nosso mundo. Assim como nossas mais prezadas tradições e textos espirituais já nos informavam há tanto tempo, o experimento validou o fato de exercermos um efeito direto sobre o mundo que nos cerca.

Muito além da auto-ilusão e de animismos da nova era, trata-se de um impacto real. O efeito do DNA fantasma nos mostra que, sob as condições certas e usando o equipamento adequado, essa relação pode ser documentada. (Examinaremos novamente esse experimento na última parte deste livro.) Embora esse experimento se sobressaia por si próprio como uma demonstração revolucionária e explícita da conexão entre vida e matéria, é dentro do contexto de dois experimentos descritos a seguir que o efeito do DNA fantasma assume sua maior significação.

EXPERIMENTO II

As pesquisas têm mostrado, sem sombra de dúvida, que as emoções humanas exercem influência direta sobre o modo como as células funcionam no nosso corpo[12]. Durante a década de 1990, cientistas trabalhando para o Exército dos Estados Unidos investigaram se nossas sensações continuavam tendo o poder de afetar células vivas, especificamente o DNA, nos casos de essas células não fazerem mais parte do corpo. Em outras palavras, as emoções ainda exercem efeito positivo ou negativo sobre amostras de tecidos retiradas do corpo?

A sabedoria convencional tenderia a presumir que não. Por que deveríamos ter essa expectativa? Lembremo-nos mais uma vez do experimento de Michelson–Morley de 1887, cujos resultados acreditávamos que iriam demonstrar a inexistência de algo "lá fora", capaz de conectar qualquer coisa do mundo com qualquer outra coisa. Seguindo uma linha tradicional de pensamento, uma vez que tecidos, pele, órgãos ou ossos são removidos de uma pessoa, qualquer conexão do corpo com essas partes não deveria mais existir. Entretanto, a experiência nos demonstrou que algo muito diferente na verdade acontecia.

Em um estudo de 1993, conforme publicado no jornal *Advances*, o Exército executou experimentos para determinar precisamente se a conexão de emoção com DNA continua depois de uma separação e, caso continue, até que distância?[13] Os pesquisadores começaram por reunir DNA e um esfregaço de tecido do interior da boca de um voluntário. A amostra foi isolada e levada para outra sala no mesmo edifício, e então eles começaram a investigar o fenômeno que a ciência moderna afirmava que não deveria existir. Em uma câmara especialmente projetada, o DNA foi medido eletricamente para verificar se ele respondia às emoções da pessoa de onde ele tinha sido retirado, o doador, confinado em uma sala distante dali, a várias dezenas de metros.

Nessa sala estavam sendo mostradas ao doador diversas imagens de vídeo. A exibição dos vídeos tinha sido montada tencionando despertar emoções no espectador e incluía filmagens de cenas de guerra, imagens eróticas e comédias. O que se desejava era que o doador experimentasse um espectro de emoções reais durante um breve período. Enquanto isso lhe acontecia, a resposta de seu DNA era medida em outra sala.

Observou-se que, quando o doador passava por "altos" e "baixos" emocionais, suas células e seu DNA mostravam uma poderosa resposta elétrica, no mesmo instante. Apesar de a distância entre o doador e as amostras ser de dezenas de metros, o DNA agia como se estivesse fisicamente conectado ao corpo dele. A pergunta é: "Por quê?"

Esse experimento tem uma nota de rodapé que eu gostaria de evidenciar. Durante os ataques de 11 de setembro ao Pentágono e ao World Trade Center, nos Estados Unidos, eu estava viajando pela Austrália, para divulgar um livro. Quando voltei a Los Angeles, tive a sensação nítida de estar de volta a um país diferente daquele que deixara havia apenas dez dias. Ninguém estava viajando — os aeroportos e estacionamentos estavam vazios. O mundo tinha se transformado enormemente.

Eu tinha programado fazer uma palestra em Los Angeles logo depois do meu regresso e, ainda que tudo indicasse que poucas pessoas estariam presentes, os anfitriões tomaram a decisão de manter a programação original. Quando as apresentações começaram, concretizaram-se os receios dos promotores do evento: apenas meia dúzia de ouvintes tinha comparecido. Quando os cientistas e autores começaram suas palestras, era como se tivessem palestrando um para o outro.

Eu tinha acabado de dar minha contribuição sobre a natureza interligada de todas as coisas, concluindo a apresentação do experimento do Exército, esse que descrevo acima. Durante o jantar naquela noite um colega palestrante me procurou, agradeceu-me pela minha apresentação e me informou que tinha participado do estudo que eu havia relatado na minha palestra. Para ser exato, tratava-se do dr. Cleve Backster, que *havia projetado* o experimento para o Exército como parte de um projeto em andamento. Seu trabalho pioneiro dizendo respeito aos efeitos das intenções humanas sobre as plantas tinha levado a experimentos com finalidades militares. O que o dr. Backster disse em seguida é o motivo pelo qual conto essa história aqui.

O Exército interrompeu os experimentos quando o doador e o DNA estavam ainda no mesmo edifício, separados por uma distância de apenas dezenas de metros. Entretanto, em prosseguimento àqueles estudos iniciais, o dr. Backster descreveu como ele e sua equipe continuaram as investigações a distâncias ainda maiores. Certa vez, a distância entre o doador e suas células chegou a 563 quilômetros.

Além disso, a marcação do tempo transcorrido entre a sensação do doador e a resposta da célula foi feita por um relógio atômico localizado no Colorado. Cada vez que o experimento foi executado, nem um segundo se passou entre a emoção e a resposta da célula: *o efeito foi simultâneo* e a marcação do tempo transcorrido foi igual a zero. Independentemente das células estarem no mesmo quarto ou separadas por centenas de quilômetros, os resultados foram os mesmos. O DNA do doador reagia como se ainda estivesse conectado, de alguma forma, ao corpo do doador, todas as vezes em que o doador experimentava uma emoção.

Por mais fantasmagórico que isso possa nos parecer a princípio, consideremos que, se existe um campo quântico unindo toda matéria, tudo deve estar — e continuar — interligado. Ou, como expõe de modo tão eloqüente o dr. Jeffrey Thompson, colega de Cleve Backster: "Não há um lugar específico onde realmente um corpo comece ou onde ele termine"[14].

— **Resumo do Experimento II:** As implicações desse experimento são vastas e, até certo ponto, estonteantes. Se não podemos separar as pessoas de partes de seu corpo, isso significa que, quando um órgão vivo é eficientemente transplantado para outro ser humano, ambos os indivíduos permanecem conectados um ao outro de alguma maneira?

Em um dia qualquer de nossa vida, entramos em contato com dezenas, algumas vezes com centenas de pessoas — e muitas vezes esse contato é físico. Cada vez que tocamos uma pessoa, ainda que mediante um simples aperto de mão, vestígios de seu DNA permanecem conosco sob a forma de células da pele que ela deixa de seu corpo. Ao mesmo tempo, algumas de nossas células também passam para a outra pessoa. Será que isso significa que continuamos ligados às pessoas que tocamos desde que o DNA das células compartilhadas esteja vivo? E, se assim for, até que ponto nossa conexão permanece e qual a profundidade dessa ligação? A resposta a essas perguntas é: sim, aparentemente essa ligação existe. Entretanto, a qualidade dessa conexão parece ser determinada pela intensidade da consciência que nós temos de sua existência.

Todas essas possibilidades ilustram a magnitude do que essa experiência está nos mostrando. Ao mesmo tempo, também lança a fundação para alguma coisa mais profunda. Se o doador ou doadora experimenta emoções corporais e se o DNA responde a essas emoções, algo deve estar viajando de um para o outro, de maneira a possibilitar que a emoção saia de um lugar e chegue ao outro, não é mesmo?

Talvez sim... ou talvez não. Esse experimento pode estar nos mostrando algo mais — uma poderosa idéia, tão simples que poderia passar despercebida facilmente: *talvez as emoções do doador não precisem de maneira nenhuma viajar.* Talvez a energia não precise viajar *do* doador *para* uma localização distante para exercer seu efeito. As emoções da pessoa já estavam no DNA — e em vários outros lugares por sinal — no instante em que foram criadas. Essa menção é feita aqui tendo em vista plantar a semente de surpreendente possibilidade, a ser examinada com merecida atenção no Capítulo 3.

A conclusão — a razão pela qual escolhi compartilhar esse experimento — é simplesmente a seguinte: a conexão entre o DNA e o doador, seja ela qual for, exige a existência de algo fazendo a união de um ao outro. O experimento sugere quatro coisas:

1. Existe uma forma de energia entre os tecidos vivos que não era reconhecida no passado.
2. As células e o DNA se comunicam por meio desse campo de energia.
3. A emoção humana exerce influência direta sobre o DNA vivo.
4. A separação pela distância aparentemente não é importante para os efeitos observados.

EXPERIMENTO III

Conquanto o efeito da emoção humana sobre a saúde e o sistema imunológico do corpo já seja aceito há anos pelas tradições espirituais no mundo inteiro, raramente tal efeito foi documentado de maneira que pudesse ter utilidade para as pessoas comuns.

Em 1991, foi formada uma organização chamada Institute of HeartMath, cujo propósito era explorar o poder dos sentimentos humanos sobre o corpo, bem como o papel que essas emoções poderiam desempenhar no mundo.

Especificamente, o HeartMath escolheu lançar o foco de sua pesquisa sobre o corpo em um lugar que parecia ser a origem das emoções e sentimentos: o coração humano. O trabalho pioneiro de seus pesquisadores foi amplamente publicado por jornais de prestígio e citado em artigos científicos[15].

Uma das descobertas mais significativas relatadas pelo HeartMath foi sua documentação sobre o campo de energia de forma ovalada que circunda o coração e se estende para além do corpo. Esse campo de energia eletromagnética existe em uma configuração chamada *torus*, com um diâmetro entre 1,5 e 2,4 metros (veja a figura 2). Apesar de o campo do coração não ser a aura do corpo ou o *prana* descrito nas antigas tradições sânscritas, pode muito bem ser uma expressão da energia que começa nessa área.

Com base no reconhecimento de tal campo, os pesquisadores do HeartMath se perguntaram se poderia existir outro tipo de energia, ainda por descobrir, viajando dentro desse campo conhecido. Para testar a teoria, decidiram examinar os efeitos das emoções humanas sobre o DNA — a própria essência da vida.

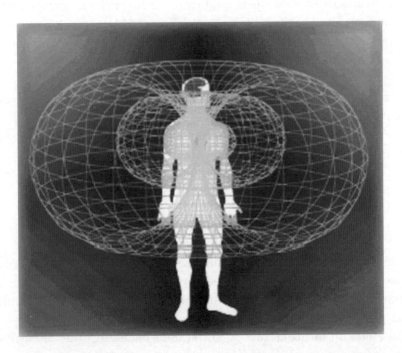

Figura 2. Ilustração mostrando a forma e o tamanho relativo do campo de energia que cerca o coração humano. (Cortesia do Institute of HeartMath)

ABALANDO O PARADIGMA: OS EXPERIMENTOS QUE MUDAM TUDO

Os experimentos foram levados a cabo entre 1992 e 1995 e começaram isolando o DNA humano em um béquer de vidro[16] e expondo-o a seguir a uma forma poderosa de emoção conhecida como _emoção coerente_. De acordo com os pesquisadores principais Glen Rein e Rollin McCraty, o estado psicológico pode ser criado intencionalmente mediante "o uso de técnicas de autogerenciamento mental e emocional especialmente projetadas, que implicam na quietude intencional da mente, na mudança da consciência para a área do coração e na focalização de emoções positivas[17]". Eles realizaram vários testes abrangendo até cinco pessoas treinadas na aplicação de emoções articuladas de forma coerente. Mediante técnicas especiais para análise do DNA, tanto química como visualmente, os pesquisadores eram capazes de detectar as mudanças que acontecessem.

Os resultados foram irrefutáveis e as implicações inequívocas. A conclusão foi: as emoções humanas mudaram a forma do DNA! Sem contato físico e sem tomar outra providência além de simplesmente despertar sentimentos bem definidos em seu corpo, os participantes foram capazes de influenciar as moléculas de DNA no béquer.

No primeiro experimento, que incluiu apenas uma pessoa, os efeitos foram produzidos pela combinação de "intenção direcionada, amor incondicional e linguagem figurativa específica da molécula de DNA". Nas palavras de um dos pesquisadores, "Esses experimentos revelaram que intenções diferentes produziram efeitos diferentes na molécula de DNA e fizeram com que ela se enrolasse ou se desenrolasse[18]." Claramente, as implicações estão além de qualquer coisa que tenha sido levada em conta na teoria científica tradicional até o momento.

Fomos condicionados a acreditar que o estado do DNA em nosso corpo é imutável. O pensamento contemporâneo acredita que esse estado é uma quantidade fixa — "conseguimos o que temos condições de conseguir" quando nascemos — e, exceção feita ao consumo de drogas, produtos químicos e campos elétricos, nosso DNA não mudará em resposta a qualquer outra coisa que façamos no transcurso da vida. Mas o experimento nos mostrou que nada poderia estar mais distante da verdade.

A TECNOLOGIA INTERIOR PARA MUDAR O MUNDO

O que os experimentos descritos estão nos dizendo sobre nossa relação com o mundo? O denominador comum dos três é que eles implicam no uso do DNA humano. Não existe absolutamente nada no conhecimento tradicional nos levando a acreditar que o material da vida de nosso corpo seja capaz de produzir um efeito no mundo exterior. Nem há nada sugerindo que a emoção humana possa de alguma maneira afetar o DNA enquanto se encontra dentro do corpo de seu dono, muito menos quando está a centenas de quilômetros de distância. Ainda assim, tal efeito foi precisamente o que ficou demonstrado pelos experimentos feitos.

É interessante quando pensamos em cada experimento separadamente, sem considerar a execução dos outros. Cada um nos mostra alguma coisa que aparenta ser uma anomalia além dos limites do pensamento convencional, e alguns resultados podem ser ainda mais surpreendentes. Sem um contexto mais amplo, podemos ser tentados a colocar os experimentos na categoria das "coisas para dar mais uma olhada um outro dia... daqui a muito, muito tempo". Mas quando consideramos os três experimentos ao mesmo tempo, nada menos do que um abalador paradigma vem à tona: eles começam a nos contar uma história. Quando olhamos para cada experimento como parte de um quebra-cabeça maior, a história do experimento nos impacta como a súbita compreensão visual de um desenho de Escher! Olhemos, portanto, um pouco mais profundamente. [...]

No primeiro experimento, Poponin nos mostrou que o DNA humano exercia um efeito direto sobre a vibração da luz. No segundo — o experimento militar —, vimos que não importava se estávamos ou não na mesma sala que nosso DNA, ou separados por uma distância de centenas de quilômetros; ainda assim estávamos conectados às suas moléculas — o efeito era o mesmo. No terceiro experimento, os pesquisadores do HeartMath mostraram que a emoção humana tem efeito direto no DNA, e que esse último impacta diretamente a matéria que constitui o mundo. Esse é o começo de uma tecnologia — uma tecnologia *interior* —, que faz mais do que simplesmente *nos dizer* que podemos exercer um efeito sobre nosso corpo [...] essa tecnologia *nos mostra* que esse efeito existe e que ele funciona!

Todos esses experimentos sugerem duas conclusões semelhantes, que são o ponto crucial deste livro:

1. Existe algo "lá fora": a matriz de uma energia que conecta qualquer coisa com todo o restante do universo. Esse campo conectivo explica os resultados inesperados dos experimentos.
2. O DNA de nosso corpo nos franqueia o acesso à energia que conecta todo o universo e a emoção é a chave para podermos usufruir desse campo.

Além disso, os experimentos nos mostram que nossa conexão a tal campo é a essência de nossa existência. Se compreendermos como ele funciona, e como nos ligamos a ele, teremos em mãos tudo de que precisamos para aplicar o que sabemos sobre esse campo em nossa vida.

Convidamos o leitor a meditar sobre o significado desses resultados e conclusões em sua vida. Quais problemas não podem ser resolvidos, qual doença não pode ser curada e qual condição não pode ser melhorada, se formos capazes de usufruir dessa força e de alterar o modelo quântico de onde todas as coisas são provenientes? Esse modelo é o campo de energia não reconhecido no passado e que Max Planck denominou como sendo a "Mente consciente e inteligente".

A MATRIZ DIVINA

Os experimentos mostram que a Matriz é feita de uma modalidade de energia que não se assemelha a nada conhecido no passado — e foi por esse motivo que os cientistas levaram tanto tempo para descobri-la. Conhecida como "energia sutil", ela simplesmente não funciona da maneira que um campo elétrico convencional típico funciona. Em vez disso, ela tem a aparência de uma *rede* de malha bem apertada e forma o tecido da criação, o mesmo que denomino Matriz Divina.

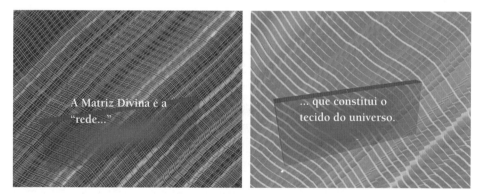

Figura 3. Os experimentos sugerem que a energia conectando o universo consiste em uma malha bem apertada, formadora do tecido básico de nossa realidade.

Dentre as muitas definições possíveis para a Matriz Divina, talvez a mais simples seja pensá-la como sendo formada de três coisas básicas: (1) é o receptáculo dentro do qual existe o universo; (2) é a ponte entre nosso mundo interior e o exterior; e (3) é o espelho que reflete nossos pensamentos diários, nossos sentimentos, emoções e crenças.

Existem mais três atributos que colocam a Matriz Divina em uma posição separada de todas as energias da mesma espécie. Em primeiro lugar, ela pode ser descrita como estando presente em toda parte todo o tempo ... ela já existe. Contrariamente à irradiação da TV ou da radioemissora, que deve ser criada em determinado lugar e ser transmitida para algum outro lugar, esse campo já aparenta estar presente em toda parte.

Em segundo lugar, aparentemente esse campo surgiu juntamente com a criação do universo — com o Big Bang, ou seja lá o que tenhamos escolhido chamar de "o princípio". Obviamente, ninguém se encontrava por aqui para nos dizer o que havia antes, mas os físicos acreditam que essa enorme liberação de energia lançadora do universo no campo da existência foi o próprio ato da criação do espaço propriamente dito.

Como o Hino da Criação do antigo Rig Veda nos sugere, antes do começo "nem ao menos o nada existia, não havia o ar ainda, nem nenhum firmamento". Como a existência do "nada" explodiu de "alguma coisa" do espaço, o que ficava entre o nada nasceu. Podemos conceber a Divina Matriz como um eco desse momento em que o tempo surgiu, como um elo feito de tempo e espaço nos conectando à criação de todas as coisas. É a natureza dessa conexão sempre presente que possibilita a não-localidade das coisas que existem dentro da Matriz.

A terceira característica desse campo, talvez aquela que o torna tão significativo para nossa vida, é a sua aparente "inteligência". Em outras palavras, o campo *responde* ao poder das emoções humanas. Na linguagem de outros tempos, as tradições antigas fizeram o melhor possível para compartilhar esse grande segredo conosco. Inscritas nas paredes do templo, confinadas em pergaminhos gastos pelo tempo, firmemente estabelecidas na vida das pessoas, as instruções nos dizem como nos comunicar com a energia que conecta todas as coisas e que foram deixadas pelos que vieram antes de nós. Nossos ancestrais tentaram nos mostrar como curar nosso corpo e dar vida aos nossos mais profundos desejos e maiores sonhos. Somente agora, aproximadamente 5.000 anos depois que a primeira dessas instruções foi registrada, a linguagem da ciência redescobriu as mesmas relações entre nosso mundo e nós mesmos.

A energia descoberta nesses experimentos (e teorizada por outros) é tão nova que falta ainda aos cientistas concordar sobre um único termo para descrevê-la. Portanto, existem muitos nomes diferentes que estão sendo usados para identificar o campo que interliga tudo. Por exemplo, Edgar Mitchell, o primeiro astronauta da nave espacial *Apollo* batizou-a de "a mente da natureza".

O físico e co-autor da teoria das supercordas, Michio Kaku, descreveu essa energia como o "Holograma Quântico". Conquanto esses sejam rótulos modernos para a força cósmica que se acredita responsável pelo universo, encontramos temas semelhantes, até mesmo palavras semelhantes, em textos criados milhares de anos antes da física quântica.

Por exemplo, os evangelhos gnósticos que datam do século IV também usaram a palavra *mente* para descrever essa força dizendo como "do poder do Silêncio surgiu 'um grande poder, a Mente do Universo, que dirige todas as coisas. [...]'"[19] Por mais diferentes que os nomes pareçam ser, todos, aparentemente, estão descrevendo a mesma coisa — a essência viva que é o tecido de nossa realidade.

É a essa mente que Planck faz referência quando estava em Florença, na Itália, em meados do século XX. Durante a palestra que apresentou em 1944, ele fez uma declaração que muito provavelmente não foi nem mesmo completamente compreendida pelos cientistas daquela época. Em palavras proféticas, que seriam tão impactantes no século XXI como foram quando pronunciadas há tantos anos, Planck disse:

> Na qualidade de alguém que devotou a vida inteira à ciência mais esclarecida, ao estudo da matéria, posso fazer a seguinte afirmativa como resultado de minhas pesquisas sobre os átomos: a matéria, como matéria propriamente dita, não existe! Toda matéria se origina e existe apenas em virtude da força que faz vibrar as partículas de um átomo e que consegue manter unido esse extremamente diminuto sistema solar. [...] Devemos assumir que por trás dessa força existe uma Mente consciente e inteligente. Essa Mente é a matriz de toda a matéria.[20]

Sem sombra de dúvida, os experimentos e a discussão deste capítulo nos mostram que a matriz de Planck existe. O campo que interliga toda a criação é real, ele existe independentemente de uma designação adequada ou de uma lei da física que explique seu funcionamento. Ele se encontra aqui neste exato momento, existe tanto quanto eu e você. É o universo dentro de nós assim como o universo que nos cerca, a ponte quântica entre tudo o que é possível em nossa mente e o que é real no mundo. A mesma matriz da energia que explica por que os três experimentos funcionaram daquela forma, também demonstra que os sentimentos positivos que se encontram *dentro* de nós são muito eficazes *em torno* de nós.

A MATRIZ DIVINA

Contudo, a nossa ligação à Matriz de toda a matéria vai além disso ... ela continua em coisas que não podemos ver. A Matriz Divina está em toda parte e em todas as coisas. Toda matéria existe dentro do mesmo invólucro de realidade, do pássaro voando no céu às partículas cósmicas que passam através de nosso corpo e casa como se fôssemos espaço vazio: é a Matriz Divina. É o que preenche o vazio entre você, leitor, e as palavras desta página. É aquilo que constitui *o próprio espaço*. Quando se pensa sobre a Matriz e quando nos perguntamos sobre sua localização, podemos ficar tranqüilos que onde quer que o espaço exista também estará presente essa energia sutil.

O QUE TUDO ISSO SIGNIFICA AFINAL?

Como um grande segredo do qual todos suspeitam mas raramente é alvo de conversas, pela Matriz Divina estamos todos conectados do modo mais íntimo que possamos imaginar. Mas o que significa essa conexão? Qual o significado de compartilharmos o espaço quântico puro onde vive a imaginação e onde a realidade nasce e de nos envolvermos tão profundamente com nosso mundo e com a vida de outras pessoas? Se verdadeiramente formos mais do que simples observadores casuais de nossa vida e o mundo "acontecer" em torno de nós, até que ponto poderemos "crescer" mais?

Os experimentos anteriores demonstraram que dentro de nós existe um poder diferente de qualquer um já criado por máquinas de laboratório. É uma força que não é limitada pelas leis da física — pelo menos não pelas leis que compreendemos hoje. E não precisamos de um experimento de laboratório para que essa conexão exista.

Quantas vezes telefonamos para alguém só para descobrir que essa pessoa já estava na linha quando tiramos o fone do gancho ... ou quantas vezes discamos um número e depois descobrimos que a linha estava ocupada porque a mesma pessoa com quem queríamos falar estava ligando para falar conosco?

Em quantas ocasiões nos encontramos nos divertindo com amigos em uma rua movimentada, em um shopping ou no aeroporto, e somos assaltados pela estranha sensação de que já estivemos naquele lugar antes, ou com aquelas pessoas anteriormente, fazendo exatamente o que estamos fazendo naquele momento?

Ainda que esses exemplos simples gerem comentários divertidos, eles são mais do que circunstâncias aleatórias. Embora não possamos provar cientificamente *por que* essas coisas acontecem, nós todos sabemos que elas ocorrem. Em tais momentos de conectividade e *déjà vu*, nos encontramos, espontaneamente, *transcendendo* os limites impostos pelas leis físicas. Nesses breves instantes, somos lembrados de que provavelmente existe mais sobre o universo e sobre nós do que possamos conscientemente conhecer.

Esse é o mesmo poder nos dizendo que somos mais do que simples observadores neste mundo. O segredo para nos experimentarmos nesse sentido é criar essas experiências intencionalmente — é ter percepções transcendentais quando bem desejarmos, em vez de apenas quando elas parecem "acontecer". Com exceção de poucas pessoas com dotes especiais, aparentemente existem boas razões para não podermos estar em dois lugares ao mesmo tempo, fazer viagens através do tempo e nos comunicarmos mais rapidamente do que permitem as leis da física. Tudo se resume no que acreditamos sobre nós mesmos e sobre o papel que acreditamos desempenhar no universo. Dedicamos a próxima seção do livro ao enfoque desse tema.

Somos criadores — e mais que isso ainda, somos criadores e estamos interligados. Por meio da Matriz Divina participamos da constante mudança que dá significado à vida. A questão que se coloca diz menos respeito ao fato de sermos ou não observadores passivos, e refere-se mais à definição de como poderemos criar de forma intencional.

PARTE II

A PONTE ENTRE A IMAGINAÇÃO E A REALIDADE: COMO A MATRIZ DIVINA FUNCIONA

CAPÍTULO TRÊS

SOMOS OBSERVADORES PASSIVOS
OU CRIADORES PODEROSOS?

> *"Por que o universo é tão grande?*
> *É porque estamos aqui."*
> — John Wheeler (1911–), físico
>
> *"A imaginação cria a realidade. [...]*
> *O homem é todo imaginação."*
> — Neville (1905–1972),
> visionário e místico

Em 1854, o chefe Seattle de uma tribo indígena avisou aos legisladores em Washington que a destruição da vida selvagem na América do Norte provocaria efeitos que iriam além da época que viviam e ameaçaria a sobrevivência das gerações futuras. Com essa sabedoria profunda, tão verdadeira hoje como foi em meados do século XIX, o chefe teria declarado: "O homem não teceu a rede da vida — ele simplesmente é um de seus fios. Seja lá o que ele fizer à rede, estará fazendo a si próprio"[1].

O paralelo entre a descrição do chefe Seattle de nosso lugar na "rede da vida" e a nossa conexão à Matriz Divina (e dentro dela) é inequívoca. Como parte de tudo que vemos, somos participantes de uma conversação em andamento — *um diálogo quântico* — com nós mesmos, com nosso mundo e além dele. Dentro dessa troca cósmica, nossos sentimentos, emoções, orações e crenças de todo instante representam nossa fala ao universo. E tudo, da vitalidade de nosso corpo, à paz em nosso mundo, é o universo nos respondendo.

QUAL O SIGNIFICADO DE "PARTICIPAR" DO UNIVERSO?

Como mencionado no capítulo anterior, o físico John Wheeler sugere que, não apenas temos um papel na peça que ele chama de "universo participativo",

A MATRIZ DIVINA

como também desempenhamos o papel *principal* nela. O mais importante da proposição de Wheeler é a palavra *participativo*. Nesse tipo de universo, o leitor e eu somos parte da equação. Ambos somos capazes de catalisar os eventos de nossa vida e de participar das "experiências" que criamos — são coisas que acontecem ao mesmo tempo! Somos "parte de um universo cujo trabalho encontra-se em andamento". Nessa criação inacabada, "somos pequenos remendos do universo que olha para si próprio — e que constrói a si mesmo"[2].

A sugestão de Wheeler abre a porta para possibilidades radicais: admitindo-se que seja verdade o fato de a consciência ser capaz de criar, segue-se que o universo pode ser o resultado dessa consciência. Apesar de os pontos de vista de Wheeler terem sido propostos no final do século XX, não podemos deixar de lembrar aquela declaração de Max Planck em 1944, quando ele disse que todas as coisas existem por causa de uma "Mente inteligente", que ele denominou de "a matriz de toda a matéria". A pergunta que implora por uma resposta nesse ponto é simplesmente: *Que Mente é essa?*

Em um universo participativo, o ato de focalizarmos nossa consciência — *de olharmos para algum lugar e examinarmos o mundo* — é, por si mesmo, um ato de criação. Nós somos aqueles que observam e estudam o mundo. Somos a mente (ou pelo menos parte de uma grande mente), como Planck descreveu. Ao olharmos para todos os lugares, nossa consciência faz algo *para* vermos.

> **Princípio 5:** O ato de focalizar nossa consciência é um ato de criação. A consciência cria!

Em nossa busca para encontrarmos a menor partícula de matéria e na pesquisa para definirmos os limites do universo, essa relação sugere ser bem possível que não encontremos nem uma coisa nem outra. Não importa até que ponto perscrutemos o mundo dos quanta do átomo ou a que distância penetremos na vastidão do espaço exterior, o ato de olharmos tendo a expectativa de que algo existe pode ser precisamente a força que cria algo para vermos.

Um universo participativo ... exatamente o que isso subentende? Admitindo que a consciência verdadeiramente crie, quanto de poder nós realmente temos para mudar o mundo? Essa pergunta tem uma resposta surpreendente.

O visionário do século XX, de Barbados, conhecido simplesmente pelo nome de Neville, talvez tenha sido quem melhor descreveu nossa capacidade de tornar sonhos em realidade e de fazer a imaginação influir na vida. Por meio de seus muitos livros e palestras, em termos simples e francos, ele com-

SOMOS OBSERVADORES PASSIVOS OU CRIADORES PODEROSOS?

partilhou seu grande segredo de como navegar pelas muitas possibilidades da Matriz Divina. Olhando da perspectiva de Neville, tudo o que experimentamos — literalmente tudo o que *nos* acontece ou que é feito *por* nós — é produto de nossa consciência, e nada além disso. Ele acreditava que nossa capacidade de aplicar essa compreensão por meio do poder da imaginação era tudo o que se antepunha entre nós e os milagres da nossa vida. Assim como a Matriz Divina fornece o invólucro para o universo, Neville sugere ser impossível que qualquer coisa aconteça fora dos limites da consciência.

No entanto, é fácil pensarmos de outra maneira! Logo depois dos atos terroristas de 11 de setembro em Nova York e Washington, o que todos começaram a se perguntar foi: "Por que *eles* fizeram isso *conosco*?" e: "O que *nós* fizemos a *eles*?". Vivemos durante uma época da história em que é muito fácil ver o mundo em termos de "eles" e "nós" e de nos surpreendermos com o fato das coisas ruins acontecerem às pessoas boas. Caso realmente exista um único campo de energia interligando tudo no mundo, e se a Divina Matriz funcionar como as evidências indicam que ela funciona, não se poderia falar em *com eles* e *conosco*, somente o *nós* caberia ser dito.

Desde os temíveis e odiados chefes de Estado até as pessoas de outros países que tocaram nosso coração e inspiraram nosso amor, estamos todos interligados do modo mais íntimo que se possa imaginar: pelo campo da consciência, a incubadora de nossa realidade, com a qual, juntos, podemos criar a cura ou a dor, a paz ou a guerra. Isso poderia muito bem ser a conseqüência mais difícil que nos mostra a nova ciência. Poderia também ser origem da nossa sobrevivência, da nossa cura mais completa.

O trabalho de Neville nos lembra que talvez o maior de todos os erros na maneira como vemos o mundo seja ficar considerando as razões externas dos altos e baixos da vida. Ainda que certamente existam causas e efeitos que podem levar aos acontecimentos de cada dia, eles parecem se originar de uma época e de um lugar que aparentam estar completamente desconectados do momento presente. Neville compartilha o ponto crucial do maior mistério referente ao nosso relacionamento com o mundo no qual vivemos: "A principal ilusão do homem é sua convicção de que existem outras causas além do seu próprio estado de consciência"[3]. O que isso afinal significa? É a questão prática que surge naturalmente quando falamos em viver em um universo participativo. Quando inquirimos quanto poder realmente temos para operar mudanças na nossa vida e no mundo, a resposta é simples e encontra-se a seguir.

81

A MATRIZ DIVINA

> **Princípio 6:** Temos o poder necessário para fazer todas as mudanças que quisermos!

Essa capacidade fica disponível para nós dependendo de onde colocamos nosso foco e de que forma usamos o poder da nossa consciência. Em seu livro *The Power of Awareness*, Neville nos oferece um exemplo depois do outro de histórias de caso que demonstram, sem sombra de dúvida, como precisamente isso funciona.

Retive na memória uma das mais pungentes dessas histórias durante anos. Era sobre um homem na casa dos 20 anos que havia recebido um diagnóstico de rara doença cardíaca que seus médicos acreditavam ser fatal. Casado e com dois filhos pequenos, era admirado por todos os que o conheciam e tinha todas as razões do mundo para tirar partido de uma vida longa e saudável. Quando pediram a Neville para vê-lo, o homem já havia perdido peso assustadoramente e "estava reduzido praticamente a pele e ossos".

Estava tão fraco que até mesmo conversar lhe impunha um sacrifício, mas apesar disso, concordou em simplesmente escutar e assentir com a cabeça enquanto ouvisse as crenças que Neville compartilharia com ele.

Da perspectiva de nossa participação em um universo dinâmico e evolvente, somente poderia haver uma solução para o problema: uma mudança na atitude e na consciência. Pensando nisso, Neville pediu ao homem para experimentar se sentir *como se já estivesse curado*. Como o poeta William Blake sugeriu, existe uma linha muito fina entre imaginação e realidade: "O homem é todo imaginação". Assim como o físico David Bohm disse que este mundo seria uma projeção de eventos em um reino mais profundo da realidade, Blake continua: "Tudo o que vemos, embora pareça ser do exterior, é do interior, /está na nossa imaginação, da qual este mundo mortal nada mais é que uma sombra"[4]. Pelo poder de nos concentrarmos conscientemente nas coisas que criamos no imaginário, damo-lhes "um pequeno empurrão" que as faz cruzarem a barreira do irreal para o real.

Em uma única sentença, Neville explica como forneceu as palavras que ajudariam seu novo amigo a cumprir essa nova maneira de pensar: "Sugeri que imaginasse o rosto do doutor exprimindo estupefação incrédula ao vê-lo recuperado, contra tudo o que seria razoável, dos últimos estágios de uma doença incurável; que ele o visse reexaminando seu exame e ouvindo-o dizer repetidas vezes: 'É um milagre — é um milagre'"[5]. Bem, acho que o leitor pode adivinhar por que conto essa história: o camarada *ficou* melhor. Meses mais tarde, o visionário recebeu uma carta contando que o jovem tinha, verdadeiramente, se recuperado de forma milagrosa. Neville mais tarde o encontrou e descobriu que ele estava vivendo bem e desfrutando de perfeita saúde com a família.

O segredo, o homem revelou, era bem mais simples do que apenas cultivar o desejo de ter boa saúde: desde o dia que se encontraram ele tinha vivido "com base na hipótese de já estar bem e perfeitamente curado". E encontramos aqui então o segredo de impulsionar nossos desejos íntimos do estado de imaginação à realidade da nossa vida do dia-a-dia: é nossa capacidade de sentir como se os sonhos tivessem sido realizados, os desejos atendidos e as orações respondidas. Dessa maneira, ativamente compartilhamos daquilo que Wheeler chamou de "universo participativo".

VIVER DA RESPOSTA

Entre a situação de trabalhar *para* obter um resultado e a de pensar e sentir os efeitos *do* resultado existe uma diferença sutil, embora poderosa. Quando trabalhamos para a obtenção de alguma coisa, encetamos uma jornada sem fim e sem retorno. Conquanto possamos identificar os marcos do progresso de nossa atividade e estabelecer metas que mostrem nossa aproximação do objetivo, em nossa mente estaremos sempre "a caminho" da meta, em lugar de nos encontrarmos "na" experiência de alcançá-la. Precisamente por isso é que a admoestação de Neville é tão poderosa para nossa vida quando nos fala que devemos "entrar na imagem" do desejo do nosso coração e "pensar a partir dela".

No estudo antigo das artes marciais, temos uma bela metáfora no mundo físico exatamente sobre como esse princípio age na nossa consciência. Sem dúvida o leitor já deve ter presenciado apresentações de pessoas treinadas nessas disciplinas, quando ao convergirem seus poderes de concentração e força em um único momento de intenso foco, tornam-se capazes de executar feitos de execução inimaginável em qualquer outra circunstância — tal como quebrar um bloco de concreto ou uma pilha de pranchas de madeira. O princípio que possibilita essas demonstrações é o mesmo descrito por Neville na história da cura do jovem.

Apesar dos "truques" às vezes usados para realizar esses feitos extraordinários sem a conotação espiritual, o segredo do sucesso quando eles são autenticamente executados depende do local onde o executor da arte marcial coloca sua atenção. Quando escolhem partir um bloco de concreto, por exemplo, a última coisa que lhes passa pela cabeça é o ponto de contato em que a mão tocará a superfície do bloco. Exatamente como Neville sugeriu em suas instruções ao homem moribundo, a chave é concentrar o foco no local do ato completo: a cura já alcançada ou o tijolo *já* partido.

Os praticantes de artes marciais fazem isso concentrando a atenção consciente em um ponto que está *além* da base do bloco. A única maneira da mão do praticante estar em tal local é caso ela já tenha passado através do espaço entre seu dono e aquele ponto. O fato de o espaço, aparentemente, encontrar-se ocupado por algo sólido tal como um bloco de concreto, torna-se praticamente secundário. Dessa maneira, eles pensam *a partir de* um determinado ponto de término, em vez de se preocuparem com a dificuldade de atingir tal ponto. Eles experimentam aparentemente a alegria da execução do ato, não em tudo o que deve acontecer para que o ato seja bem-sucedido. Esse exemplo simples nos oferece uma poderosa analogia da maneira pelo qual a consciência parece funcionar.

Experimentei pessoalmente esse princípio, quando tinha meus 20 e poucos anos. Foi na época em que o centro da minha vida tinha se deslocado do trabalho em uma laminadora de cobre e da participação em uma banda de rock, para o foco espiritual de um poder interior. Foi quando fiz 21 anos que súbita e inesperadamente fui atraído para uma combinação de corrida de longa distância, yoga, meditação e artes marciais. De forma apaixonada comecei a me dedicar às quatro atividades simultaneamente, e elas passaram a ser uma "rocha" que me servia de apoio sempre que meu mundo parecia prestes a me esmagar. Um dia, enquanto ainda estava no dojo (o estúdio de artes marciais) e um pouco antes da aula de karatê, testemunhei até que ponto um foco concentrado pode ser poderoso; foi algo diferente de tudo que já havia visto surgir naquela região, bem no coração do norte do Missouri.

Naquele dia, nosso instrutor foi entrando e nos propondo uma questão bem diferente da prática do dia-a-dia, à qual já tínhamos nos habituado. Ele explicou que ele se sentaria no centro do espesso colchão que usávamos para aprimorar nossas habilidades, fecharia os olhos e começaria a meditar. Durante esse exercício ele esticaria os braços de cada lado do corpo com as palmas das mãos abertas e voltadas para baixo. Ele nos pediu alguns minutos para que pudesse "se ancorar" naquela posição imitando um "T", e convidou-nos então a fazer um movimento qualquer capaz de alterar sua posição.

Havia dois homens para cada mulher em nossa classe, e sempre tinha havido, até então, uma competição amigável entre os sexos. Naquele dia, entretanto, essa divisão não ocorreu. Sentamo-nos juntos, imóveis e silenciosos perto do instrutor. Ficamos olhando enquanto ele simplesmente caminhou para o centro do colchão, sentou-se com as pernas cruzadas, fechou os olhos, estendeu os braços e mudou o padrão da respiração. Lembro-me de que estava fascinado, observando atentamente seu tórax subir e descer cada vez mais lentamente com a respiração, até que ficou difícil afirmar se ele estava respirando ou não.

Nós então nos entreolhamos em assentimento mútuo e nos aproximamos com a intenção de tirá-lo do lugar. Pensando inicialmente que seria fácil, somente alguns tentaram. Empurramos seus braços e pernas em diferentes direções, sem conseguir sucesso absolutamente nenhum. Surpreendidos com a inutilidade dos esforços, mudamos de estratégia e resolvemos agarrá-lo apenas por um dos lados para usar nosso peso combinado e forçá-lo na direção oposta. Nem mesmo assim tivemos sucesso, nem ao menos conseguimos mexer seus braços ou os dedos da mão!

Depois de algum tempo ele respirou fundo, abriu os olhos e com aquele bom humor que havíamos aprendido a respeitar, perguntou: "O que aconteceu? Como é possível que eu ainda esteja sentado aqui?" E depois de uma boa risada que relaxou as tensões, ele passou a nos explicar, encarando-nos com seu olhar penetrante habitual, o que tínhamos acabado de presenciar.

"Quando fechei os olhos", ele disse, "tive uma visão que era como um sonho, e esse sonho tornou-se a minha realidade. Imaginei duas montanhas, uma de um lado de meu corpo e a outra do outro lado, enquanto eu mesmo ficava no chão, entre os picos." Enquanto ele falava, imediatamente mentalizei a imagem na minha mente e senti que ele, de algum modo, nos imbuía com uma experiência direta de sua visão.

"Preso a cada um dos meus braços", ele continuou, "vi uma corrente que me prendia ao topo de cada montanha. Enquanto as correntes estivessem lá, eu estava ligado às montanhas de uma maneira que não poderia ser alterada por nada." Nosso instrutor olhou em volta, viu o fascínio que suas palavras provocavam em nosso rosto. Com um largo sorriso ele concluiu: "Nem mesmo uma classe cheia de meus melhores alunos pode mudar meus sonhos".

Com uma breve demonstração durante uma aula de artes marciais, esse belo homem tinha nos proporcionado uma experiência direta do poder de redefinir nosso relacionamento com o mundo. A lição tinha sido menos sobre a reação que o mundo nos mostrava e mais sobre criar nossas próprias regras para o que decidíssemos experimentar.

A MATRIZ DIVINA

O segredo aqui é que nosso instrutor estava se sentindo como se já estivesse fixo em determinado lugar do colchão. Durante aqueles instantes ele viveu *dos* resultados de sua meditação. Até que resolvesse romper as correntes que criara na imaginação, nada poderia movê-lo. E foi precisamente isso que descobrimos.

Nas palavras de Neville, a maneira de realizar esse feito era fazer "de seus futuros sonhos um fato presente"[6]. Em uma linguagem não-científica, que soava quase que direta demais para ser verdadeira, ele nos disse precisamente como isso deveria ser feito. Por favor, não se deixem enganar pela simplicidade das palavras de Neville quando ele sugere que tudo o que precisamos para transformar nossa imaginação em realidade é "assumir o sentimento de que nosso desejo foi satisfeito"[7]. Em um universo participativo fabricado por nós mesmos, por que deveríamos esperar que fosse tão difícil ter o poder da criação?

MUITAS POSSIBILIDADES/UMA REALIDADE

Por qual razão o modo como pensamos e nos sentimos acerca do mundo teria algum efeito nos acontecimentos que ocorrem em nossa vida? Como o simples fato de fazer de nossos "sonhos futuros um fato presente" pode mudar o curso dos acontecimentos que já foram desencadeados? Por exemplo, se tudo indicar que nosso mundo está a caminho de uma guerra global, será que tal conflito deverá necessariamente ocorrer? Quando parece que nosso casamento está prestes a desmoronar ou que estamos destinados a viver em precárias condições de saúde, o resultado dessas experiências deve acontecer conforme as previsões?

Ou existe algum outro fator — quase nunca levado em conta — que possa, de fato, exercer grande influência sobre o modo como experimentamos coisas que já começaram a acontecer? Será que a vida segue nossas previsões ou atende às nossas expectativas? O segredo para vivermos em um lugar onde as nossas fantasias já se realizaram e os nossos desejos e orações já foram atendidos deve começar pela compreensão das possibilidades existentes. E para fazer isso precisamos voltar brevemente à descoberta central que a física quântica faz acerca de nosso mundo.

A física quântica foi tremendamente bem-sucedida ao descrever o comportamento das coisas menores que o átomo — tão bem-sucedida, de fato, que um conjunto de "regras" foi criado para descrever o que podemos esperar que aconteça nesse minúsculo mundo invisível. Conquanto as regras sejam poucas e simples, elas também podem parecer estranhas quando descrevem o que as partículas fazem na escala subatômica. Por exemplo, elas nos dizem:

SOMOS OBSERVADORES PASSIVOS OU CRIADORES PODEROSOS?

- As "leis" da física não são universais, porque nas pequenas escalas as coisas se passam diferentemente do comportamento observado no mundo cotidiano;
- A energia pode expressar a si mesma como onda ou como partícula, algumas vezes como ambas;
- A consciência do observador determina como a energia se comporta.

Entretanto, por melhor que essas regras sejam, é importante não perder de vista que as equações da física quântica não descrevem a *existência real* das partículas. Em outras palavras, as leis não podem nos dizer onde as partículas se encontram e como elas agem enquanto lá estão. Elas descrevem somente o *potencial* para a existência das partículas — isto é, onde elas *podem* estar, como elas *poderiam* se comportar e quais propriedades elas *poderiam* ter. E todas essas características se desenvolvem e mudam com a passagem do tempo. Essas coisas são significativas porque nós somos feitos das mesmas partículas descritas pelas regras. Se pudermos compreender melhor a maneira como elas funcionam, talvez possamos nos conscientizar de possibilidades mais amplas para o modo como *nós* trabalhamos.

E aqui reside o segredo para compreender o que a física quântica está realmente nos dizendo sobre nosso poder no universo. Nosso mundo, nossa vida e nosso corpo existem como tal porque são escolhidos (imaginados) de um mundo de possibilidades quânticas. Se quisermos mudar alguma dessas coisas, deveremos em primeiro lugar começar a vê-las de outro modo — e para fazer isso, precisamos selecioná-las de uma "sopa" de muitas possibilidades. Aparentemente, em nosso mundo somente um desses potenciais quânticos pode se tornar o que experimentamos como *nossa* realidade. Na visão do meu instrutor de karatê, por exemplo, ele pôde se observar, em determinado momento, fixado ao colchão — e ele estava realmente fixado ... ninguém foi capaz de movê-lo.

O que determina qual das muitas possibilidades se torna realidade parece ser a consciência e o ato da observação. Em outras palavras, o objeto de nossa atenção torna-se realidade em nosso mundo. Essa é a área onde o próprio Einstein fez face a um problema com a teoria quântica, chegando a afirmar: "Penso que deva existir uma partícula com uma realidade separada, independente das medições"[8]. Nesse contexto, "as medições" são o equivalente ao observador — ou seja, nós.

87

A MATRIZ DIVINA

> **Princípio 7:** O foco da consciência torna-se a realidade do nosso mundo.

Sem sombra de dúvida, nosso papel no universo ocupa o centro da questão do por que o mundo quântico funciona da maneira como parece funcionar. Essa é precisamente a razão por que é importante primeiro compreender o "objeto" das observações científicas, de tal modo que possamos saber como aplicar tais observações em nossa vida.

O mistério da razão por que precisamos ter dois conjuntos de regras para descrever o mundo remonta a um experimento que foi executado pela primeira vez em 1909 por Geoffrey Ingram Taylor, um físico britânico. Apesar de o experimento já datar de aproximadamente cem anos, seus resultados ainda são alvo de controvérsia e incerteza. Desde a época do experimento original, ele já foi recriado várias vezes. Todas as vezes os resultados obtidos foram idênticos — e sempre intrigantes.

O experimento, conhecido pelo nome de "dupla fenda", implica na projeção de coisas tais como partículas quânticas através de uma barreira onde existem dois pequenos furos, e na medição da maneira pela qual esses objetos são detectados depois de atravessarem as aberturas na barreira. O bom senso indica que, se as coisas se iniciam de um dos lados da barreira como partículas, deveriam permanecer como partículas durante o experimento e terminar

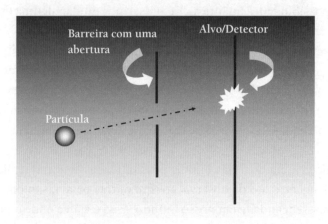

Figura 4. Quando existe apenas uma abertura na barreira, a partícula se comporta como esperaríamos que se comportasse.

como partículas no fim. Entretanto, a experiência demonstra que algo de muito extraordinário acontece em algum ponto, entre o lugar de onde partem as partículas e o lugar onde elas chegam.

Os cientistas descobriram que, quando um elétron, por exemplo, passa através de uma barreira com uma única abertura disponível, ele se comporta exatamente como esperaríamos que se comportasse: ele começa e termina a jornada como partícula. Nenhuma surpresa acontece nesse caso.

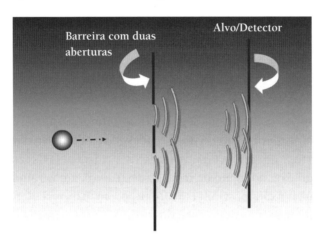

Figura 5. Quando duas aberturas ficam disponíveis, a partícula age como onda, passando através de ambas ao mesmo tempo.

Em contrapartida, o mesmo elétron faz o que parece impossível quando são usadas duas fendas. Ainda que comece a jornada como partícula, um evento misterioso ocorre com o elétron ao longo do caminho. Ele passa através de ambas as fendas *ao mesmo tempo,* como apenas uma onda de energia seria capaz de fazer, formando um tipo de desenho no alvo.

Esse é um exemplo de comportamento que os cientistas chamam simplesmente de "anomalia quântica". A única explicação para o fenômeno é que a segunda abertura de alguma maneira força o elétron a se mover *como se* fosse uma onda, embora ele ainda chegue ao destino exatamente como começou a jornada: como uma partícula. Para fazer isso, de algum modo o elétron tem de perceber que a segunda abertura existe e que se encontra à sua disposição. E é nesse ponto que entra o papel da consciência. Como se presume que o elétron não possa realmente "saber" de alguma coisa no sentido mais rigoroso da palavra, a única outra fonte de consciência presente é a da pessoa que observa o experimento naquele instante. O que se pode concluir a essa altura é que o conhecimento de que o elétron conta com dois caminhos à sua disposição está na mente do observador, e é o ato consciente de observar que determina seu percurso.

O que se pode concluir desse experimento é que, algumas vezes, os elétrons se comportam exatamente como seria de se esperar. Quando o fazem, as regras para o nosso mundo diário, onde tudo é individualizado e separado, aparentemente podem ser aplicadas. Entretanto, nas outras vezes os elétrons nos surpreendem e procedem como ondas. Quando isso ocorre, os elétrons exigem regras quânticas para explicar seu comportamento. Temos então oportunidade de ver nosso mundo e a nós mesmos de uma nova perspectiva, porque isso significa que somos parte de tudo e que a consciência desempenha um papel-chave no universo.

Historicamente, os cientistas seguem duas teorias principais para explicar os resultados do experimento de duas fendas. Cada uma das duas teorias tem seus pontos fortes e apresenta alguns aspectos que fazem mais sentido do que a outra explicação. No momento da redação deste livro, ambas ainda não passam de teorias e uma terceira possibilidade foi proposta mais recentemente. Examinemos brevemente as três interpretações.

A INTERPRETAÇÃO DE COPENHAGUE

Em 1927, os físicos Niels Bohr e Werner Heisenberg, do Institute for Theoretical Physics em Copenhague, na Dinamarca, tentaram dar uma explicação para a anomalia quântica revelada pelas novas teorias. O trabalho que desenvolveram ficou conhecido como a interpretação de Copenhague. Até o momento, essa é a interpretação mais aceita do porquê das partículas quânticas agirem da maneira que o fazem.

De acordo com Bohr e Heisenberg, o universo existe como um número infinito de possibilidades sobrepostas. Elas se encontram em uma espécie de sopa quântica, sem ter uma localização precisa até que alguma coisa aconteça e fixe essas possibilidades em um determinado local.

Essa "alguma coisa" é a consciência da pessoa — o simples ato de observação. Como o experimento prova, quando olhamos para alguma coisa tal como um elétron se movendo através de uma fenda em uma barreira, o próprio ato de observação é o que aparentemente transforma uma das possibilidades quânticas em realidade. Nesse momento, tudo o que vemos é a versão do que nós estivermos focalizando.

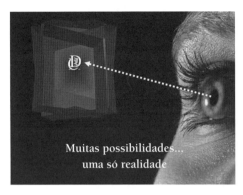

Figura 6. Na interpretação de Copenhague da realidade quântica, é o foco de nossa consciência que determina qual das muitas possibilidades (A, B, C, D, e assim por diante) se tornará real.

Pontos a favor: Essa teoria foi extremamente bem-sucedida na explicação do comportamento das partículas quânticas como observadas nos experimentos.

Pontos contra: A principal crítica a essa teoria (se é que ela assim pode ser considerada) é que ela sugere que o universo somente se manifesta quando alguém ou alguma coisa o observa. Além disso, a interpretação de Copenhague não leva em consideração o fator gravidade.

A INTERPRETAÇÃO DOS MUITOS MUNDOS

Depois da interpretação de Copenhague, a melhor e mais próxima explicação popular para o comportamento estranho das partículas quânticas foi chamada de interpretação dos muitos mundos dos universos paralelos. Primeiramente proposta em 1957 pelo físico Hugh Everett III, da Princeton University, essa teoria conquistou tremenda popularidade, tendo sido bastante apoiada porque parece abordar muitos dos aparentes mistérios do mundo quântico. De modo semelhante à interpretação de Copenhague, ela sugere que, em um determinado momento genérico, existe um número infinito de possibilidades ocorrendo, e todas elas já existem e estão acontecendo simultaneamente.

A diferença entre isso e a interpretação de Copenhague é que, de acordo com a interpretação dos muitos mundos, cada possibilidade acontece em seu próprio espaço e não pode ser vista por outros. Os espaços únicos são chamados de universos alternativos. Supostamente, viajamos ao longo do tempo em um universo

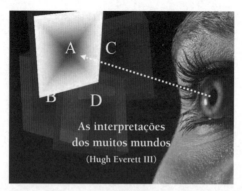

Figura 7. Na interpretação dos muitos mundos da realidade quântica, existe um número infinito de possibilidades (A, B, C, D, e assim por diante) que já estão ocorrendo. Cada possibilidade existe em um universo próprio, não percebido pelas outras possibilidades. De modo semelhante à interpretação de Copenhague, é o foco da consciência que determina qual dessas possibilidades se transformará em nossa realidade.

de uma única possibilidade, e de vez em quando fazemos uma dobra quântica em outra possibilidade de um universo diferente. A partir dessa perspectiva, alguém poderia estar vivendo uma vida de doenças e infecções e, mediante uma mudança no foco, repentinamente se encontrar "milagrosamente" curado, enquanto o mundo em torno dele não pareceria ser o mesmo de antes.

A interpretação de Everett indica que nós já existimos em cada um desses universos alternativos. Ao levarmos tudo em consideração, poderíamos viver todos os sonhos e cada uma das fantasias que pudéssemos imaginar. Alguns proponentes dessa teoria sugerem até que, quando dormimos à noite, nossos sonhos nada mais seriam do que o resultado de relaxarmos o foco que nos mantém presos à realidade, o que nos possibilita navegar pelos outros mundos das possibilidades paralelas. De modo semelhante ao dos observadores na interpretação de Copenhague, somente vemos a possibilidade que focalizamos. Esse é o segredo para fixarmos uma possibilidade em especial, em lugar da "realidade".

Pontos a favor: Essa teoria parece ser capaz de explicar por que nos passam despercebidas muitas possibilidades propostas pela interpretação de Copenhague.

Pontos contra: Assim como qualquer outra idéia baseada na teoria quântica, a teoria não pode explicar a força da gravidade. Ainda que possa explicar parte do que vemos no mundo quântico, enquanto não consiga explicar *todas* as forças da natureza, é uma teoria que não parece completa.

Nos últimos anos, uma terceira teoria foi proposta, que parece abordar as limitações tanto da interpretação de Copenhague como a interpretação dos muitos mundos. Essa teoria, conhecida como interpretação Penrose, recebeu o mesmo nome do seu autor, *sir* Roger Penrose, professor de matemática na Oxford University. Sua proposição é que a força da gravidade que a física quântica tantas vezes ignora, na verdade é a grande responsável pela manutenção do universo em uma estrutura coesa.

A INTERPRETAÇÃO PENROSE

Semelhantemente às propostas das outras interpretações, Penrose acredita que muitas possibilidades ou probabilidades existam na escala quântica. Entretanto, sua teoria dá outra explicação para o que "ancora" uma determinada possibilidade em nossa realidade.

Penrose propõe que as possibilidades quânticas de outros domínios sejam uma forma de matéria. Como toda matéria cria gravidade, todas as possibilidades teriam seu próprio campo gravitacional. Entretanto, é necessário energia para manter isso, e quanto mais energia a probabilidade exigir, mais instável ela será. Como é impossível sustentar energia suficiente para manter todas as possibilidades ativas para sempre, em algum momento elas vão se colapsar para um estado único: o mais estável dos estados, aquele que percebemos como "realidade".

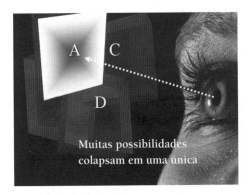

Figura 8. Na interpretação de Penrose, existem muitas possibilidades (A, B, C, D, e assim por diante) que acabam colapsando em uma única realidade, simplesmente porque é preciso muita energia para a sustentação de todas indefinidamente. Ainda que todas as possibilidades existam em certo momento, o estado que necessita a mais baixa quantidade de energia é o mais estável e é aquele que vivemos como sendo nossa realidade.

Pontos a favor: O ponto forte dessa teoria é que, pela primeira vez, existe uma preocupação em examinar a força da gravidade — o único fator que separava as idéias de Einstein das teorias quânticas — e essa força central é trazida para a existência da realidade.

Pontos contra: Talvez o ponto mais fraco da teoria de Penrose (caso possa assim ser considerado) seja o fato de seus críticos acreditarem que ela pode não ser necessária. Ainda que a teoria quântica seja somente uma teoria, até o momento ela tem sido 100% bem-sucedida na previsão dos experimentos quânticos. Portanto, já temos uma teoria viável para explicar a realidade. A interpretação de Penrose fornece também isso, ao mesmo tempo que considera o fator da gravidade, desconsiderado pelas outras teorias.

ENTÃO QUAL É A TEORIA CONCLUSIVA?

O físico teórico Michio Kaku, co-autor da teoria unificada das supercordas, pode ter sido quem melhor descreveu o dilema da física quântica quando disse: "Muitas vezes afirma-se que de todas as teorias propostas neste século, a mais tola é a teoria quântica. Alguns dizem que a única coisa de fato estabelecida sobre a teoria quântica é que ela sempre afirma ser inquestionavelmente correta"[9].

Alguma das três teorias prevalecentes explica tanto os eventos "anômalos" no domínio bem pequeno da escala subatômica quanto a razão do mundo funcionar como funciona? O papel que a Matriz Divina desempenha ao nos ligar com tudo que é observado — apesar das limitações naturais de toda interpretação, mas a melhor possível pelo que vemos no laboratório — é o único fator que bem pode ser o elo que faltava.

Ainda que o espectador pareça ser o coringa dos experimentos que produzem resultados inesperados, e se as "anomalias" não forem realmente anomalias? E se as "esquisitices" das partículas quânticas forem apenas a maneira normal de a matéria se comportar? Será possível que tudo — da informação que viaja mais rápido do que a velocidade da luz às duas coisas que existem ao mesmo tempo no mesmo lugar — esteja realmente nos mostrando nosso potencial e não nossas limitações? Se assim for, deveremos perguntar a nós mesmos: "Qual o fator que une todas essas coisas e que evita que experimentemos a mesma liberdade aparentemente usufruída pelas partículas quânticas?"

Nós somos precisamente o fator que falta nas teorias existentes! Especificamente, temos capacidade para criar propositadamente as condições da consciência (pensamentos, sentimentos e crenças) que irão ancorar a possibilidade de nossa escolha na realidade de nossa vida. Isso é o que faz a ciência completar o círculo das antigas tradições espirituais do mundo. Tanto a ciência como o misticismo descrevem a força que conecta todas as coisas, mantendo-as unidas e nos dando poder para influenciar o comportamento da matéria — e a realidade propriamente dita — simplesmente por meio do modo como percebemos o mundo em torno de nós.

A questão é que existe grande variabilidade na importância que as diversas tradições espirituais e principais correntes científicas dão às descobertas do mundo quântico. Pelas razões descritas anteriormente, a grande maioria dos físicos acredita que o comportamento dos elétrons e fótons tem pouco a ver com o modo de vivermos nossa vida no dia-a-dia. As tradições antigas, por outro lado, sugerem que é *por causa* da maneira como as coisas funcionam na escala subatômica que nós podemos mudar nosso corpo e o mundo. Se isso for verdade, então o que acontece no domínio quântico tem *tudo* a ver com nossa vida diária.

Como dizia José, meu amigo nativo americano, no cânion, não precisamos de máquinas para criar os efeitos milagrosos que presenciamos nas partículas quânticas. Pelo poder de nossa esquecida tecnologia interior, somos capazes de curar, de estar em dois lugares ao mesmo tempo, de exercer a visão remota, de nos conectarmos telepaticamente, de escolhermos a paz e de muito mais coisas ainda. Tudo recai na nossa capacidade de focalizar a consciência, grande segredo de nossas mais antigas e prezadas tradições.

NOÇÕES BÁSICAS DE CRIAÇÃO DA REALIDADE

Nos ensinamentos do Budismo Mahayana, acredita-se que a realidade somente exista quando focalizamos nossa mente. De fato, a sabedoria sugere que tanto o mundo da forma pura como aquele de resultado amorfo surgem de uma modalidade de consciência chamada de "imaginação subjetiva"[10]. Ainda que todas as experiências certamente pareçam bastante reais para nós, apenas quando dirigimos nossa atenção consciente para um objeto ao mesmo tempo em que sentimos algo por esse objeto focalizado é que uma possível realidade se transforma em uma experiência "real". Exceto por uma ligeira variação na linguagem, essa antiga tradição se parece muito com a teoria quântica do século XX.

Se todas as regras das possibilidades quânticas forem verdadeiras e se a emoção for a chave para escolher a realidade, a questão passa a ser: "Como nos sentiríamos se alguma coisa acontecesse e a pessoa ao nosso lado nos encarasse nos olhos e afirmasse taxativamente que nada ocorreu?" Por exemplo, será que estaríamos mentindo para nós mesmos se disséssemos que uma pessoa que nos é muito querida já está curada no mesmo momento em que estivéssemos lhe fazendo companhia na unidade de terapia intensiva no hospital?

A ironia dessa última pergunta é que sua própria natureza evita uma resposta direta. Em um universo de muitas possíveis realidades, existem várias respostas potenciais. Dentre todas as realidades possíveis, existe um cenário alternativo onde a cura dessa pessoa querida já aconteceu. Em algum lugar existe uma realidade onde ela nem sequer ficou doente. Entretanto, por razões que talvez jamais saibamos ou cheguemos a compreender, esse não foi o resultado desencadeado — não é essa a realidade que nos encara deitada na maca do hospital.

A resposta para essa questão vem a dar no que acreditamos a respeito do mundo e da nossa capacidade de fazer escolhas. A questão então se torna: "Qual possibilidade devemos escolher? Qual a realidade que foi escolhida pelo nosso ente querido ou pelo médico?" Para responder a uma pergunta assim, em primeiro lugar devemos reconhecer que temos o poder de fazer tal escolha.

Como na história do homem com a doença quase fatal contada por Neville, a realidade presente não está gravada a ferro e fogo. Ao contrário disso, ela aparenta ser flexível e maleável, podendo até mudar quando aparentemente não teria razão para tanto. De acordo com a explicação de Neville, os médicos do rapaz tinham feito um diagnóstico (assumido uma realidade) tendo em vista a expectativa de um determinado resultado. Como o homem ignorava que tinha uma chance, acreditou neles e introjetou a versão deles como realidade. Somente quando lhe foi oferecida uma outra possibilidade, *que ele aceitou*, é que seu corpo respondeu à sua nova crença — e o fez rapidamente. (No Capítulo 4 eu dou outro ótimo exemplo dessa possibilidade.)

Einstein fez uma declaração famosa: Não podemos resolver um problema se estivermos no mesmo plano do pensamento que o criou. De modo semelhante, não poderemos mudar uma realidade se permanecermos com a mesma consciência com que a criamos. Para selar a escolha de uma das muitas possibilidades descritas pela interpretação de Copenhague, pela dos muitos mundos e pela teoria da realidade de Penrose, devemos localizá-la com precisão.

SOMOS OBSERVADORES PASSIVOS OU CRIADORES PODEROSOS?

Fazemos isso pelo modo como a "observamos" — isto é, como nos sentimos a respeito dela em nossa vida.

Uma vez que reconheçamos que somos capazes de escolher *o que* percebemos como nossa realidade, as próximas indagações geralmente feitas são: "Como fazemos isso? Como conseguir ver alguém como curado se seu corpo nos parece enfermo?" A resposta começa pelo nosso desejo de olhar além da ilusão que o mundo nos mostra. No exemplo da enfermidade da pessoa que nos é querida, somos convidados a ver além da doença dela, pensá-la como já curada, sentir o que significaria estar com ela nessa nova realidade.

Entretanto, para escolher outra possibilidade, precisaremos fazer mais do que simplesmente *pensar* sobre uma nova maneira de ser ou de apenas *desejar* que a recuperação da pessoa querida já tenha acontecido. Essa talvez seja a maior precaução que devemos tomar no nosso modo de ver o mundo, e também é a que pode oferecer a maior de todas as armadilhas. Nesse nosso medo de perder as pessoas, lugares e coisas de que mais gostamos, ficamos tentados a lidar com a magnitude do problema negando a realidade que está nos encarando de frente e simplesmente dizendo que não acreditamos. Entretanto, a menos que tomemos *providências* para substituir a assustadora realidade por outra de cura, essa nossa não-aceitação tende a provocar nada mais do que frustração e desapontamento.

Eu experimentei pessoalmente a perda de amigos que caíram nessa armadilha e que hoje já não estão neste mundo. Ainda que eles sejam os únicos que algum dia poderão saber o que realmente aconteceu em seu coração e mente antes de falecerem, tive a oportunidade de testemunhar alguns dos conflitos que eles enfrentaram com as suas crenças. "Se sou um ser tão poderoso", raciocinavam, "por que ainda estou nesta situação?" Já mudei minhas crenças ... por que, afinal, não fiquei curado?"

O tópico é profundo, pessoal e delicado. E pode ter respostas que tragam à baila discussões acaloradas sobre de que se trata o "existir", como o universo aparentemente funciona e onde Deus se encaixa no cenário. A conclusão é: Existe um equilíbrio sensível e delicado entre a simples escolha da nova possibilidade e a ação de prosseguir com os pensamentos, sentimentos e crenças que culminaram, percebendo o resultado como uma nova realidade.

> **Princípio 8:** Simplesmente *dizer* que escolhemos uma nova realidade não é suficiente!

Para escolher uma das possibilidades quânticas, temos de nos *transformar* nesse modo de ser. Como Neville sugere, precisamos nos "entregar" à nova possibilidade e a esse nosso "desejo de alcançar esse estado [...] passar a viver no novo estado e não mais no antigo"[11]. E é justamente isso o que as antigas instruções das nossas mais prezadas tradições nos convidam a fazer. A técnica para essa interface entre o humano e o divino muitas vezes é chamada de oração.

FALANDO A LINGUAGEM DOS QUANTA: SENTIR É A CHAVE DE TUDO

Neste capítulo já identificamos as diversas interpretações e o porquê das anomalias do quantum parecerem acontecer do modo como acontecem. As teorias preocupam-se especialmente com a razão pela qual o ato de simplesmente observarmos a matéria parecer mudá-la. Ainda que as explicações variem com relação ao *porquê* um determinado efeito ocorre, todas parecem apontar para um denominador comum: para nós mesmos e para nosso papel como observadores no mundo.

Quando observamos alguma coisa — isto é, quando focalizamos conscientemente a atenção em determinado lugar num dado momento —, parece que estamos fixando uma das muitas possibilidades quânticas naquele lugar e exatamente naquele instante. Não importa que ela esteja vindo de uma "realidade paralela" ou de uma sopa de cintilantes probabilidades quânticas, as teorias sugerem que o que vemos da Realidade (com R maiúsculo) é o que é por causa da nossa presença.

Ainda que isso tenha a aparência de notícias revolucionárias para a ciência moderna, nas tradições antigas e culturas indígenas, isso tem sido, há séculos, a visão de como as coisas são. Os escribas, místicos, curandeiros e estudiosos de antigamente fizeram o possível para preservar e nos transmitir os grandes segredos do nosso relacionamento com o universo. Às vezes nos deparamos com esse segredo em lugares onde nunca esperaríamos encontrar uma sabedoria tão pujante.

A língua que revigora as possibilidades de nossa imaginação, nossos sonhos e orações permanece conosco, nas paredes dos templos, nos túmulos dos desertos do Egito, na sabedoria gnóstica da antiga biblioteca de Nag Hammadi e na medicina tradicional, praticada hoje em dia em todo sudoeste americano. Talvez o exemplo mais nítido dessa linguagem possa ser dado por um homem que viveu em um mosteiro nas montanhas tibetanas, situado 4.570 m acima do nível do mar.

SOMOS OBSERVADORES PASSIVOS OU CRIADORES PODEROSOS?

Durante 22 dias da primavera de 1998, tive a oportunidade de fazer uma viagem de pesquisa enquanto acompanhava um grupo de peregrinos às montanhas do Tibete. O grupo e eu mergulhamos durante esse período em uma das mais magníficas, acidentadas e inexploradas regiões do planeta ainda existentes hoje em dia. No nosso caminho, passamos por doze mosteiros e dois conventos de freiras e travamos conhecimento com as mais belas criaturas humanas que se possa imaginar, entre elas monges, freiras, nômades e peregrinos. Foi nesse período que me encontrei face a face com o abade de um dos mosteiros, podendo então fazer a pergunta que guardava há tanto tempo e que me levara tão longe.

Em uma manhã gelada, estávamos espremidos em uma minúscula capela, rodeados por altares budistas e antigas *thangkas* (tapeçarias de desenhos intricados em relevo, que ilustram grandes doutrinas do passado). Focalizei a atenção diretamente nos olhos do homem de idade indizível, sentado na posição de lótus bem na minha frente. Com a ajuda do tradutor, propus-lhe a mesma questão que sempre fazia a todos os monges e freiras que encontrava durante nossa peregrinação. "Quando o senhor faz suas orações, o que está fazendo?", perguntei. Quando vemos o senhor entoar seus cantos durante catorze a dezesseis horas do dia, quando presenciamos os sinos, batidas rítmicas, gongos, carrilhões, mantras e gestos de mudras, *o que está acontecendo no seu íntimo?*"

Uma forte sensação se apoderou de mim enquanto ouvia a tradução da resposta do abade. "Nossas orações não podem ser observadas", ele disse, "porque uma oração não pode ser vista." Ajustando debaixo dos pés as pesadas vestes de lã, o prior da abadia continuou: "O que pode ser observado é o que nós fazemos para criar o sentimento em nosso corpo. *É o nosso sentimento que é a nossa oração!*"

Que beleza, pensei, *e quanta simplicidade!* Como os experimentos do final do século XX tinham nos mostrado, são as sensações e as emoções humanas que afetam a essência de nossa realidade: a nossa linguagem interior é a responsável pelas mudanças nos átomos, elétrons e fótons do mundo exterior. Entretanto, importa menos as palavras que proferimos do que o sentimento que elas criam dentro de nós. A linguagem que fala com as forças quânticas do universo é a linguagem da emoção ... o que a Matriz Divina reconhece é o sentimento.

A MATRIZ DIVINA

> **Princípio 9:** O sentimento é a linguagem que "fala" com a Matriz Divina. Sinta-se como se sua meta já tivesse sido alcançada e sua oração respondida.

O abade estava nos dizendo o mesmo que os grandes cientistas do século XX haviam dito. Não apenas ele dizia o mesmo que os cientistas tinham documentado, como também avançava mais um passo: compartilhava conosco as instruções que explicavam como podemos falar a linguagem das possibilidades quânticas e, ao fazer isso, usava a técnica hoje reconhecida como uma forma de orar. Não é de se admirar que orações façam milagres! Elas nos colocam em contato com o espaço puro, onde os milagres de nossa mente se transformam na realidade do nosso mundo.

COMPAIXÃO: UMA FORÇA DA NATUREZA E UMA EXPERIÊNCIA HUMANA

A clareza das respostas do abade me deixou abalado. Suas palavras fizeram eco às idéias que haviam sido gravadas pelas tradições gnósticas e cristãs há 2.000 anos. Para que nossas orações sejam respondidas devemos transcender a dúvida que muitas vezes acompanha a natureza positiva de nosso desejo. O poder de comando que temos nos é lembrado pelas palavras de Jesus, registradas nos escritos de Nag Hammadi, pelos quais temos uma lição rápida de como superar tais polaridades. De uma maneira que agora já deve soar conhecida, somos lembrados de que, quando dizemos à montanha: "'Montanha, mova-se', ela se moverá"[12].

Pela clareza de suas palavras, o abade respondeu ao mistério *do que* os monges e freiras acabam fazendo durante suas orações: falam a linguagem quântica do sentimento e da emoção, a linguagem que prescinde de palavras ou de expressão externa.

Em 2005, tive a oportunidade de visitar novamente os mosteiros do Tibete, durante um total de 37 dias. Durante a jornada, nosso grupo soube que aquele abade que havia compartilhado conosco o segredo do sentir, em 1998, havia falecido. Embora nunca tenha ficado muito claro como, simplesmente sentimos que ele já não estava neste mundo. Ainda que nunca tivéssemos conhecido o homem que tomou seu lugar, quando ele soube que havíamos voltado fez questão de nos dar as boas-vindas e permitiu que continuássemos com aquela conversa de 1998.

SOMOS OBSERVADORES PASSIVOS OU CRIADORES PODEROSOS?

Durante mais uma manhã tibetana gelada, mas em uma outra capela, encontramo-nos, frente a frente, com o novo prior do mosteiro. Poucos minutos antes tínhamos sido encaminhados pela passagem sinuosa e revestida de pedra que nos trouxera a essa minúscula, fria e pouco iluminada saleta; em absoluta escuridão, tateamos nosso caminho passo a passo, pisando cuidadosamente no piso escorregadio, perigosamente liso devido às gotas derramadas de manteiga de iaque durante séculos. E foi nessa saleta antiga no coração do mosteiro, respirando aquele ar frio e rarefeito, que pude dirigir ao novo prior outras perguntas de minha pesquisa: "O que nos liga um ao outro, ao nosso mundo e ao universo? O que eleva nossa oração além do corpo e evita que o mundo se desagregue?" O abade me encarou enquanto o tradutor vertia minha pergunta para o tibetano.

Instintivamente olhei o guia, nosso intermediário para a conversação inteira. A tradução da resposta do abade me surpreendeu, não estava preparado para ouvi-la: "Compaixão", disse ele. "O *geshe* [grande mestre] disse que é a compaixão o que nos mantém unidos."

"Como assim?", perguntei, em um esforço para entender a resposta que ouvira. "Ele está dizendo que a compaixão é uma força da natureza ou uma experiência emocional?" Repentinamente, houve uma animada troca de percepções enquanto o tradutor transferia minha pergunta para o abade.

"A compaixão é o que liga todas as coisas", foi sua resposta final. E isso foi tudo! Depois de quase dez minutos de diálogo intenso envolvendo os mais profundos princípios do Budismo Tibetano, tudo o que consegui ouvir foram algumas palavras!

Alguns dias mais tarde, estava eu engajado na mesma conversa outra vez, e fazia a mesma pergunta para outro monge de elevada posição hierárquica em outro mosteiro. Ao contrário da formalidade que experimentamos na presença do abade, dessa vez estávamos na cela do monge, um minúsculo quarto onde ele comia, dormia, orava e estudava, quando não estava entoando cânticos no salão.

Nessa altura o tradutor já estava se acostumando com o tipo de pergunta que eu fazia e o que eu estava tentando compreender. Enquanto nos acotovelávamos em volta das lamparinas de manteiga de iaque, olhei para o teto daquele quarto pouco iluminado. Notei que ele estava coberto com a fuligem proveniente de incontáveis anos de queima das lamparinas, as mesmas usadas para dar luz e calor ao lugar onde estávamos naquela tarde.

Como fizera dias antes com o abade, fiz de novo a mesma pergunta ao monge, ajudado pelo tradutor: "A compaixão é uma força da criação ou é um sentimento?" Os olhos dele se voltaram para o lugar do teto que eu estivera mirando um momento antes. Tomando uma respiração profunda, ele pensou por alguns instantes, reunindo tudo o que havia aprendido desde que entrara no mosteiro aos 8 anos de idade. (Ele então aparentava ter vinte e poucos anos.) Subitamente, ele baixou o olhar e me encarou enquanto respondia. A resposta foi curta, poderosa e plena de sentido. "Ela é ambas as coisas" foram as palavras pronunciadas pelo monge. "A compaixão é *ao mesmo tempo* uma força do universo *e* uma experiência humana."

Naquele dia, depois de ter percorrido metade da circunferência do planeta, praticamente a cinco quilômetros acima do nível do mar e a horas de distância da cidade mais próxima, na cela daquele monge, ouvi as palavras de sabedoria menosprezadas pelas tradições ocidentais por serem tão simples. O monge tinha acabado de compartilhar o segredo que nos liga a tudo no universo, bem como a qualidade que faz com que nossos sentimentos e emoções sejam tão poderosos: ambas as características estão unificadas na compaixão.

NEM TODOS OS SENTIMENTOS SÃO ADEQUADOS

Traduções recentes de antigas orações gravadas em aramaico, a linguagem dos essênios (os escribas dos Manuscritos do Mar Morto), aparentemente falavam exatamente o mesmo que o monge nos transmitia como sendo a essência do segredo de transformação da realidade. Essas novas interpretações também oferecem novas pistas de por que tais instruções parecem muitas vezes tão vagas. As novas traduções dos documentos originais do Novo Testamento mostram que foram tomadas tremendas liberdades ao longo dos séculos com as palavras e intenções dos autores antigos. Como se costuma dizer, muito "se perdeu na tradução". (Esse e outros exemplos citados nestas páginas estão no meu último livro, *Secrets of the Lost Mode of Prayer*, mas, por serem tão relevantes, decidi incluí-los aqui também.)

Com relação à nossa capacidade de participar dos eventos da vida, de usufruir de condições físicas e emocionais saudáveis e de conviver bem com os familiares, uma simples comparação do conhecido "É pedindo que se recebe" com a versão bíblica moderna pode nos dar uma boa idéia do quanto foi perdido nas traduções antigas! A versão condensada e moderna da Bíblia do Rei James nos diz:

*"Conseguirás tudo o que pedires ao
Pai em meu nome. Até agora nada pedistes
em meu nome: Pedi e recebereis
e que vossa alegria seja plena".*[13]

Quando comparamos isso com o texto original, notamos qual o trecho importante que foi ignorado. A parte que faltou na tradução foi sublinhada por mim para a devida ênfase, como se vê a seguir:

*"Todas as coisas que pedires franca e diretamente ....
usando Meu nome
serão concedidas. Até agora isso não foi feito ...
Portanto, peça sem motivos ocultos e
sinta-se cercado pela resposta —
Seja envolvido pelo teu desejo e tua alegria será plena".*[14]

Com essas palavras, somos lembrados do princípio quântico que nos informa ser o sentimento a linguagem direta e o foco da nossa consciência. Trata-se de um estado *íntimo* de existir, não de algo que *fazemos* em determinado momento do dia.

Conquanto seja claro que a emoção é a linguagem reconhecida pela Matriz Divina, deve também ficar claro que nem todo sentimento será capaz de estabelecer a comunicação. Se assim fosse, o mundo ficaria muito confuso, visto que a concepção de uma pessoa poderia ser sobreposta por outra de alguém que tivesse idéias inteiramente diferentes. O monge declarou que a compaixão tanto é uma força criativa quanto a experiência que possibilita chegarmos a senti-la. Os princípios mais profundos do ensinamento sugerem que para atingirmos a compaixão precisamos abordar um problema sem ter uma grande expectativa do resultado. Em outras palavras, precisamos ser capazes de percebê-lo sem julgá-lo e sem deixar o ego afetar nossa percepção. Aparentemente, essa é exatamente a qualidade da emoção que constitui a chave para a comunicação significativa e eficaz com a Matriz Divina.

Como o físico Amit Goswami sugere, é preciso mais do que o estado normal da consciência para fazer de uma possibilidade quântica uma realidade. Na verdade, para fazer isso ele recomenda que estejamos no que ele descreve como um "estado não-comum de consciência"[15].

A MATRIZ DIVINA

Para chegar nesse ponto, a tradução aramaica afirma que devemos "pedir sem motivos ocultos". Outra maneira de deixar mais claro esse ponto tão importante da instrução é afirmar que, em termos modernos, precisamos tomar nossas decisões a partir de desejos *não fundamentados no nosso ego*. O grande segredo para trazermos o foco de nossa imaginação, fé, capacidade de cura e paz interior para a realidade presente é fazermos isso sem forte apego ao resultado de nossas escolhas. Em outras palavras, somos convidados a fazer nossas orações sem julgar o que deveria estar ou não ocorrendo.

> **Princípio 10:** Nem todos os sentimentos são adequados. Aqueles capazes de criar deixam de lado o ego e o julgamento prévio.

Talvez uma das melhores descrições de como vivenciamos essa posição neutra seja apresentada no trabalho do grande poeta sufi Rumi. Com palavras simples e poderosas, ele afirma que, "Além das idéias de ações certas e erradas existe um campo. Vamos nos encontrar lá!"[16] Com que freqüência podemos realmente afirmar que estamos, em algum momento da nossa vida, no campo de Rumi do não-julgamento — especialmente quando o destino de algum ente querido está na balança? Ainda assim, isso aparenta ser justamente a maior de todas as lições do nosso poder, o maior desafio de nossa vida e uma imensa ironia da nossa capacidade de criar um universo participativo.

Parece que, *quanto mais forte for* nosso desejo de mudar o mundo, *mais ilusório* se torna nosso poder de fazê-lo. Isso acontece porque o que queremos muitas vezes se baseia no ego. A mudança não teria tanto significado para nós, se assim não fosse. Entretanto, quando amadurecemos nosso estado de consciência e *percebemos* que temos capacidade de alterar nossa realidade, também nos damos conta de que fazê-lo já não nos parece importante.

Assim como nosso desejo de dirigir um automóvel definha depois que nós passamos realmente a dirigi-lo, quando adquirimos a capacidade de fazer milagres, a urgência de levá-los a acontecer também parece se dissipar. Isso pode ser porque, juntamente com a consciência de que somos capazes de mudar as coisas, vem uma aceitação do mundo do modo como ele é.

É essa liberdade de possuir o poder sem dar a ele tanta importância que nos permite ser mais eficazes em nossas orações. Aqui pode ser que esteja a resposta para a pergunta feita pelos que meditaram, cantaram, entoaram o *om*, dançaram e oraram pela recuperação de seus entes queridos.

SOMOS OBSERVADORES PASSIVOS OU CRIADORES PODEROSOS?

Ainda que cada ato tenha sido indubitavelmente bem-intencionado, muitas vezes deve ter havido um forte apego ou desejo de que a cura da pessoa querida acontecesse. Acreditou-se imprescindível uma recuperação milagrosa. Note que, se a cura ainda *precisava* ocorrer, era sinal de que ainda não tinha acontecido — pois se tivesse não estaríamos rezando por ela em nossas orações. É como se, pelo fato de desejarmos a cura, os esforços para consegui-la reforçassem a realidade na qual a doença estava presente! Isso leva à segunda parte da antiga instrução, algo que freqüentemente nos passa despercebido enquanto tentamos trazer os milagres para nossa vida.

A parte seguinte da tradução nos convida a sentir-nos "cercados" pela resposta e "envolvidos" pelo que desejamos, de tal modo que nosso contentamento possa acontecer. Essa passagem coloca em palavras precisamente o que os experimentos e as antigas e sábias tradições sugerem. Precisamos primeiramente ter o *sentimento* da cura, da abundância, da paz e do conhecimento das respostas às nossas orações quanto ao bem-estar íntimo *como se tal já tivesse ocorrido* — antes, portanto, que se tornem realidade em nossa vida.

Na passagem citada Jesus diz que isso ainda não teria ocorrido com aqueles a quem dirigia a palavra. Foi como no caso dos meus amigos com a poderosa medicina da oração e das boas intenções, pois ainda que eles possam ter *acreditado* no que pediam ao orar, se fizeram o pedido simplesmente dizendo *por favor, permita que esta cura aconteça*, não usaram a linguagem do campo universal, compreensível pela Matriz Divina. Jesus lembra a seus discípulos que eles têm de "falar" com o universo de uma maneira que seja significativa. Ao *sentirmos* que estamos cercados pela cura de nossos entes queridos e envolvidos pela paz de nosso mundo, estamos fazendo uso de ambos os códigos que abrem a porta para todas as possibilidades.

Ao sentir isso, passamos da visão de apenas *desconfiarmos* que estamos só experimentando seja lá o que for para a perspectiva de *sabermos* que somos parte de tudo isso. Criamos então uma troca de energia que pode ser descrita como um caso clássico de "salto quântico". De um modo muito semelhante a do salto do elétron do átomo, que passa de um nível de energia para o outro sem se mover no espaço, quando realmente sabemos que estamos falando a língua quântica da escolha, e não simplesmente pensando que poderíamos fazê-lo, estamos em outro estado de consciência. Esse é o estado que se transforma no *espaço puro*, onde são iniciados os sonhos, as orações e os milagres.

A MATRIZ DIVINA

ESTAMOS CONECTADOS PARA CRIAR

Durante uma conversação com o místico e poeta indiano Rabindranath Tagore, em 1930, Albert Einstein resumiu os dois pontos de vista do início do século XX com relação ao nosso papel no universo. Conforme Einstein, "Existem duas concepções diferentes acerca da natureza do universo". Pelo primeiro ponto de vista, "o mundo seria uma unidade *dependente* da humanidade"; na segunda concepção, o mundo seria percebido "como uma realidade *independente* do fator humano" [o itálico é do autor][17]. Apesar de os experimentos descritos no Capítulo 2 demonstrarem, sem sombra de dúvida, que a observação consciente da matéria que constitui o mundo afeta diretamente o comportamento dessa mesma matéria, aí incluídos seus átomos e elétrons, provavelmente vamos acabar concluindo que deve existir uma terceira possibilidade entre os dois extremos concebidos por Einstein.

Essa terceira possibilidade talvez revele que nosso universo veio a existir por um processo que não nos incluía em um primeiro momento. Ainda que a criação possa ter tido início sem nossa presença, agora estamos aqui e o universo continua a crescer e evoluir. Se há uma certeza que podemos ter a respeito do universo é a do seu constante estado de mutação, desde as estrelas, que de tão distantes se apagam antes de vermos suas luzes, até a energia que desaparece nos misteriosos vórtices chamados "buracos negros". Isso acontece em tudo o que vemos e até mesmo nos domínios invisíveis para nós.

Nesta altura deve estar clara a impossibilidade de sermos meros espectadores curiosos neste mundo. Como observadores conscientes, somos parte daquilo que presenciamos. Além disso, apesar de os cientistas ainda não terem chegado a um acordo sobre uma teoria que explique de que *modo* mudamos nossa realidade, todos eles dizem que o universo é alterado pela nossa presença. É como se estar consciente fosse, por si só, um ato criativo. Como declarou o físico John Wheeler, vivemos em um universo "participativo" — não em um onde manipulamos ou impomos nossa vontade, ou em que possamos controlar completamente o mundo em que vivemos.

Em nossa capacidade como parte do universo atual, somos capazes de modificar e substituir pequenas peças dele, de acordo com o modo como vivemos nossa vida. No reino das possibilidades quânticas, parece que somos feitos para participar de nossa criação. Estamos conectados para criar! Como parecemos estar universalmente unidos no plano quântico, em última análise nossa conectividade nos promete que as mudanças aparentemente pequenas na nossa vida podem ter uma enorme influência no nosso mundo e no universo além dele.

106

SOMOS OBSERVADORES PASSIVOS OU CRIADORES PODEROSOS?

Nossa conexão quântica com o cosmos é tão profunda que os cientistas criaram um novo vocabulário para descrever o que essas ligações realmente significam. O "efeito borboleta" mencionado no Capítulo 1, por exemplo, descreve como pequenas mudanças podem provocar efeitos realmente grandes.

Formalmente conhecido *como dependência sensível às condições iniciais*, a conclusão desse fenômeno sugere que uma única pequena mudança em alguma parte do mundo pode ser o gatilho para disparar uma imensa alteração em algum outro lugar e nalgum outro momento. A analogia mais conhecida para esse fato afirma que "se uma borboleta bater as asas em Tóquio, um mês depois poderia ocorrer um furacão no Brasil"[18]. Um exemplo bastante lembrado de como isso pode realmente ocorrer foi o equívoco do motorista do arquiduque Ferdinando, quando dobrou na direção errada na conversão de uma determinada esquina em 1914. O erro levou o arquiduque a enfrentar seu assassino face a face, e sua morte catalisou o início da Primeira Guerra Mundial. E tudo começou com um erro muito simples, passível de ocorrer com qualquer pessoa. Uma esquina dobrada na direção errada e o resultado teve repercussão global.

No Capítulo 2, repassamos três experimentos que nos contaram como nos relacionamos com nosso mundo. Esses experimentos nos mostraram que o DNA é capaz de alterar a constituição da matéria e que a emoção, por sua vez, pode provocar mudanças no DNA. Os experimentos militares e os conduzidos por Cleve Backster demonstraram que esse efeito não é limitado pelo tempo ou pela distância. O resultado final aponta para o fato de que eu e você direcionamos uma força interior que trabalha em um domínio livre das limitações da física como a conhecemos.

Os estudos concluem que não estamos presos às leis científicas como nós as compreendemos hoje. Esse pode ser precisamente o poder a que o místico São Francisco aludiu, há mais de 600 anos, quando disse: "Existem forças belas e selvagens dentro de nós".

Admitindo-se que dentro de nós exista um poder capaz de alterar a essência do universo de modo a curar e criar a paz, tem muito sentido admitir que exista uma linguagem que nos possibilite fazer isso de maneira consciente e intencional. Ora, essa é precisamente a linguagem da emoção, da imaginação e da oração que o Ocidente perdeu com as edições das bíblias das igrejas cristãs do século IV.

QUANDO O MILAGRE PÁRA DE FUNCIONAR

Os resultados da ligação mente–corpo com determinados tipos de oração estão bem documentados na literatura de referência. Com base em vários estu-

A MATRIZ DIVINA

dos e testes de campo desenvolvidos em importantes universidades de países destroçados pela guerra, constatou-se claramente que o modo de nos sentir-mos dentro do nosso corpo não só nos afeta como também afeta o mundo em nosso entorno[19]. A relação entre nossas experiências interiores e exteriores parece explicar por que algumas formas de oração nos dão poder. Ainda que não se compreenda o *porquê* dessas orações funcionarem tão eficientemente, é fato comprovado que elas atingem os resultados almejados. Entretanto, um mistério também paira sobre esse assunto. Conforme os estudos, o impacto positivo das orações parece durar apenas durante o período em que elas estão ocorrendo, cessando quando elas se interrompem. Seus efeitos aparentemente terminam juntamente com a duração das orações.

Por exemplo, durante os experimentos das orações pela paz, os estudos mostraram claramente que havia um declínio estatisticamente significativo nos indicadores mais importantes observados pelos pesquisadores. A incidên-cia dos acidentes de tráfego, as entradas nos pronto-socorros dos hospitais e até mesmo os crimes violentos contra a comunidade diminuíram bastante. Na presença da paz, tudo o que poderia acontecer era a paz. Entretanto, por mais interessantes que possam ser esses resultados, o que eles demonstraram a se-guir continua sendo um mistério para os estudiosos desse efeito[20].

Quando os experimentos *foram interrompidos,* a violência voltou, algumas vezes atingindo níveis ainda maiores do que os registrados na época do início dos experimentos. O que aconteceu? Qual a razão de cessarem, aparentemente, os resultados das meditações e orações? A resposta para essas perguntas pode ser a chave para a compreensão da qualidade de consciência criada. O que aconteceu foi que os treinandos *interromperam* o que estavam fazendo — eles cessaram suas meditações e orações. Era essa a resposta para o mistério.

Partindo do princípio de que a escolha da realidade tem a duração de um instante, é natural que o efeito dessa escolha termine se pararmos de sentir a existência da realidade escolhida. Nosso poder de fazer a realidade acontecer será de curta duração se presumirmos que os sentimentos de cura, paz e abun-dância são experiências que duram apenas poucos minutos por dia. Entre os experimentos modernos e as instruções dos textos antigos, sabemos que fazer a realidade acontecer é mais do que normalmente *fazemos* ... na verdade é aquilo que *somos*!

> **Princípio 11:** Durante a vida, temos de nos *transformar* nas *experiên-cias* que escolhemos ter no mundo.

SOMOS OBSERVADORES PASSIVOS OU CRIADORES PODEROSOS?

Caso a escolha recaia sobre o ato de sentir, como estamos sentindo o tempo todo, estaremos fazendo escolhas constantemente. Podemos sentir gratidão pela paz no mundo com convicção, pois sempre existirá paz em algum lugar. Podemos sentir a satisfação de sermos amados pelos nossos entes queridos, porque nós nos curamos e nos renovamos todos os dias.

Isso pode ser precisamente o que as versões aramaicas dos Evangelhos tentavam transmitir às gerações futuras pela linguagem que nos deixaram há quase 2.000 anos. Pode muito bem tratar-se do efeito descrito no texto gnóstico do Evangelho perdido de Tomé: "Aquilo que tendes vos salvará se o manifestardes. Aquilo que não tendes em vosso interior vos matará se não o tiverdes dentro de vós"[21].

Ainda que a admoestação seja breve, a implicação é poderosa. Pelas palavras atribuídas ao mestre Jesus, somos lembrados de que o poder para transformar nossa vida e o mundo é alguma coisa que vive dentro de nós como um dom compartilhado por todos nós.

A VIDA NEM SEMPRE SEGUE AS REGRAS DA FÍSICA

O que acontece se vivemos de um modo que quebra as regras aceitas da física? Ou se nem ao menos soubermos que essas regras existem? Será que poderíamos seguir o exemplo das partículas quânticas que parecem fazer justamente isso?

O bom senso nos diz que, se determinada coisa existe em um lugar, certamente não poderia simultaneamente existir em outro, não importando "do que" se trate. Entretanto, os experimentos mostraram de maneira precisa, justamente a ocorrência dessa existência simultânea.

A pergunta óbvia que tais descobertas suscitam é: se o que está no mundo pode estar em dois lugares ao mesmo tempo, uma vez que fazemos parte do mundo, por que não poderíamos fazer o mesmo? Por que não podemos executar nossas obrigações no local de trabalho ou na sala de aula e aproveitar uma praia ensolarada ou escalar um desfiladeiro em qualquer outro lugar ao mesmo tempo? Conquanto nos indaguemos de tempos em tempos se isso pode ocorrer, trata-se apenas de uma possibilidade fantasiosa ... não é mesmo?

Quando ouvimos falar que algo pouco usual está acontecendo e, em muitas ocasiões, envolvendo indivíduos diferentes, normalmente existe um fundo de verdade nesses relatos. Ainda que as especificidades possam variar, muitas vezes é possível acompanhar o tema subjacente até um acontecimento real. A história do Dilúvio Universal é um exemplo perfeito do que estou mencionando. Por

A MATRIZ DIVINA

toda a História e em inúmeras culturas, existe um tema praticamente universal recontado muitas vezes. Ocorrendo em vários continentes, em diversas línguas e com diferentes pessoas, a história e os resultados são praticamente os mesmos.

Ainda que os detalhes variem, a história é, de modo semelhante, entremeada com relatos de pessoas capazes de estar em dois lugares ao mesmo tempo — isto é, de aparecerem fisicamente em locais diferentes e no mesmo instante. Muitas vezes esses feitos são atribuídos a praticantes de yoga, indivíduos que de algum modo dominaram com maestria uma capacidade adormecida (nem sempre, entretanto). O fio que parece unir esses relatos é a idéia de que aqueles que podem estar em dois lugares ao mesmo tempo geralmente dominam, e de maneira magistral, as emoções humanas, tais como o amor e a compaixão. Com muita freqüência, os relatos são associados com afazeres sagrados de santos e estão bem documentados por missionários, nativos e outros que são tidos como testemunhas fidedignas dos milagres.

Dentre os muitos exemplos bem documentados de episódios de bilocação destaca-se o fato acontecido com São Francisco de Paula em 1507. Enquanto o santo homem desempenhava suas funções no altar, as pessoas que tinham vindo vê-lo o encontraram profundamente concentrado em oração e decidiram não perturbá-lo. Ao saírem, entretanto, ficaram muito surpreendidas ao vê-lo fora da igreja que tinham acabado de deixar! Não estava sozinho além de tudo, falava com os habitantes locais e com os transeuntes por perto. Rapidamente correram de volta à capela, somente para tornar a vê-lo na mesma posição — ele ainda estava lá "absorto em suas orações". De algum modo, por meio de misteriosa consciência associada com um estado de meditação profunda, São Francisco de Paula tinha aparecido para as mesmas pessoas em dois locais diferentes e ao mesmo tempo.

Enquanto isso, Maria de Agreda, uma freira que viveu 46 anos em um convento em Agreda, na Espanha, entre 1620 e 1631 relatou mais de quinhentas jornadas transoceânicas rumo a uma terra distante. No que se refere aos que a conheceram e viveram com ela, ela nunca saíra do convento para ir a parte alguma. E, no entanto, tinha consciência de ter "voado" para um lugar distante, ao qual sempre se referia como fazendo parte de suas "experiências de êxtase".

Tal fenômeno poderia ser atribuído nos dias de hoje a um relato de mais de trezentos anos de visão remota (capacidade de testemunhar e perceber eventos a distância pela consciência direta de um local preciso), exceto por uma curiosa diferença: Maria de Agreda não apenas visitou as terras que descreveu, como também deu aulas sobre a vida de Jesus para os indígenas que ali encontrava.

SOMOS OBSERVADORES PASSIVOS OU CRIADORES PODEROSOS?

Ainda que ela falasse somente o espanhol, sua língua materna, os indígenas podiam compreendê-la, enquanto ela estava compartilhando os ensinamentos de um grande mestre com eles.

A documentação de suas visões foi feita quando o arcebispo do México, Don Francisco Manzo y Zuniga, ouviu acerca de sua experiência. Quando os missionários que ele enviou para investigar chegaram ao local, ficaram surpresos ao descobrir que os indígenas da área já tinham sido instruídos sobre a vida de Jesus — e tão bem, que decidiram batizar imediatamente no local a tribo inteira.

Quase uma década depois, as jornadas místicas de Maria de Agreda finalmente foram consideradas autênticas. Conquanto sob o jugo de seu voto de obediência eclesial, ela fez a descrição em seus menores detalhes daquela terra em que jamais estivera fisicamente presente. Sua descrição foi tão completa que ela incluiu as sutilezas do clima e da mudança de estações, bem como as nuances de cultura e as crenças das pessoas a quem ela ensinou. Uma vez concluído um "rigoroso exame eclesiástico", as jornadas místicas de Maria Agreda foram reconhecidas como autênticas pela igreja e ela passou a receber a consideração devida ao "mais alto escalão atribuível a místicos do passado"[22].

Nem todos os relatos de bilocação datam dos sombrios anos dos séculos XVI e XVII. Durante a Segunda Guerra Mundial houve vários episódios de homens sagrados aparecendo em muitos lugares simultaneamente. Um dos mais bem documentados é o caso do místico padre Pio, da Itália. Tendo prometido à população que a cidade de San Giovanni Rotondo, ocupada pelos nazistas, seria poupada da destruição pelas forças aliadas, ele apareceu em plena luz do dia de uma maneira rara até mesmo para casos de bilocação.

Quando os bombardeiros sobrevoaram a cidade para iniciar o lançamento de bombas nas fortalezas alemãs, a imagem do padre Pio vestindo paramentos de cor marrom apareceu defronte dos aviões, pairando no ar! Em vez das breves aparições que dizem ser comuns durante o fragor das batalhas devido ao stress, a imagem perdurou tempo mais do que suficiente para ser vista por todos. As tentativas de lançar as bombas na cidade foram infrutíferas na presença da imagem.

Frustrados e perplexos, os pilotos mudaram o curso, aterrissaram seus aviões em um campo próximo, ainda carregados com todas as bombas que tinham ao iniciarem a missão. Pouco depois um dos pilotos foi até a uma capela próxima. Para sua surpresa, dentro da capela estava o mesmo frade que ele tinha visto um pouco antes pairando em frente do seu avião ... lá estava o padre Pio!

A MATRIZ DIVINA

O padre não era um fantasma ou a aparição de um santo já falecido há bastante tempo, como o piloto suspeitava. Tratava-se de uma pessoa real. Naquele dia, e de algum modo, ele tinha estado presente em dois lugares: no piso da capela e no ar, diretamente defronte dos aviões. Enquanto os aliados libertavam a Itália, a cidade de San Giovanni Rotondo foi poupada, exatamente como o padre Pio havia prometido[23].

Quando experimentamos alguma coisa que parece ter acontecido fora do domínio que sabemos ser verdadeiro, freqüentemente acreditamos que um milagre aconteceu. O que então deveremos fazer a respeito dos relatos e da documentação existente sobre os casos de bilocação e de outros feitos aparentemente tão milagrosos que existem há mais de seiscentos anos? Poderemos nós eliminá-los como simples fantasia ou auto-sugestão? ... Possivelmente. Sempre existe a possibilidade de que eles sejam invocados por pessoas com muito tempo livre ou por aqueles que, honestamente, desejem que esses casos de bilocação sejam verdadeiros.

Entretanto, e se houver algo mais acontecendo por aqui? Estando comprovado, além de qualquer dúvida, que não estamos limitados pelas leis usuais da física, tal confirmação faz com que nos vejamos sob uma nova luz quando nos oferece algo além da fé que fundamenta essas novas crenças.

Os iniciados mencionaram no poema da Introdução do livro que encontraram uma nova liberdade depois de passarem pelas surpresas de suas experiências. De maneira semelhante, se concluirmos que somos capazes de seguir "as pegadas" das partículas quânticas e funcionar além das fronteiras do espaço e do tempo, certamente poderemos usar tais capacidades para curar nosso corpo e trazer jovialidade à nossa vida. O princípio é o seguinte: Para fazer o que *parece* impossível, a pessoa tem de testar seus limites para o que sabe de antemão ser verdadeiro. Do mesmo modo que os iniciados descobriram o próprio valor quando venceram o medo de ir além da "borda", para conseguirmos viver os milagres primeiramente teremos que vencer nossa convicção de que esses fenômenos são impossíveis.

> **Princípio 12:** Não estamos limitados pelas leis da física como as conhecemos hoje.

Para fazer isso, alguém deve executar o milagre primeiro, de modo que possamos vê-lo acontecer. Talvez a pessoa seja especialmente dotada em determinada área da vida, como a da cura. Ou quem sabe o indivíduo simplesmente

SOMOS OBSERVADORES PASSIVOS OU CRIADORES PODEROSOS?

tenha a abertura para perceber o mundo de maneira diferente. Independentemente de como isso ocorra, uma vez que a pessoa faça esse algo especial — seja ela Jesus ou o seu vizinho do lado —, o mesmo milagre se torna disponível para todos.

Um belo exemplo desse princípio é ilustrado pela incapacidade dos povos nativos da América do Norte para ver os navios dos primeiros europeus que ancoraram em suas praias. O conceito de um imenso barco de madeira com enormes mastros e velas era tão estranho para eles, que lhes faltava um ponto de referência para o que estavam vendo. Do mesmo modo que nossa visão é capaz de detectar os fotogramas individuais de um filme, os olhos dos nativos certamente poderiam distinguir a silhueta dos navios no horizonte. E assim como nossos cérebros tentam entender o que estamos vendo fundindo os fotogramas na experiência contínua do filme, os nativos também tentaram fazer o mesmo. O problema foi tentar o que jamais havia sido feito anteriormente: Nas suas experiências coletivas, nada revelara aos nativos como ver um navio europeu.

Foi então que o curandeiro da tribo semicerrou os olhos e usou sua visão de modo ligeiramente diferente, começando, nesse momento, a distinguir os navios. Depois que ele tomou essa atitude todos no grupo foram capazes de ver o que horas antes tinha sido invisível. Tudo dizia respeito ao modo como as pessoas se permitiam perceber. Um inteiro novo mundo se abriu pare eles quando desejaram experimentar algo diferente. Talvez não sejamos tão diferentes dos nativos na praia há pouco mais de quinhentos anos. Podemos apenas imaginar o que está reservado para nós quando pensamos no nosso mundo, em nosso universo e em nós mesmos de maneira ligeiramente diferente.

No começo dessa seção examinamos a questão: "Se um elétron é capaz de estar em dois lugares ao mesmo tempo, por que não poderíamos fazer o mesmo?" Talvez a resposta possa ser encontrada se formularmos nossa pergunta de uma maneira um pouco diferente. Em vez de aceitarmos a idéia de que as partículas podem fazer algo que nós não podemos, investiguemos o que é necessário para um elétron estar em dois lugares ao mesmo tempo. Se compreendermos como a matéria de que somos feitos se comporta sob as circunstâncias de um milagre, talvez possamos encontrar tais condições em nossa vida. E para compreender como isso funciona, vamos explorar uma faceta única de nossa existência que nos dá a todos a capacidade de alterar nosso mundo mudando a nós mesmos: o poder do hologram.

113

CAPÍTULO QUATRO

UMA VEZ CONECTADOS, SEMPRE CONECTADOS: A VIDA NO UNIVERSO HOLOGRÁFICO

> *"Portanto, aqui estamos*
> *— todos parte deste*
> *grande holograma chamado Criação,*
> *ou seja, o EU de todos nós. [...]*
> *Tudo é uma encenação cósmica e*
> *não há nada a não ser você!"*
> — Itzhak Bentov (1923–1979),
> cientista, autor e místico
>
> *Ver um mundo em um grão de areia,*
> *E um céu numa flor selvagem,*
> *É ter o infinito na palma da mão,*
> *E a eternidade em uma hora.*
> — William Blake (1757–1827),
> poeta e místico visionário

Na última seção, os experimentos fizeram menção a um mistério que nunca foi resolvido. Parte da prova de que a Matriz Divina realmente existe foi dada quando duas "coisas" que estiveram unidas em dado momento (dois fótons, o DNA e os fótons, ou o doador e seu DNA) *atuaram* como se ainda estivessem conectadas uma à outra, embora estivessem separadas por distâncias que variaram de poucos metros a centenas de quilômetros. A pergunta é: *Por que isso aconteceu?*

FOI UM FATO REAL OU TRATAVA-SE DE UM HOLOGRAMA?

Todos nós já ouvimos que uma fotografia vale mais do que mil palavras. Sendo uma pessoa mais propensa a memorizar imagens, sei que isso é verdadeiro no meu caso. Por exemplo, ver uma demonstração de *como* dar partida no motor do meu carro é muito mais significativo para meu entendimento do que ler páginas de um manual descrevendo *por que* os pistãos se movimentam e as velas soltam faíscas quando aciono a ignição! Captando o cenário mais amplo, sempre posso voltar para tentar compreender os detalhes, verificar se ainda são importantes, pois algumas vezes quero apenas dar partida no meu carro.

Suspeito que não sou o único a funcionar dessa maneira. Embora nos encontremos no mundo de alta tecnologia, de manuais sobre "como fazer" e de tutoriais informatizados sobre *por que* algo é como é, uma experiência direta é ainda o melhor modo de explicar uma nova idéia claramente. Um belo exemplo de uma experiência desse tipo é a concepção que temos da idéia de holograma. Os hologramas têm sido usados para pesquisas desde que foram descobertos, no final da década de 1940[1]. Desde essa época entretanto, o que somos e como as coisas funcionam significou bem pouco para uma pessoa sem formação técnica — isso até que o lançamento do filme *Guerra nas Estrelas* fosse lançado em 1977.

Em uma cena central do começo do filme, assistimos à representante de um planeta inteiro, a princesa Léia, suplicando ajuda para salvar seu povo. Ela codificou sua mensagem na forma de um holograma digital que foi guardado na memória do R2-D2, o andróide que cativou o coração e a mente das audiências pelo mundo todo.

Enquanto a princesa Léia permanecia em uma parte do universo, o R2-D2 levava sua imagem holográfica para outro mundo de uma galáxia distante, muito distante. A mensagem permaneceu secreta até que um jovem guerreiro, Luke Skywalker, o persuadiu a entregá-la. Com os recursos cinematográficos mais avançados da época, os espectadores assistiram à cena estonteante do andróide R2-D2 atendendo à solicitação da princesa e projetando sua imagem miniaturizada na sala, como se ela estivesse lá pessoalmente.

Repentinamente, sua imagem animada apareceu pedindo socorro em pleno ar. Como ela parecia ter três dimensões, os espectadores tiveram a sensação de que estavam presentes na mesma sala com ela, que poderiam tocá-la com a mesma facilidade que podiam pegar no braço do espectador da poltrona ao lado. Entretanto, se fizessem isso, simplesmente fariam gestos através do ar. Ela é apenas um holograma.

Para muitas pessoas da década de 1970, esse foi o primeiro contato com projeções holográficas e com a semelhança impressionante dessas projeções com cenas reais. Também nos possibilita vislumbrar como poderão ser nossas chamadas telefônicas em um futuro não muito distante. Mesmo hoje, depois de décadas, a simples menção da palavra *holograma* ainda traz viva a lembrança da princesa Léia.

Para todos os efeitos e finalidades, um holograma geralmente é considerado como sendo uma figura — uma imagem tridimensional — que aparenta ter vida quando é projetada de determinado modo ou quando é vista sob certas condições de iluminação. Conquanto a interpretação de filmes seja um dos possíveis exemplos do que um holograma pode produzir, há muito mais em jogo do que uma simples fotografia.

O princípio holográfico pode ser um dos mais simples, embora menos compreendidos, fenômenos da natureza. Ao mesmo tempo, ele poderia ter o maior de todos os potenciais para fazer mudanças mesmo nas maiores escalas possíveis, dentro de um cronograma desconcertante para a mente. Para aplicar esse poder em nossa vida, entretanto, devemos compreender exatamente o que é um holograma e como ele funciona. Tratando primeiramente do que está em primeiro lugar: Exatamente o que *é* um holograma?

COMPREENDENDO O HOLOGRAMA

Se pedíssemos aos cientistas para explicar o que é um holograma, eles provavelmente atenderiam ao pedido descrevendo-o como sendo um tipo especial

Figura 9. A imagem holográfica existe inteiramente dentro de cada fragmento de si própria, não importa em quantas peças esteja dividida. Esta ilustração ajuda a transmitir a idéia de que, mesmo tomando-se uma parte extremamente pequena do universo — sejam as quatro partes acima ou uma galáxia inteira, um homem, ou um átomo —, cada segmento espelha o universo inteiro, com a única diferença de representá-lo em escala menor.

de fotografia, em que a imagem na superfície repentinamente parece tridimensional ao ficar sob a incidência de iluminação direta. O processo de criação dessas imagens implica em usar a luz do *laser* de tal modo que a figura se distribui sobre a superfície inteira do filme. É essa propriedade de "distributividade" que faz com que o filme holográfico seja tão especial.

Toda a superfície passa então a conter a imagem inteira, exatamente como foi vista originalmente, salvo pelo fato de estar em escala reduzida. Em outras palavras, cada fragmento é um holograma. Se a figura original for dividida em um número qualquer de peças, cada uma — mesmo que seja muito pequena — ainda mostraria uma vista inteira da imagem original.

Assim como a experiência de dar partida no motor de um carro demonstra de maneira eficiente como ele funciona, para entender um holograma nada melhor do que examinar um de seus exemplos.

Na década de 1980, vários marcadores de livros (hoje, itens de colecionadores) apareceram no mercado usando a tecnologia da holografia. Cada um deles era feito de uma tira reluzente de papel prateado, com a aparência, ao primeiro olhar, de uma folha aluminizada brilhante. Entretanto, conservando o papel diretamente sob uma luz brilhante e inclinado-o para a frente e para trás, alguma coisa acontecia, diferenciando bastante esses marcadores de livros dos marcadores mais tradicionais: Repentinamente, as imagens na folha metálica pareciam ganhar vida, como se estivessem pairando no ar acima do papel propriamente dito. Como o marco inclinava-se para um lado e depois para o outro, a imagem permanecia presente, tridimensional e aparentemente viva. Lembro-me de várias versões diferentes dessas: havia a do rosto de Jesus, a do corpo de Nossa Senhora, a de um golfinho saltando sobre uma pirâmide e aquela de um botão de rosa, em pleno desabrochar.

Com um desses marcadores em mãos era possível fazer uma experiência autodemonstrativa do funcionamento do holograma. Cabe aqui uma palavra de advertência: a desvantagem é que o marcador de livro seria destruído no processo! Tendo consciência disso, cortava-se, com uma tesoura, o bonito e brilhante marcador de livros obtendo centenas de peças de formas variadas. O menor dos fragmentos era então cortado de novo em uma peça mais fina ainda. Se o marcador de livros fosse um holograma verdadeiro seria possível olhar para esse minúsculo ponto do marcador com a ajuda de uma lupa, distinguin-

A MATRIZ DIVINA

do-se assim a imagem inteira, com a diferença apenas da menor escala. Isso acontecia porque a imagem estava presente em todos os locais do marcador.

> **Princípio 13:** Na imagem holográfica de "um objeto qualquer", todas as partes desse objeto espelham o objeto inteiro.

RESOLVENDO O MISTÉRIO DOS FÓTONS GÊMEOS

Olhemos novamente o experimento da Universidade de Genebra, descrito no Capítulo 1, para compreender mais claramente o que é um holograma e como, afinal, ele é criado. Para recapitular: os fótons gêmeos estão separados por uma distância de 22,5 quilômetros. Quando um deles era forçado a escolher entre dois caminhos no final da jornada, o segundo fóton sempre fazia exatamente a mesma escolha, como se ele "soubesse" o que seu gêmeo estava fazendo. O mesmo experimento foi repetido em ocasiões diferentes: todas as vezes os resultados foram idênticos. As duas partículas agiram *como se* elas estivessem conectadas, ainda que estivessem a quilômetros uma da outra.

O bom senso indica que, para tal tipo de conexão existir, os fótons precisariam estar, de alguma forma, mandando sinais um ao outro. Nesse ponto surge um problema para os físicos: para que uma mensagem trafegasse entre eles seria necessário que ela fosse transmitida com uma velocidade *maior* do que a luz. De acordo com a teoria de Einstein, entretanto, nada pode viajar mais rapidamente do que a luz.

Será possível então que essas partículas estejam violando as leis da física ... ou que estejam querendo nos demonstrar alguma coisa? Não estariam nos mostrando algo tão estranho para nosso modo habitual de ver o mundo, que estaríamos ainda tentando entender o mistério de como a energia sai de um lugar e chega em outro de maneira confortavelmente inteligível?

E se o sinal de um fóton nunca tiver viajado para chegar ao outro? Será que não vivemos em um universo onde a informação entre fótons, nossas preces a favor dos nossos entes queridos ou nosso desejo de paz em algum lugar do outro lado do mundo nunca precisem ser transportados para parte alguma como condição para serem recebidos?

A resposta é sim! Esse parece ser exatamente o tipo de universo em que nós vivemos. O co-fundador do programa de ciências cognitivas do Stanford Research Institute, em Menlo Park, Califórnia, descreveu essa conexão de uma maneira muito elegante e eloqüente: "Vivemos em um mundo não-local, onde coisas que estão fisicamente separadas entre si podem, não obstante, estar em comunicação instantânea"[2]. Targ explica o que tal conexão significa quando afirma: "Não estou dizendo que eu consiga fechar os olhos e enviar uma mensagem a alguém a mil quilômetros de distância, mas, de certo modo, não há nenhuma separação entre a minha consciência e a consciência da pessoa distante"[3]. A razão pela qual os sinais não foram obrigados a viajar no meio dos fótons é porque eles já estavam lá — eles nunca *saíram* de um lugar qualquer nem nunca foram transportados para outro lugar, estritamente falando.

Por definição, em todo lugar de um holograma existe o reflexo de todos os outros. Além disso, se um dos locais tiver certas propriedades, todos os outros locais também a terão. No holograma de todos os lugares do universo, a energia subjacente que une todas as coisas instantaneamente faz também a conexão entre elas. Os mestres espirituais geralmente concordam com os cientistas sobre essa visão da realidade. De acordo com a descrição de Ervin Laszlo, fundador da filosofia dos sistemas, "A vida evolui como o próprio universo, em uma 'dança sagrada' com um campo subjacente"[4].

Isso parece ser precisamente o que, no antigo Sutra Avata Saka do Budismo Mahayana, é descrito como "a maravilhosa rede" de energia que une todas as coisas no cosmos. Admitindo-se que o universo esteja em toda a parte e que ele seja holográfico, essa rede não apenas interliga tudo, como cada ponto dentro dela também reflete todos os outros. O Sutra começa afirmando que certa vez, em um passado distante, a rede estava "suspensa, estendendo-se infinitamente em todas as direções", como o próprio universo.

A rede não só *é* o universo como o contém e lhe dá qualidades holográficas. O antigo Sutra descreve que a rede tem um número infinito de jóias que atuam como seus olhos cósmicos. Todas as coisas ficam dessa maneira visíveis a todas as outras. Provavelmente em uma das mais antigas descrições de um holograma até hoje descobertas, o Sutra revela o poder de cada jóia para criar a mudança em toda a rede: "Cada uma das jóias refletida em uma única jóia também está refletindo todas as outras, de modo que ocorra o processo de reflexão infinita"[5]. De acordo com a mencionada tradução, tal rede "simboliza um cosmos no qual há uma relação mútua infinitamente repetida entre todos os seus membros componentes"[6].

Maravilhosa descrição do princípio sutil, mas no entanto poderoso, que a natureza usa para sobreviver, crescer e evoluir. Em um universo holográfico, onde todas as peças já contêm o mundo todo espelhado em uma escala menor, tudo já se encontra em todos os lugares. O princípio holográfico promete que tudo o que precisamos para sobreviver e crescer sempre esteve conosco, em todos os lugares e o tempo todo ... da simplicidade de uma folha de grama à complexidade do nosso corpo.

Quanto mais entendermos o poder de nosso infinitamente conectado holograma, mais evidente se torna que não existe nada oculto e que não existem segredos — essas coisas são subprodutos de nossa sensação de separação. Ainda que possa parecer que estamos desconectados um do outro e do resto do mundo, essa falta de ligação não existe no plano onde o holograma se origina: dentro da Matriz Divina. Com esse tipo de unificação, realmente não podem existir os conceitos "aqui" e "lá".

Agora podemos responder ao "porquê" da aura de mistério em torno dos experimentos da primeira parte do livro. Quando o Exército dos Estados Unidos executou as experiências com aquele doador e suas células, o DNA reagiu como se estivesse ainda ligado à pessoa enquanto ela passava pelas emoções que faziam parte do teste. Até mesmo quando o doador e seu DNA foram separados por distâncias de até 560 quilômetros, os resultados foram idênticos e o mistério continuou existindo, porque as explicações convencionais que tentaram explicar por que o DNA respondia às emoções da pessoa de onde havia sido extraído se mostraram inválidas.

A maioria das pessoas poderia supor que alguma energia estava sendo compartilhada nesse experimento. Geralmente imaginamos a energia sendo gerada em um lugar e sendo transmitida por algum meio para outro lugar. De modo semelhante ao que se passa com as imagens de televisão ou com a música do rádio, quando o que é irradiado do ponto A chega até o ponto B, é natural nossa expectativa de que exista algum tipo de força percorrendo a distância entre o doador e seu DNA. Entretanto, algum tempo transcorre quando se vai de um lugar para o outro. Ainda que esse intervalo tenha duração curta, talvez de apenas um nanosegundo, algum tempo se passa até que a energia convencional se mova de um ponto a outro.

Entretanto, o ponto principal do experimento foi justamente o fato de um relógio atômico (com atraso de um segundo em um milhão de anos) indicar que nem um instante havia transcorrido. O efeito foi simultâneo porque nenhuma troca foi necessária. No plano quântico, tanto o doador como o DNA pertenciam ao mesmo e único padrão, a informação de um estava presente no outro: eles já estavam conectados. A energia proveniente das emoções do doador nunca viajou para *lugar algum*, porque ela já estava em *todos os lugares*.

As mudanças que desejamos que ocorram no mundo — não importa se se trata de curar ou de dar segurança aos que nos são próximos ou favorecer a paz no Oriente Médio ou em uma das nações no momento empenhadas em conflitos armados — não precisam ser enviadas do nosso íntimo para os locais onde são necessárias. Não é necessário "enviar" alguma coisa para algum lugar. Se temos nossas orações dentro de nós, elas estão presentes em todos os lugares.

> **Princípio 14:** O holograma universalmente conectado da consciência nos promete que os desejos e orações chegam ao seu destino no momento em que são concebidos.

As implicações desse princípio são vastas e profundas. Para realmente saber o significado disso em nossa vida precisamos examinar o último detalhe do funcionamento do holograma: o poder para fazer mudança que existe dentro dele. Se todas as coisas estão verdadeiramente interligadas e se tudo já está em toda parte o tempo todo, o que acontece quando fazemos uma mudança em alguma parte do holograma? Mais uma vez, essa pergunta tem uma resposta surpreendente.

UMA MUDANÇA EM UMA PARTE QUALQUER SIGNIFICA UMA MUDANÇA EM TODAS AS PARTES

No filme *Contato*, existem cenas de regressão à infância da personagem principal mostrando a grande influência do pai na vida da menina até o momento em que morreu repentinamente. Ao apoiar a maneira ambiciosa da filha de perseguir seus ideais, ele muitas vezes dizia que as grandes metas no futuro dela seriam alcançadas passo a passo.

Esse é um ótimo conselho para os pais passarem aos filhos, mas, além disso, aparentemente é também o modo pelo qual o holograma da consciência e da vida funciona. Quando fazemos uma pequena mudança aqui e outra ali, subitamente *tudo* parece mudar. Realmente, uma pequena mudança em um lugar pode alterar permanentemente todo um padrão.

O visionário e filósofo Ervin Laszlo descreve a razão disso: "Tudo o que acontece em um lugar ocorre também em outros lugares, e tudo o que acontece uma vez também acontece outras vezes depois. Nada é apenas 'local', limitado somente ao lugar onde ocorre"[7]. Como ensinaram os grandes líderes espirituais Mahatma Gandhi e Madre Teresa de Calcutá de maneira tão eloqüente, o princípio holográfico não-local é uma força imensa — é uma alteração comparável a de "Davi" contra "Golias", no mundo quântico.

Pelo fato de o holograma conter a imagem original de todas as suas inúmeras partes, qualquer mudança feita em um desses segmentos pode se refletir em todas as partes de todo o padrão. Como é poderosa essa relação! Uma simples mudança em um lugar pode provocar mudanças em todos os lugares! Talvez o melhor exemplo de como pequenas modificações podem afetar um sistema inteiro pode ser vista em algo que conhecemos bastante bem: o DNA de nosso corpo.

Nos filmes que se fundamentam em métodos modernos de investigação de crimes, aprendemos que a identidade do criminoso pode ser detectada pelos seus vestígios pessoais deixados na cena do crime. Se os investigadores puderem identificar uma parte qualquer do corpo de uma pessoa ou até mesmo apenas um de seus fragmentos — uma gota de sangue, um fio de cabelo partido, manchas de sêmen e até mesmo uma unha quebrada —, eles poderão identificar a pessoa. Não importa de qual parte do corpo veio o DNA, por causa do princípio holográfico — todas as partes espelham o conjunto. Cada fragmento do DNA é semelhante a todos os outros (com exceção das mutações).

Estima-se que o ser humano típico tenha de 50 a 100 trilhões de células no corpo. Cada uma dessas células possui 23 pares de cromossomos que compõem o DNA do indivíduo (o código da vida dessa pessoa). Fazendo os cálculos, concluiremos que o número de cópias de DNA que uma pessoa tem no corpo oscila entre 2.300 trilhões e 4.600 trilhões. Imagine quanto tempo levaria para mudar o DNA de uma pessoa se tentássemos alterar cada cópia, uma célula de cada vez. Mas quando o DNA modifica o código de uma espécie, ele não o faz de modo linear, um fio de cada vez. Por causa do princípio holográfico, quando o DNA é alterado sua mudança é refletida na totalidade do conjunto.

> **Princípio 15:** Por meio do holograma da consciência, uma pequena mudança em nossa vida espelha-se em todas as partes do mundo.

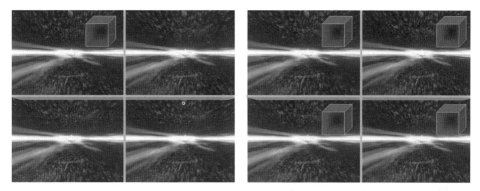

Figura 10. Cada parte de "alguma coisa" em um holograma reflete todas as outras partes e a mudança é refletida por todo o restante. Mesmo que, por exemplo, dividíssemos o universo em quatro fragmentos menores, cada uma dessas partes espelharia o universo todo. Uma mudança em um lugar (indicada pela seção iluminada) é refletida em cada espelho.

Pode ser que lhe ocorra a pergunta: *"Qual a importância disso na minha vida?"* Ainda que essa pergunta seja tão simples, a resposta não é tanto assim. O poder sutil do holograma é que ele nos oferece a alavancagem para que provoquemos uma enorme mudança em grande escala, alterando o padrão em um único lugar. A compreensão do princípio holográfico é importante porque, aparentemente, descreve com precisão a maneira de operarmos. Do funcionamento do DNA de nosso corpo até a estrutura atômica do mundo e dos processos da memória e da consciência, aparentemente somos hologramas de uma existência mais ampla, que somente agora principiamos a compreender.

CÉREBROS HOLOGRÁFICOS EM UM UNIVERSO HOLOGRÁFICO

Lembro-me de ter assistido a um documentário em 1970 sobre o cérebro humano, no qual os cirurgiões se preparavam para aliviar a pressão no âmago dos tecidos cerebrais de um homem traumatizado por um acidente. Enquanto ele se encontrava perfeitamente desperto e consciente, partes de seu cérebro exposto eram estimulados por sondas elétricas, na tentativa de se descobrir a correspondência entre as partes do cérebro e as áreas do corpo afetadas por essas partes. Por exemplo, quando um dos eletrodos tocou determinado lugar, o paciente aparentemente "viu" uma explosão de cores; o local foi então marcado como um centro da visão.

Esquecendo por um momento o lado bizarro de se observar um cérebro vivo exposto à iluminação feérica de uma sala cirúrgica, o que esse filme tinha de especialmente interessante era a exibição de como o cérebro funcionava. Por exemplo, quando os lugares estimulados eletricamente produziram a experiência de visualização de cores, os lugares identificados pareciam não corresponder aos que tradicionalmente eram associados ao sentido da visão. Tudo se passava como se certas partes do cérebro tivessem aprendido a "ver" de um determinado modo que esperávamos estar associado a outra parte do cérebro.

O trabalho revolucionário do neurocientista Karl Pribram também concluiu que as funções cerebrais eram mais globais do que tinham sido anteriormente postuladas. Antes do trabalho de Pribram, acreditava-se que os cérebros funcionassem como computadores biológicos, armazenando tipos especiais de informação em lugares específicos. Nesse modelo mecânico de memória existia uma correspondência, um a um (biunívoca), entre determinados tipos de memória e as localizações onde elas estavam armazenadas. O problema era que essa memória localizada não era encontrada nos experimentos de laboratório.

Assim como o documentário demonstrou a existência de locais no cérebro humano que "sabiam" a função de outras áreas, vários experimentos têm demonstrado a existência de animais que conservam lembranças e continuam a viver, mesmo depois de terem removidas partes dos cérebros geralmente tidas como responsáveis por essas funções. Em outras palavras, aparentemente não há correspondência direta entre as memórias e suas localizações físicas no cérebro. Era óbvio que a visão mecanicista de cérebros e memórias não respondia à questão — algo mais, estranho e maravilhoso, devia estar acontecendo nesses casos.

No início da década de 1970, Pribram foi pioneiro ao propor um novo modelo para explicar a prova que os experimentos tinham fornecido. Ele começou a pensar que o funcionamento do cérebro e das memórias era semelhante ao funcionamento dos hologramas. Uma das pistas indicando que era essa a trilha certa era a validação de laboratório de como o cérebro processa informações. Pribram valeu-se de pesquisas anteriores para testar suas hipóteses. Em 1940, o cientista Dennis Gabor usou um complexo conjunto de equações conhecido como transformadas de Fourier (em homenagem ao seu descobridor, Joseph Fourier), para criar os primeiros hologramas, trabalho pelo qual acabou recebendo o prêmio Nobel de 1971. Pribram adivinhou que se o cérebro de fato trabalha como um holograma, distribuindo informações por meio de circuitos de software, então ele deveria também processar as informações como as equações de Fourier processam.

Levando em conta que as células do cérebro criam ondas elétricas, Pribram testou os padrões dos circuitos do cérebro usando as transformadas de Fourier. Sem sombra de dúvida, sua teoria foi bastante precisa — os experimentos provaram que nosso cérebro processa as informações de um modo equivalente ao das equações de um holograma.

Pribram esclareceu seu modelo de cérebro mediante uma metáfora simples de hologramas que funcionam dentro de hologramas. Em uma de suas entrevistas ele afirmou: "Os hologramas dentro de um sistema de visão são [...] fragmentos de hologramas elementares"[8]. São partes menores de uma imagem maior. "A imagem total é composta de modo bastante semelhante ao dos olhos de um inseto que tem uma centena de pequenas lentes em vez de uma única grande lente. [...] Consegue-se um modelo total todo entrelaçado como uma peça unificada ao experimentá-la"[9].

É interessante observar que, conquanto Pribram e David Bohm (cujas idéias foram discutidas na Introdução) tenham começado a trabalhar independentemente, ambos usaram a mesma explicação para descrever os resultados de seus experimentos. Eles aplicaram o modelo holográfico para compreender a vida. Bohm, como físico quântico, olhava para o universo como para um holograma. Pribram, um neurocientista, estudava o cérebro como um processador holográfico, com nossa mente executando processos holográficos. As duas teorias, se combinadas, apontam para a possibilidade de um modelo nada menos que perturbador.

Essa possibilidade sugere que somos parte de um sistema muito maior de muitas realidades, dentro de realidades, dentro de outras realidades. Nesse sistema o mundo poderia ser considerado a sombra ou a projeção de eventos que acontecem em uma realidade subjacente mais profunda. O que vemos como universo somos nós na realidade — nossa mente coletiva e individual — transformando as possibilidades de domínios mais profundos em realidades físicas. Essa maneira radicalmente nova de nos vermos e ao universo nos dá nada menos do que o acesso direto a todas as possibilidades que jamais poderíamos desejar, sonhar, imaginar ou rezar para que algum dia acontecessem.

Em seus estudos, Pribram nos oferece a razão justificadora precisamente dessas possibilidades. Mediante o modelo holográfico do cérebro interagindo com o universo, ele diz que o funcionamento do cérebro possibilita experiências que transcendem o tempo e o espaço. Dentro do contexto desse modelo holográfico, todas as coisas se tornam possíveis. A chave para experimentarmos o poder potencial desses resultados é pensarmos a respeito de nós mesmos dessa nova maneira. Quando fazemos isso, uma coisa maravilhosa acontece conosco: nós mudamos!

Não é possível conseguirmos "uma espécie de" ou um "tipo de" visão de nós mesmos em um universo de possibilidades — ou nós conseguimos ou não. O foco desse livro é precisamente este. Podemos pensar sobre nós mesmos de modo diferente somente quando temos uma razão para fazê-lo. O conceito da Matriz Divina como um holograma conectado universalmente nos diz que estamos limitados apenas por aquilo em que acreditamos.

As paredes invisíveis de nossas crenças mais profundas podem se transformar na nossa maior prisão, como sugerem as tradições espirituais antigas. Apesar de tudo, elas também nos lembram que nossas crenças podem se transformar na nossa maior fonte de liberdade. Por mais diferentes que as tradições de sabedoria do mundo todo possam ser, elas todas nos levam à mesma conclusão: *A opção de ser feitos prisioneiros ou ficar em liberdade é nossa, nós somos os únicos que podemos fazer a escolha.*

O PODER DE UMA SEMENTE DE MOSTARDA

O trabalho pioneiro de Karl Pribram e os estudos de outros pesquisadores que o sucederam mostram que o cérebro funciona como um processador holográfico. Sendo isso verdadeiro para nós, como indivíduos, é compreensível que nossa mente coletiva e nossa consciência também funcionem assim. Hoje habitam o planeta mais de seis bilhões de seres humanos (e mentes). Dentro da Matriz Divina, todas as mentes de todos os indivíduos fazem parte de uma consciência única mais ampla.

Independentemente da grande diferença que uma mente pareça ter da outra, cada uma delas contém o padrão de toda a consciência. Por meio desse elo, cada um de nós tem acesso direto ao padrão inteiro. Em outras palavras, nós todos temos o poder de alterar o holograma de nosso mundo. Ainda que para algumas pessoas essa seja uma maneira não-convencional de pensar sobre quem somos, para outras trata-se de uma maneira perfeitamente concordante com suas crenças e experiências.

Os estudos científicos apóiam esses princípios e descobriram que, quando as pessoas *dentro* de um grupo compartilham experiências comuns de consciência, os efeitos podem ser detectados *além* do grupo propriamente dito e até mesmo fora do edifício onde os indivíduos estão fazendo a reunião. Sem sombra de dúvida, experiências interiores estão acontecendo por meio de caminhos sutis e de maneira a não ficarem restritas pelas assim chamadas leis da física, tampouco limitadas pela vizinhança imediata. Um exemplo desse fenômeno fica evidente quando se observa o efeito que a Meditação Transcendental (MT) pode ter sobre as grandes populações.

Em 1972, 24 cidades dos Estados Unidos com mais de 10.000 habitantes experimentaram mudanças significativas em suas comunidades quando apenas cerca de 1% (100 pessoas) de suas populações participou dos estudos. Os que participaram usaram técnicas de meditação específicas para criar experiências interiores de paz que se refletiram em torno deles. Chama-se a isso "efeito Maharishi" em homenagem a Maharishi Mahesh Yogi, autor da afirmativa de que, quando os métodos de meditação que divulgava fossem praticados por 1% de uma população, seria observada uma redução nas taxas de violência e crimes dessa população.

Esse estudo e estudos semelhantes levaram ao histórico "Projeto de Paz Internacional no Oriente Médio", publicado no *Journal of Conflict Resolution* em 1988[10]. Durante a guerra israelense-libanesa do início da década de 1980, os praticantes foram treinados em técnicas precisas de meditação transcendental para promover a paz em seu corpo, em vez de simplesmente pensarem sobre isso ou orarem para que isso acontecesse.

Em dias específicos do mês e em determinados momentos dos dias, essas pessoas eram colocadas em áreas devastadas pela guerra no Oriente Médio. Durante o breve intervalo em que elas estavam em paz, era sensível o declínio no número de incidentes terroristas, crimes contra a população, entradas em pronto-socorros e acidentes de tráfego. Quando os participantes interrompiam a meditação, as estatísticas regrediam. Os estudos confirmaram os resultados encontrados inicialmente: quando uma pequena porcentagem da população conseguia a paz interior, essa paz era refletida no mundo em torno delas.

Os resultados levavam em conta os dias da semana, os feriados e até mesmo os ciclos lunares. Eram tão coerentes que os pesquisadores foram capazes de identificar o número mínimo de pessoas com paz interior que era preciso ter antes do efeito se espelhar no mundo circunvizinho: era igual à raiz quadrada de um por cento da população. Esse é apenas o número básico necessário para o efeito ser iniciado — quanto mais pessoas participarem, mais evidentes serão os resultados. Ainda que não possamos entender as razões pelas quais os efeitos estão presentes, as correlações e os resultados demonstram que eles estão lá. Podemos aplicar esse princípio a nossa vida para qualquer grupo de pessoas, independentemente de se tratar de uma comunidade pequena, da congregação de uma igreja, de uma cidade grande ou de um planeta inteiro. A seqüência

A MATRIZ DIVINA

de ações sugerida para se determinar quantas pessoas precisam estar reunidas para a obtenção da paz e da cura no seio de certo grupo é:

1. Determine o número total de pessoas presentes.
2. Calcule um por cento do número total (multiplique o total do passo 1 por 0,01).
3. Calcule a raiz quadrada de um por cento (digite o número obtido no passo 2 na sua calculadora e pressione a tecla que calcula a raiz quadrada [$\sqrt{}$]).

Essa seqüência de operações dá como resultado números menores do que poderíamos esperar. Por exemplo, em uma cidade de milhões de pessoas o total é de cerca de 100. Em um mundo de seis bilhões de pessoas, o resultado é de apenas 8.000. Esse cálculo representa apenas o mínimo necessário para que o processo se inicie. Quanto mais pessoas estiverem envolvidas, mais rapidamente o efeito se fará notar.

Ainda que esses estudos e outros semelhantes obviamente mereçam uma análise mais ampla, eles indicam que os resultados não podem ser atribuídos à sorte.

> **Princípio 16:** A quantidade mínima de pessoas necessárias para "dar partida" a uma mudança de consciência é a raiz quadrada de 1% do total de pessoas da população em causa.

Talvez essa seja a razão pela qual existam tantas recomendações tradicionais enfatizando a importância de cada indivíduo para o todo. Jesus fez uso do princípio holográfico em uma de suas mais conhecidas parábolas, referindo-se ao poder da crença para ilustrar como apenas um pouco de fé basta para que se abra a porta a uma possibilidade maior. "Em verdade vos digo", disse Ele, "se vossa fé for do tamanho de um grão de mostarda e se disserem a essa montanha: 'Mova-se', ela se moverá; para vós, nada será impossível"[11]. Exploraremos as implicações do significado exato disso na próxima seção. Antes de fazermos isso, seria bom esclarecermos se o que entendemos por "fé" é a palavra mais adequada para ser usada aqui.

A palavra *fé* propriamente dita algumas vezes traz consigo uma carga emocional, várias vezes associada com a convicção de não existir uma base de sustentação para apoiar suas afirmações. Estamos acostumados a chamar isso de "fé cega". Estou absolutamente convencido de que a fé cega realmente não existe. Bem profundamente em nosso íntimo, todas as nossas convicções nascem de uma conexão profunda entre o que as coisas "são" e o que elas podem ser. Ainda que não tenhamos consciência disso e nem consigamos afirmar *por que* pensamos que as coisas se passam dessa maneira, aquilo em que acreditamos é verdade para nós. E essa verdade é a base de toda fé.

Entretanto, existe um tipo de fé que na realidade se baseia em uma fundação muito sólida da ciência de vanguarda, apoiada pelas descobertas da física quântica. No Capítulo 3 discutimos brevemente as possíveis razões pelas quais o mundo físico muda simplesmente ao ser observado. Todas as explicações que se seguem reconhecem a coexistência de muitas realidades dentro de uma sopa cósmica de possibilidades. Como os experimentos mostraram, é o ato de observar alguma coisa — isto é, a *observação consciente* — que bloqueia uma dessas possibilidades para que ela fique sendo a realidade do observado. Em outras palavras, *a expectativa ou a crença que possuímos no instante da observação* é o ingrediente da sopa que "escolhe" qual das possibilidades será nossa experiência "real".

Tendo isso em mente, nossa fé na afirmativa que Jesus fez com relação a mover a montanha é mais do que simplesmente pronunciar as palavras enunciando que a montanha se moveu. A parábola de praticamente 2.000 anos atrás nos ensina uma linguagem poderosa para escolhermos qual realidade queremos dentre as infinitas possibilidades que existem. Pelas declarações tão transparentes de Neville ao descrever a fé, mediante o ato de "persistirmos na suposição de que nosso desejo foi atendido [...] verificamos que o mundo inevitavelmente cumpriu a expectativa que tínhamos"[12]. No exemplo da montanha, quando realmente sabemos que ela já se moveu, nossa fé/crença/hipótese de que o fato aconteceu é a energia que catapulta a possibilidade transformando-a em nossa realidade. No âmbito de todas as possibilidades quânticas, a montanha não tem outra escolha — ela tem de se mover.

O exemplo a seguir ilustra como pode ser simples e natural esse tipo de convicção e fé. Também abre a porta para as incontáveis possibilidades de como uma pequena mudança de ponto de vista é capaz de fazer uma grande diferença no mundo.

Há alguns anos, tive a oportunidade de testemunhar o equivalente biológico de "mover uma montanha". Nesse caso, a "montanha" era um tumor na bexiga de uma mulher de meia-idade. Os médicos ocidentais tinham diagnosticado o tumor como maligno e acreditavam que ele era inoperável. O hotel

A MATRIZ DIVINA

em que estávamos havia improvisado no salão de baile uma sala de aula temporária e o grupo I, do qual eu fazia parte, assistia a um filme feito pelo nosso instrutor no qual ele apresentava a milagrosa cura do tumor em um hospital sem medicamentos, em Pequim, China[13].

A clínica era uma das muitas da região que rotineiramente lançavam mão de métodos não-tradicionais com tremendo sucesso. Depois das formalidades de praxe e das apresentações e cumprimentos mútuos, fomos preparados para o que viria a seguir. O instrutor enfatizou que o propósito do filme era mostrar que o poder de curar era algo que existia dentro de nós. *Não* se tratava de um anúncio da clínica nem de um convite para que todos os que estivessem com um tumor de alto risco corressem para a cura em Pequim. Aquilo que estávamos prestes a presenciar poderia ser alcançado ali mesmo, na sala de aula, ou na sala de estar de nossa casa. O segredo para a cura, dizia ele, residia na capacidade de focalizar a emoção e energia de nosso corpo ou do nosso ente querido (com a permissão da pessoa) de uma maneira cheia de compaixão, mas que não fosse invasiva.

A mulher do filme tinha ido até a clínica sem medicamentos como último recurso, pois tudo o que tentara havia falhado. A clínica enfatizava a responsabilidade pessoal nos cuidados com a saúde e propiciava um novo e positivo modo de viver, em vez de simplesmente "consertar" as pessoas e mandá-las para casa. Esses protocolos incluíam novos hábitos alimentares, formas suaves de se movimentar para estimular a força vital (chi) no corpo, além de novos métodos de respiração. Apenas com mudanças no estilo de vida tão simples como essas, o corpo se fortalece e pode se curar dentro das possibilidades. Seguindo tais procedimentos, em determinado ponto percebe-se por que os pacientes clínicos são submetidos ao tratamento mostrado no vídeo.

Logo no início do filme, vê-se a mulher com o tumor deitada no que aparentemente se trata de uma maca de hospital. Ela estava desperta, plenamente consciente, não tinha recebido sedativo e nem sido anestesiada. Três médicos com seus uniformes brancos estavam em pé ao seu lado, enquanto um técnico de ultra-som, sentado defronte dela, segurava o bastão sensor de criação do sonograma que revelaria a massa do tumor no interior de seu corpo. Explicaram que a imagem não seria acelerada como nos programas sobre a natureza, que mostram em alguns segundos o desabrochar de uma flor ao longo de dias. O filme seria passado em tempo real, de tal sorte que poderíamos acompanhar, passo a passo, a cura obtida pelos médicos.

O filme foi curto, durou menos do que quatro minutos. Dentro desse intervalo pudemos ver o que se considera um milagre segundo os padrões da medicina ocidental. Entretanto, considerando o contexto holográfico da Matriz Divina, tudo o que se passou foi perfeitamente compreensível. Os médicos convergiram para um dizer único, capaz de fortalecer dentro deles um tipo especial de sentimento. Lembrando-nos das instruções de Neville, sobre "transformar o sonho futuro em um fato presente [...] nutrindo o sentimento de que o desejo já foi satisfeito", a emoção dos médicos foi simplesmente sentir que a mulher já estava curada[14]. Ainda que soubessem que o tumor tinha existido durante os momentos do processo, eles também reconheceram que a presença do tumor era apenas uma possibilidade dentre as muitas que existiam. Naquele dia, eles promulgaram o código que clama por outra possibilidade. Ao fazerem isso, usaram a linguagem que a Matriz reconhece e responde — aquela da emoção humana que dirige a energia (veja o Capítulo 3).

Enquanto observávamos os médicos, ouvimo-los repetirem um mantra de palavras variadas que poderia ser traduzido livremente por "já feito, já feito". Logo no início, parecia que nada estava acontecendo. Repentinamente, o tumor começou a tremular, aparecendo e desaparecendo, como se oscilando entre realidades. O silêncio na sala era absoluto enquanto olhávamos a tela, espantados. Passados alguns segundos o tumor se esvaiu, desaparecendo completamente da tela [...] tinha sumido. Todo o restante estava lá, como estava segundos antes — tudo igual, exceto o tumor que ameaçara a vida da mulher. A sala parecia a mesma. Os médicos e o técnico estavam presentes e nada "fantasmagórico" parecia ter acontecido em nenhum outro lugar, simplesmente a circunstância que antes havia ameaçado a vida da mulher tinha desaparecido.

Lembro-me de ter me ocorrido uma advertência antiga: com um pouco de fé, podemos remover montanhas. Lembro-me também de ter ponderado, um pouco antes, de ter sempre acreditado que a expressão "mover montanhas" era metafórica. Via agora que se tratava da descrição de um fato real. Usando a fórmula da raiz quadrada que conduzia ao 1%, a população da clínica tinha provado que a consciência era capaz de afetar diretamente a realidade.

Havia um total de seis pessoas na sala quando a cura aconteceu (três médicos, o técnico, o operador da câmara e a mulher doente). Aplicando a fórmula, a raiz quadrada de 1% da população presente na sala era de apenas 0,244 de pessoa! Com menos de uma pessoa cumprindo aquela exigência de crença absoluta de que a cura já tinha se produzido, a realidade física do corpo da mulher foi mudada.

Ainda que o número nesse caso tenha sido pequeno, a fórmula ainda se mostrou válida. Como observado antes, esse total é o número *mínimo* de pessoas para que se dê um salto para a nova realidade. Com toda a probabilidade, 100% das pessoas da sala experimentaram o sentimento daquela cura; apenas dois minutos e quarenta segundos depois, o corpo da enferma foi afetado por essa realidade.

Tendo obtido a devida permissão, desde então já mostrei esse filme para muitas audiências — incluindo equipes de médicos — no mundo todo. As reações são variadas e previsíveis. Depois que a cura acontece, geralmente nota-se um breve silêncio enquanto os espectadores registram emocional e racionalmente o que acabaram de ver com os próprios olhos. O silêncio cede lugar a suspiros de alegria, risadas e até aplausos. Para algumas pessoas assistir ao filme é obter a confirmação do que já sabiam ser verdadeiro. Até mesmo a fé fica amortecida pela validação do fato: o que foi presenciado é realmente possível.

Para os que são mais céticos, a pergunta típica é sempre: "Se isso é verdadeiro, por que nunca ouvimos falar a respeito?" Minha resposta tem sido: "Pois agora vocês viram e ouviram!" "Quanto tempo dura esse efeito de cura?", invariavelmente é a pergunta seguinte. Os estudos indicam 95% de taxa de sucesso após cinco anos, para clientes que continuaram praticando os ensinamentos recebidos na clínica quanto aos hábitos de alimentação, respiração e ginástica suave.

Depois de um suspiro resignado entre o sentimento de acreditar e a frustração de saber que tantas pessoas não conseguem ajuda mediante técnicas modernas, geralmente escuto afirmações tais como: "É simples demais... não é possível que seja tão fácil assim!"

Minha resposta é: "Por que esperavam menos do que isso?" No mundo holográfico da Matriz Divina, todas as coisas são possíveis e somos nós que escolhemos qual possibilidade será realizada.

A crença de que nós estamos "aqui" e as possibilidades estão "lá" é o que nos causa essa sensação de que se trata de algo impossível. As mesmas regras que descrevem *como* a Matriz Divina funciona, também nos dizem que, em um nível mais profundo da realidade, o que nós geralmente consideramos como sendo "alguma coisa em um outro lugar" na realidade já está "aqui", e vice-versa. Tudo diz respeito à forma pela qual nós nos enxergamos no campo das possibilidades.

Sabendo que tudo, desde o mais horrível sofrimento até a alegria mais arrebatadora — e todas as possibilidades no intervalo — já existe, achamos compreensível que tenhamos o poder de colapsar o espaço separador para fazer com que essas possibilidades cheguem até nós. E é assim que procedemos ... por meio da linguagem silenciosa da imaginação, dos sonhos e das crenças.

CAPÍTULO CINCO

QUANDO O AQUI É LÁ E O DEPOIS É AGORA: O SALTO ESPACIAL E TEMPORAL NA MATRIZ

> *"O tempo não é de maneira alguma o que parece ser. Ele não flui em um único sentido, e o futuro existe simultaneamente com o passado."*
> — Albert Einstein (1879–1955), físico
>
> *"O tempo é o que impede que todas as coisas aconteçam ao mesmo tempo."*
> — John Wheeler (1911–), físico

"O tempo é muito lento para os que esperam, /muito rápido para aqueles que temem, /muito longo para os que sofrem, /muito curto para os que estão alegres, /mas para aqueles que amam, /o tempo não existe." Com essas palavras, o poeta Henry Van Dyke nos lembra como nossa relação com o tempo é irônica.

Talvez o tempo seja a mais ilusória de todas as experiências humanas. Não podemos capturá-lo nem fotografá-lo. Contrariamente à idéia que o horário de verão parece sugerir, é impossível levá-lo em consideração em um determinado lugar só para usá-lo mais tarde em outro. Quando tentamos descrever o significado do tempo em nossa vida, percebemos que usamos palavras que o medem em um sentido relativo. Dizemos que alguma coisa aconteceu *naquela época* no passado, que está acontecendo *agora* no presente, ou que acontecerá *em algum momento* no futuro. A única maneira de descrevermos o tempo é pelas coisas que acontecem *no* tempo.

Por mais misterioso que seja o tempo, ele tem sido o foco da atenção humana há milênios. Durante séculos incontáveis trabalhamos para divisar e

A MATRIZ DIVINA

aperfeiçoar sistemas e para marcar o tempo em ciclos, e ciclos dentro de ciclos, por razões muito boas. Por exemplo, para saber quando plantar culturas que sustentarão uma civilização inteira, é importante ter conhecimento de quantos dias, ciclos lunares e eclipses já passaram desde o último plantio. Os sistemas antigos de manutenção do tempo mantêm um registro preciso disso. O calendário maia, por exemplo, calcula os ciclos do tempo que começaram em 3.113 a.C. (há mais de 5.000 anos), enquanto o sistema hindu de yugas acompanha o progresso dos ciclos de criação que começaram há mais de quatro milhões de anos!

Até o século XX, o tempo no mundo ocidental era geralmente visto em termos poéticos, como se fosse um artefato da experiência humana. O filósofo Jean-Paul Sartre descreveu a relação temporal como "um tipo especial de separação: uma divisão que torna a unir". Entretanto, essa visão poética mudou em 1905, quando Einstein fez colocações relativas à sua teoria da relatividade. Antes da relatividade, acreditava-se que o tempo fosse sua própria experiência, distinta das três dimensões de altura, comprimento e largura, que definem o espaço. Na sua teoria, entretanto, Einstein propôs que o espaço e o tempo estariam intimamente entrelaçados e não poderiam ser separados. O espaço e o tempo reunidos, dizia ele, dominam além das três dimensões que conhecemos tão bem: é a quarta dimensão. Repentinamente, o tempo se tornou mais do que um conceito casual ... tornou-se algo poderoso e influente.

Usando palavras que trouxeram um novo significado à nossa percepção de tempo, Einstein descreve a natureza misteriosa dessa força simplesmente afirmando o óbvio: "A distinção entre o passado, o presente e o futuro não passa de uma obstinada e persistente ilusão"[1]. Ao fazer essa afirmativa tão incisiva, Einstein mudou para sempre a maneira de nos relacionarmos com o tempo. Considere as suas implicações ... se o passado e o futuro estão presentes neste exato momento, será que podemos nos comunicar com eles? Será que podemos viajar no tempo?

Mesmo antes da categórica afirmativa de Einstein, as possibilidades propostas por essas questões vêm intrigando cientistas, místicos e escritores. Desde os templos ocultos no Egito que se dedicavam às experiências com o tempo, passando pelas emoções das aventuras narradas por H. G. Wells no clássico de 1895, seu famoso romance *A Máquina do Tempo*, a perspectiva de alguém ser capaz de pegar uma carona no fluxo do tempo vem capturando nossa imaginação e preenchendo nossos sonhos. Nosso fascínio por esse assunto é mais antigo do que nossa existência e nossas perguntas sobre esse tema não parecem ter fim.

O tempo é real? Ele existe sem nossa presença? Existe alguma coisa sobre a consciência que dá significado ao tempo? Se existe, será que temos o poder ou o direito de interromper o fluxo para a frente o tempo necessário para que vislumbremos o futuro ... ou, talvez, para nos comunicarmos com as pessoas no passado? Será que poderíamos entrar em contato com outros domínios, e até mesmo com outros mundos, para compartilharmos o presente?

À luz das explicações tais como as oferecidas na próxima seção, a fronteira entre o "aqui" e o "lá" torna-se menos nítida, convidando-nos a reconsiderar o que realmente o tempo significa em nossa vida.

UMA MENSAGEM ALÉM DO TEMPO

As autoras Yitta Halberstam e Judith Leventhal, em seu influente livro *Small Miracles: Extraordinary Coincidences from Everyday Life*, compartilham uma impressionante história do poder do perdão[2]. Por mais que eu tenha me empenhado em captar a essência dessa surpreendente explicação, encorajo o leitor a conhecer por si mesmo o texto original e completo. O que faz essa história tão interessante e a razão de oferecê-la aqui é que, no caso narrado, o perdão é tão poderoso que transcende o tempo.

A notícia de que seu pai tinha morrido foi um choque para Joey. Eles não se falavam desde que ele completara 19 anos, quando contestara as crenças judias tradicionais de sua família. Para o pai de Joey, nenhuma desgraça poderia ser maior do que pôr em dúvida tal filosofia, consagrada pelo tempo. Ameaçou o filho com o rompimento de relações, a menos que ele aceitasse suas raízes e abrisse mão de seus questionamentos. Como Joey achou que não poderia atender às expectativas do pai, resolveu sair de casa e explorar o mundo. Ele e seu pai nunca mais tornaram a se falar.

Um dia, um amigo de Joey o encontrou em um acanhado café na Índia e deu-lhe a notícia do falecimento do pai. Foi quando Joey soube que seu pai tinha morrido. Ele decidiu então voltar imediatamente para casa e começar a explorar sua herança judia. Tendo ficado profundamente comovido pelas percepções que teve ao investigar o passado do pai e o seu, resolveu planejar uma peregrinação pessoal à terra que abrigava as raízes de sua família e onde as tradições tinham nascido: ele se pôs então a caminho de Israel.

A MATRIZ DIVINA

É nesse ponto que a história toma um rumo profundo, místico e revelador do poder da Divina Matriz.

Joey foi parar no Muro das Lamentações de Jerusalém, parte do que restou de um antigo templo depois de sua destruição, ocorrida há cerca de 2.000 anos. É no Muro das Lamentações que os judeus ortodoxos fazem suas adorações diárias, repetindo as palavras das mesmas orações, há séculos pronunciadas.

Ele tinha escrito uma nota para o pai onde declarava o quanto o amava e pedia perdão pela dor que havia causado à família. Seguindo o costume, seu plano era deixar a nota em uma das muitas fendas e reentrâncias que se formaram quando a argamassa original se desprendeu das pedras. Quando Joey encontrou o lugar certo para deixar sua nota, algo extraordinário aconteceu — algo inexplicável racionalmente pela ciência ocidental tradicional.

Quando ele enfiou a nota na greta outro papel subitamente escorregou das pedras e caiu aos seus pés. Era uma oração que alguém tinha escrito e colocado semanas ou mesmo meses antes naquele local. Ao apanhar o rolo de papel no chão ele se viu tomado por uma sensação estranha.

Quando desenrolou o papel e iniciou a leitura, ele reconheceu imediatamente a caligrafia: seu pai havia escrito aquela mensagem! A nota tinha sido escrita pelo pai dele e deixada lá no muro antes de morrer. Nela, ele declarava o amor pelo filho e pedia a Deus que o perdoasse. Em algum momento do passado não tão distante o pai dele tinha ido ao mesmo lugar e chegado até o mesmo local do muro onde ele se encontrava naquele momento. Em uma reviravolta irônica de sincronicidade, seu pai colocara a oração na mesma localização dentro da parede e ela ali ficara até que Joey a encontrasse.

Que história impressionante! Como uma coisa tão extraordinária pôde ocorrer? Obviamente, algum tipo de comunicação aconteceu entre as realidades e os mundos. Joey vive no domínio do presente que nós chamamos de "nosso mundo". Ainda que seu pai não esteja mais vivo o judaísmo acredita que existe ainda outro reino, o *ha-shamayim*, ou céu, que fica além do nosso mundo. Acredita-se que ambos os mundos coexistam no presente e que se comuniquem um com o outro.

Ainda que o mecanismo pelo qual a mensagem do pai de Joey tenha conseguido alcançá-lo continue sendo um mistério, uma coisa é certa: para Joey receber um sinal de que seu pai ainda está em contato com ele, alguma coisa deve existir fazendo a ligação dele com o pai, algum meio fornecendo o recipiente de ambos os reinos da experiência. A Matriz Divina é o meio — ela se ajusta à descrição do local que os antigos conheciam pelo nome de céu: a casa da alma que abriga o passado, presente e o futuro.

Por meio da ponte da Matriz Divina, houve uma troca de algo belo e precioso entre o pai e o filho. Transcendendo tempo, espaço e (na história de Joey) até mesmo a vida e a morte, houve uma comunicação que proporcionou cura e conclusão entre pai e filho. Devemos olhar mais profundamente o relacionamento com o espaço que cria o *aqui* e o *lá* e com o tempo que permite o *agora* e o *depois*, para compreender como isso aconteceu e por quê.

QUANDO O AQUI É LÁ

Se nosso universo e tudo o que ele contém estão realmente dentro da Matriz Divina, como indica o experimento, é provável que bem cedo estejamos redefinindo nossas idéias de espaço e tempo. Poderíamos até mesmo descobrir que as distâncias que parecem nos separar uns dos outros e de nossos entes queridos apenas separam nossos corpos. Como vimos na história de Joey e do pai, algo dentro de nós não é limitado nem pela distância, nem pelas leis tradicionais da física.

Ainda que essas possibilidades pareçam ter vindo da ficção científica, elas têm sido também objeto de séria investigação científica — tão séria, de fato, que durante os últimos anos da guerra fria os Estados Unidos e a antiga União Soviética dedicaram uma imensa quantidade de recursos e de pesquisas para compreender precisamente até que ponto essa Matriz, capaz de interconectar tudo, realmente existia. Especificamente, as superpotências desejavam determinar se era possível viajar a grandes distâncias por meio da Matriz, usando a visão interior da mente e explorando as capacidades físicas de determinados tipos de telepatia conhecidos como *visão remota*. Os resultados podem parecer surpreendentemente semelhantes aos de alguns filmes de grande popularidade dos últimos anos, e é muito possível que esses filmes tenham se valido deles para montar seus enredos. Os experimentos tornam também mais imprecisa ainda a já pouca definida linha delimitadora entre o que é fato e o que é ficção.

Em 1970, o governo dos EUA começou oficialmente a investigar a possibilidade de se fazer uso de métodos psíquicos para "surfar" pela Matriz e ver terras distantes e alvos inimigos. Foi então que a CIA começou a fazer as primeiras experiências usando pessoas psiquicamente sensíveis (capazes de sentir as experiências de outras pessoas sem necessidade de sinalização verbal ou vi-

A MATRIZ DIVINA

sual), para focalizar sua mente em locais secretos[3]. Depois de fazerem isso, eles eram treinados para descrever o que descobriam com detalhes cada vez mais precisos. Esse programa ficou conhecido pelo acrônimo SCANATE, ou "escaneamento por coordenadas" e foi um dos precursores que levaram aos agora famosos estudos do Stanford Research Institute (SRI) sobre visão a distância.

Ainda que alguns aspectos da visão a distância possam parecer um pouco "fora do mundo", na realidade ela se baseia em sólidos princípios quânticos, alguns dos quais já foram explorados neste livro. Até mesmo os peritos reconhecem que ninguém sabe precisamente como a visão remota funciona. Em geral, o sucesso da visão a distância é atribuído à idéia da física quântica de que, embora as coisas possam parecer sólidas e separadas para nós, elas existem e estão conectadas a todo o restante como se formassem um campo universal de energia. Por exemplo, mesmo quando seguramos uma bela concha do mar na mão, do ponto de vista quântico, uma parte energética da concha está em toda parte. Como nossa concha existe além do *local* onde a seguramos, diz-se que ela é "não-local".

Um crescente número de cientistas tem aceitado a evidência experimental de que o universo, o planeta e até mesmo nosso corpo são não-locais. Nós já estamos em todos os lugares desde sempre. Como Russell Targ afirmou no Capítulo 4, ainda que estejamos fisicamente separados uns dos outros, ainda podemos estar em comunicação instantânea, e é disso que a visão a distância trata.

Com efeito, os observadores do programa SCANATE eram instruídos sobre como deveriam agir para ter um sonho "lúcido". No estado alterado em que ficavam, eles davam à própria consciência liberdade para focalizar determinados locais. Esses locais poderiam estar em outra sala do mesmo edifício ou do outro lado do mundo. Esclarecendo a conectividade de nosso universo no mundo quântico, Targ afirma: "Não é mais difícil descrever o que acontece nos distantes rincões da União Soviética do que é dizer o que se passa do outro lado da rua"[4]. Os treinandos do programa recebiam até três anos de instrução antes de serem incumbidos de missões secretas.

Os detalhes dos projetos de visão a distância dos militares norte-americanos, que só há pouco tempo ficaram disponíveis para o público, descrevem pelo menos dois tipos de sessões. A primeira, chamada de visão remota coordenada, refere-se às descrições do que os observadores encontravam em coordenadas específicas identificadas pela latitude e longitude. A segunda, chamada visão remota ampliada, baseia-se em uma série de técnicas de relaxamento e meditação.

Ainda que os detalhes possam variar conforme o método empregado, os procedimentos da visão remota geralmente começam com os observadores entrando em um estado de suave relaxamento, uma vez que nesse estado eles ficam mais abertos ao recebimento de impressões sensoriais de locais distantes. Durante as sessões, outra pessoa geralmente é designada como guia e desempenha o papel de ajudar o outro observador chamando sua atenção para a observação de detalhes específicos. Por meio de uma série de protocolos que possibilitam ao observador perceber quais impressões são importantes para uma determinada "missão", a pessoa é capaz de descrever o que ela vê, cada vez com maior precisão. A indução do guia parece separar essa forma controlada de visão remota do sonho lúcido, que aparece muitas vezes de maneira espontânea durante o sono.

A implicação para as operações de caráter sigiloso era imensa e abria a porta para uma nova era de coleta de informações para serviços de inteligência, com menores riscos para as pessoas em campo — menores riscos querendo dizer, até que os programas de visão a distância foram desativados em meados da década de 1990. Com nomes em código intrigantes, tais como projeto Stargate, o último dos programas de visão a distância foi "oficialmente" concluído em 1995. Ainda que o processo tenha sido considerado por alguns como sendo de ciência "fronteiriça", tendo sido até mesmo desprezado pelos céticos da área militar, várias sessões de visão a distância foram homologadas por sucessos que não poderiam ser atribuídos a meras coincidências. Algumas dessas sessões podem até mesmo ter salvo vidas.

Durante a primeira Guerra do Golfo de 1991, pediram aos observadores remotos para pesquisar locações de mísseis escondidos nos desertos do Iraque ocidental[5]. O projeto foi bem-sucedido em apontar acertadamente os locais e de eliminar outros que estavam sendo considerados como localizações possíveis. As vantagens da busca psíquica são óbvias. Diminuindo a quantidade de localizações potenciais de armas escondidas, economiza-se tudo, não só tempo como combustíveis e recursos financeiros. O maior de todos os benefícios, entretanto, foi poupar a vida, propriamente dita, dos soldados. A busca remota por mísseis mortais reduziu o risco para os soldados, que tradicionalmente eram obrigados a executar essas missões no campo.

A razão pela qual menciono esses projetos e técnicas aqui é o fato de que eles demonstraram com sucesso duas coisas essenciais para a compreensão da

Matriz Divina. Primeiramente, eles são mais uma indicação de que a Matriz existe. Para uma parte nossa viajar para recantos distantes e ver detalhes de coisas bem reais sem que tenhamos de sair da cadeira na qual estamos sentados é necessário que haja um meio pelo qual nossa consciência possa se deslocar. Meu ponto de vista nesse particular é que o observador tem acesso ao seu destino, independentemente de onde ele esteja. Em segundo lugar, a mesma natureza da energia que torna possível a visão a distância mostra-nos que a conectividade holográfica, aparentemente, é parte de nossa identidade. As antigas idéias sobre quem nós somos e como funcionamos no espaço–tempo começam a se esvair, perante a prova de que a Matriz Divina existe.

A LINGUAGEM QUE ESPELHA A REALIDADE

Enquanto a ciência ocidental apenas começa a compreender o que nossas relações com o espaço e o tempo significam dentro do contexto de conectividade, nossos ancestrais nativos já tinham pleno conhecimento dessas relações. O lingüista Benjamin Lee Whorf, quando estudou a linguagem dos hopi, por exemplo, descobriu que as palavras refletiam diretamente o modo como eles viam o universo. A idéia que tinham de sermos humanos era muito diferente da maneira como costumamos pensar a nosso respeito — eles viam o mundo como uma entidade única, com tudo nele conectado à fonte.

No seu livro pioneiro *Language, Thought, and Reality*, Whorf resume o ponto de vista dos hopi: "Na visão dos hopi, o tempo desaparece e o espaço é alterado de modo que deixa de existir o espaço atemporal homogêneo e instantâneo da nossa suposta intuição ou o espaço da mecânica newtoniana clássica"[6]. Em outras palavras, os hopi simplesmente não concebem o tempo, o espaço, a distância e a realidade da mesma maneira que nós. Aos olhos deles, vivemos em um universo onde todas as coisas estão vivas, interligadas e acontecendo "agora". E a linguagem desse povo espelha essa perspectiva.

Por exemplo, quando olhamos para o oceano e vemos uma onda podemos dizer "Olhe aquela onda." Mas nós sabemos que, na realidade, ela não existe sozinha, ela só está ali por causa das outras ondas. "Sem a projeção da linguagem", diz Whorf, "ninguém nunca viu uma onda"[7]. O que vemos é "uma superfície de movimentos ondulatórios sempre variáveis". Na linguagem dos hopi, entretanto, os falantes sempre dizem que o oceano está "ondulando", para descrever a presente ação da água. Mais precisamente, de acordo com Whorf, "Os hopi dizem *walalata*, significando 'muitas ondas estão acontecendo', e podem chamar atenção para um lugar na sucessão de ondas da mesma maneira que nós também podemos"[8]. Desse modo, ainda que possa nos parecer estranho, eles são mais precisos na maneira de descrever o mundo.

Em uma vertente semelhante, o conceito de tempo como tendemos a percebê-lo adquire uma significação inteiramente nova nas crenças tradicionais dos hopi. Os estudos de Whorf levaram-no a descobrir que "o manifestado compreende tudo o que é ou tem sido acessível pelos sentidos, o universo físico histórico [...] sem nenhuma tentativa para distinguir entre o presente e o passado, mas excluindo tudo o que chamamos de futuro"[9]. Em outras palavras, os hopi usam as mesmas palavras para identificar apenas o que "é" ou o que já aconteceu. Essa visão da passagem do tempo e do uso da linguagem tem sentido, se analisada levando em consideração as possibilidades quânticas. Os hopi descrevem as possibilidades que foram escolhidas e deixam o futuro com as portas abertas.

Nosso relacionamento com as concepções de espaço e tempo obviamente guardam mais correlações com as implicações da linguagem hopi e com exemplos comprovados de visão a distância, do que as correlações reconhecidas tradicionalmente. A essência da nova física sugere que o espaço–tempo não pode ser separado. Ao repensarmos o que a distância significa para nós dentro da Matriz Divina, fica claro que deveremos também reconsiderar nosso relacionamento com a passagem do tempo. É aqui que as possibilidades realmente ficam muito interessantes.

QUANDO O DEPOIS É AGORA

Afinal, qual verdadeiramente *é* o conceito que temos do tempo, além daquele que gastamos ajudando nossos filhos no futebol enquanto a bola ainda está em campo, ou do cálculo que fazemos para ter certeza de que estaremos no aeroporto a tempo de pegar o avião? Será que tudo o que existe para evitar que as coisas ocorram simultaneamente são apenas os segundos que preenchem os minutos do dia, como afirma a citação de John Wheeler no início deste capítulo? Será que o tempo existe se ninguém sabe nada sobre ele?

Talvez uma questão ainda mais profunda seja indagar se aquilo que ocorre no tempo é "determinado". Será que os eventos do universo já estão inscritos em uma linha do tempo que simplesmente se esgota juntamente com nossa vida? Ou será que o tempo é um pouco flexível? Caso seja, será que os eventos dentro dele são intercambiáveis?

O raciocínio convencional sugere que o tempo somente avança em um sentido — sempre para a frente — e que aquilo que tiver acontecido já ficou para sempre gravado no tecido espaço-temporal. Entretanto, as provas experimentais indicam que nossas idéias sobre passado e presente podem não ser assim tão bem ordenadas. Não apenas o tempo se move em dois sentidos, como Einstein postulou, como também parece que as escolhas que fazemos hoje podem realmente mudar o que aconteceu ontem. Houve um experimento em 1983 que foi elaborado justamente para testar essas possibilidades. Os resultados foram totalmente contrários ao que nos levaram a crer a respeito da passagem do tempo, e as implicações do experimento foram surpreendentes.

Para fins dessa investigação, o físico John Wheeler propôs usar uma variação do famoso experimento da dupla fenda para testar os efeitos do presente sobre o passado. A seguir encontra-se um breve resumo do experimento original descrito no Capítulo 2.

Uma partícula quântica (um fóton) foi disparada contra um alvo capaz de detectar as características do impacto — distinguindo se ocorrera como uma partícula de matéria ou se como uma onda de energia. Entretanto, antes que o alvo fosse alcançado, a partícula era obrigada a passar através de uma abertura na barreira. O mistério era que o fóton de alguma forma "sabia" quando a barreira tinha uma fenda e quando ela tinha duas.

Na presença de uma abertura única, a partícula viajava e chegava ao seu destino do mesmo modo que começara a jornada: como uma partícula. Entretanto, na presença de duas fendas, ainda que no início do experimento houvesse apenas a partícula, ela tinha o mesmo procedimento de uma onda de energia e passava através de ambas as fendas ao mesmo tempo, continuando a proceder como uma onda até chegar ao seu destino.

Tendo-se em vista que os cientistas eram os únicos com conhecimento sobre as aberturas na barreira, de alguma maneira esse conhecimento prévio afetava o comportamento do fóton.

A variação de Wheeler para o mesmo experimento incluiu uma diferença importante, imaginada para testar suas idéias sobre o passado e o presente: o fóton seria observado apenas *depois* de ter passado através da barreira, mas, mesmo assim, *antes* de chegar ao seu destino. Em outras palavras, *o fóton já estaria se encaminhando para o alvo* quando a decisão fosse tomada sobre como ele seria observado.

Ele imaginou duas formas diferentes para se certificar de que o fóton havia alcançado o alvo. Uma dessas formas previa o uso de uma lente para "vê-lo" como partícula e a outra usava uma tela capaz de sentir ondas. É uma diferença importante, pois nos experimentos anteriores os fótons agiam do modo como se esperava que agissem conforme a maneira pela qual fossem observados — isso é, eram partículas quando medidos como partículas e ondas quando medidos como ondas.

Dessa maneira, nesse experimento, se o observador escolhesse ver o fóton como partícula, as lentes estariam colocadas e o fóton passaria através de uma única fonte. Se a escolha do observador fosse ver uma onda, a tela seria mantida no local e o fóton passaria através de ambas as fendas da barreira. O argumento decisivo consistia em que a decisão era tomada *depois* que o experimento já havia sido iniciado (o presente), mas, apesar disso, era capaz de determinar o comportamento da partícula quando o experimento tinha começado (passado). Wheeler chamou esse teste de experimento da escolha retardada.

Baseado nesse tipo de investigação, aparentemente o tempo como nós o conhecemos em *nosso* mundo (físico) não tem efeito algum no domínio *quântico* (da energia). Se uma escolha posterior determinar como alguma coisa aconteceu no passado, Wheeler propõe que o observador "possa optar por ficar sabendo da característica depois do evento já ter ocorrido"[10] . As implicações do que ele diz abrem a porta para uma possibilidade poderosa para nossas relações com a passagem do tempo. Wheeler sugere que as escolhas que fazemos hoje podem, de fato, afetar diretamente as coisas que já aconteceram no passado. E se esse for o caso, isso poderia mudar tudo!

E então, isso é verdade? Será que as decisões que tomamos agora influenciam, ou até mesmo determinam, o que já ocorreu? Todos já ouvimos gente sábia afirmar que temos o poder de transcender as mágoas mais profundas, mas será que essa capacidade também nos possibilita reescrever o passado que levou àqueles acontecimentos? Dificilmente poderíamos nos esquecer de como as coisas podem ficar embaralhadas pelo simples fato de formularmos uma questão como essa, basta que nos lembremos do que aconteceu com o personagem principal, Marty McFly, no filme *De Volta para o Futuro* (protagonizado por Michael J. Fox), quando ele teve a oportunidade de fazer isso. Entretanto, imagine as possibilidades se nós pudéssemos, por exemplo, tirar lições das guerras mundiais do último século, ou do nosso casamento que acaba de terminar, e fazer escolhas, hoje, que impedissem o acontecimento de tais coisas. Se pudéssemos fazer isso, o efeito seria equivalente ao de uma grande *borracha quântica* que nos possibilitaria alterar o curso dos eventos que nos trouxeram sofrimento.

É precisamente essa questão que conduziu a outra variação do experimento da dupla fenda. É interessante notar o fato de essa experiência ter recebido

A MATRIZ DIVINA

justamente o nome de experimento da "borracha quântica". Ainda que esse nome pareça complicado, sua explicação é simples e trata-se realmente de um modelo assustador em suas aplicações, de modo que vamos passar diretamente à exposição do que se trata.

O que esse experimento acaba demonstrando é que o comportamento das partículas quando o experimento *começa* aparentemente é determinado inteiramente por coisas que só terão acontecido depois que o experimento terminar[11]. Em outras palavras, o presente tem o poder de mudar o que já ocorreu no passado. Esse é o chamado efeito da borracha quântica: coisas que acontecem depois do fato podem mudar ("apagar") a maneira pela qual as partículas se comportaram em um determinado momento do passado.

Coloca-se aqui uma pergunta óbvia: Esse efeito ocorre só com partículas quânticas ou também é válido para pessoas?

Ainda que sejamos feitos de partículas, talvez nossa consciência seja a cola que nos mantém acorrentados aos eventos que percebemos como realidade — guerras, sofrimento, divórcio, pobreza e doença. Ou talvez aconteça outra coisa: talvez *já tenhamos mudado* nosso passado por termos aprendido com nossos erros, talvez até façamos isso o tempo todo. Talvez seja tão comum esse fato de nossas decisões reverberarem retroativamente que isso pode estar ocorrendo sem percebermos, sem nem pensarmos duas vezes.

Talvez o mundo que vemos hoje, malgrado a aparência que tenha, seja o resultado do que já captamos refletido pelo que já passou. Certamente é preciso pensar nisso tudo e, no momento, as pesquisas aparentemente apóiam essa possibilidade. Pense bem no que isso significaria se isso fosse verdadeiro, se nosso mundo de fato atuasse em retrospecto cósmico, com as lições do presente alterando o passado! No mínimo isso significaria que o mundo que vemos hoje é o resultado do que já aprendemos. E, sem as lições que tivemos, as coisas poderiam estar muito piores, não poderiam?

Independentemente do fato de sermos capazes ou não de mudar o passado, é claro que as escolhas que fazemos agora determinam o presente e o futuro. Todos os três — passado, presente e futuro — existem dentro do receptáculo da Matriz Divina. Como somos parte da Matriz, é bastante razoável que sejamos capazes de nos comunicar com ela de um modo que seja significativo e útil para nossa vida. De acordo com os experimentos científicos e nossas tradições mais caras, é isso que fazemos. O denominador comum das investigações dos capítulos precedentes tem duas vertentes:

1. As investigações nos mostraram que somos parte da Matriz Divina;
2. Elas demonstraram que as emoções humanas (crenças, expectativas e sentimentos) são a linguagem que a Matriz Divina reconhece.

Ainda que por mera coincidência, é interessante assinalar que essas experiências são as mesmas que aparecem nos textos bíblicos cristãos e que foram desestimuladas pela cultura ocidental. Hoje, entretanto, tudo isso está mudando. Os homens estão sendo incitados a honrar suas emoções, e as mulheres, a explorar novas maneiras de expressar o poder, na realidade uma parte natural da existência delas. É claro que a emoção, o sentimento e a crença são parte da linguagem da Matriz Divina e que existe um tipo de emoção permitindo-nos experimentar o campo de energia que conecta o universo de maneiras tão poderosas, naturais e capazes de curar.

A pergunta é: "Como reconhecer a resposta que a Matriz Divina dá às nossas perguntas?" Admitindo que nossos sentimentos, emoções, crenças e orações estejam fornecendo um código para as coisas quânticas do universo, o que então nosso corpo, vida e relacionamentos estão nos dizendo sobre nossa parte nessa conversação? Para responder a isso, precisamos reconhecer a segunda metade de nosso diálogo com o universo. Como entender então as mensagens vindas da Matriz Divina?

PARTE III

MENSAGENS DA MATRIZ DIVINA: VIDA, AMOR E CURA NA CONSCIÊNCIA QUÂNTICA

CAPÍTULO SEIS

O UNIVERSO CONVERSA CONOSCO: MENSAGENS DA MATRIZ

> *"Quando o amor e o ódio*
> *estão ambos ausentes, tudo*
> *fica claro e sem disfarce.*
> *Entretanto, se fizermos*
> *a menor distinção, o céu*
> *e a terra ficam*
> *infinitamente separados."*
> — Seng-ts'an, filósofo do século VI
>
> *"Somos ao mesmo tempo o espelho*
> *e a face que nele se reflete."*
> — Rumi, poeta do século XIII

Enquanto falamos *com* a Matriz Divina usando a linguagem do sentimento e da fé, os capítulos anteriores também descrevem que a Matriz *nos responde* por meio dos fatos que ocorrem em nossa vida. Nesse diálogo, nossas crenças mais profundas transformam-se no projeto de tudo o que experimentamos. Nosso diálogo com o mundo é constante e não termina nunca, quer se trate da paz no mundo, da cura de nossas doenças, dos relacionamentos e amores ou de nossas profissões. Como esse diálogo não se interrompe, não conseguimos ser observadores passivos sem tomar parte ativa na vida ... sendo conscientes, por definição, somos criativos.

Algumas vezes o diálogo é sutil e algumas vezes não é. Independentemente do grau de sutileza, entretanto, a vida no universo refletido promete que, entre desafios e alegrias, o mundo é nada mais nada menos do que o reflexo que a Matriz traz de nossas convicções mais verdadeiras e profundas. E isso também inclui nossas relações íntimas. Ainda que o reflexo seja fiel, algumas vezes temos dificuldade de aceitar o reflexo de nossas imagens como a percebemos por meio de outras pessoas. Elas também podem ser o caminho mais curto para nossa maior cura.

A REALIDADE REFLETIDA

Em 1998, uma experiência no Tibete me fez ver uma eficiente metáfora para o *modus operandi* da conversação quântica. Estávamos a caminho da capital, Lhasa, e nosso carro fazia a curva na estrada que leva a um pequeno lago na base de um penhasco. O ar estava totalmente parado, a água refletia perfeitamente toda a paisagem em volta.

De onde estávamos, víamos a corpulenta imagem de um Buda, artisticamente entalhado na rocha, refletida na água do lago. Aparentemente ela estava em algum lugar do penhasco com vista para o lago, embora eu não pudesse distinguir a imagem propriamente dita naquele momento — tudo o que via era seu reflexo. Somente quando completamos a curva pude perceber com meus próprios olhos o que tinha imaginado que fosse a origem do reflexo. E ali estava ela: esculpido em alto relevo, o Buda se projetava como uma marquise sobre o lago, libertado da rocha viva, como uma testemunha silenciosa perante todos os passantes.

Nesse momento, a imagem no lago se tornou uma metáfora do mundo visível. Enquanto fazíamos a curva e víamos o Buda na água, seu reflexo era a única maneira de sabermos que a estátua existia. Ainda que suspeitasse que o lago estava refletindo alguma coisa física, de onde eu estava simplesmente não podia ver a origem do reflexo. Semelhantemente, diz-se que o mundo é o reflexo de uma realidade mais profunda, esculpida no tecido do universo — uma

Figura 11. Reflexo do Buda entalhado no penhasco próximo a Lhasa, no Tibete.

realidade que simplesmente não podemos ver de onde nos encontramos, por estarmos dentro dela.

Tanto a tradição antiga quanto a ciência moderna sugerem que o que vemos como relacionamentos visíveis da "vida" nada mais são do que o reflexo de coisas que estão acontecendo em outro domínio, um lugar que não podemos perceber a partir do nosso ponto de observação no universo. E tão certamente como eu *sabia* que a imagem na água espelhava alguma coisa real e sólida, podemos ter certeza de que a vida nos informa sobre eventos que acontecem em outro âmbito da existência. Apenas porque não podemos observar esses eventos, isso não significa que eles não sejam reais. As tradições antigas sugerem, de fato, que o mundo invisível é *mais* real do que o visível! Como Bohm disse na Introdução, nós simplesmente não podemos vislumbrar essa "realidade mais profunda" da posição que ocupamos no espaço–tempo.

Ainda que não possamos perscrutar diretamente esse domínio invisível, alguma indicação nós temos do que lá ocorre, porque podemos ver seu reflexo no nosso dia-a-dia. A partir de tal perspectiva, nossas experiências diariamente servem de mensagens para essas realidades mais profundas — comunicações de *dentro* da Matriz Divina propriamente dita. E assim como, para entender um idioma precisamos compreender o significado das palavras, precisamos reconhecer a linguagem da Matriz Divina para que possamos nos beneficiar de suas mensagens.

Algumas vezes as mensagens que chegam são diretas e não admitem dúvidas, mas outras vezes as perdemos completamente por serem muito sutis. Entretanto, muitas vezes podemos pensar que estamos vendo uma coisa quando, de fato, as mensagens estão nos dizendo outra bem diferente.

NEM TUDO É O QUE PARECE

"Uma súbita rajada de vento me atingiu naquele instante e fez meus olhos arderem. Fixei o olhar na área em questão. Não havia absolutamente nada fora do comum.

'Não posso ver nada', eu disse.

'Você acaba de perceber', ele replicou [. . .]

'O quê? O vento?'

'Não se trata apenas do vento', ele disse gravemente. 'Pode lhe parecer que é o vento, porque o vento é tudo o que você conhece'."[1]

Nesse diálogo, Don Juan, o feiticeiro índio dos yaquis, ensina ao estudante Carlos Castañeda as sutis realidades do mundo invisível. No livro *Journey to Ix-*

tlan, Castañeda, um antropólogo que documenta os costumes do velho mago, aprende muito rapidamente que ele não podia confiar nos filtros de sua percepção como tinha sido condicionado no passado. Como ele acabou descobrindo, o mundo vivia em planos visíveis e invisíveis.

Por exemplo, Castañeda tinha sempre ouvido dizer que, quando os arbustos se movem ao nosso lado e sentimos uma rajada de ar frio no rosto, é o vento que está se movimentando. No exemplo acima, o mestre de Castañeda lembra-lhe que ele somente está sentindo o vento porque o vento é tudo o que ele conhece. Na realidade, a brisa fluindo contra o rosto e balançando os cabelos poderia ser o vento ou a energia de um espírito chamando a atenção para a sua presença. Castañeda rapidamente descobre que tal experiência nunca mais seria "apenas o vento" novamente.

Por meio dos filtros de nossa percepção, fazemos o possível para encaixar romances, amizades, finanças e nossa saúde dentro da estrutura estabelecida pelas experiências passadas. Ainda que essas fronteiras possam funcionar, até que ponto elas realmente nos são úteis? Quantas vezes reagimos à vida de uma maneira aprendida com outras pessoas em vez de reagirmos com base na nossa própria experiência? Quantas vezes não nos privamos de ter mais abundância, relacionamentos mais profundos ou empregos mais compensadores porque determinada oportunidade que cruzou nosso caminho parecia semelhante a uma outra de nosso passado, nos prendendo e obrigando a fazer o contrário?

ESTAMOS SINTONIZADOS COM O NOSSO MUNDO

Dentro do contexto da Matriz Divina, somos parte de cada parcela de grama, de todos os seixos e de todos os córregos e rios. Fazemos parte de cada gota de chuva e também do vento frio que sopra no nosso rosto ao sairmos de casa de manhã cedo.

Se nosso vínculo com o mundo todo é tão profundo, é razoável que vejamos uma prova de tal conexão todos os dias de nossa vida. Talvez realmente *vejamos* a evidência disso, possivelmente todos os dias, mas de maneiras que não reconhecemos ou nem mesmo notamos.

É fato sabido que quanto mais convivemos com pessoas, lugares e coisas, mais à vontade nos sentimos com elas. Para a maioria de nós, andar na sala da própria casa, por exemplo, é uma experiência mais gratificante do que atravessar a sala de recepção de um hotel em outra cidade. Ainda que o hotel possa ser mais novo e ter os tecidos, carpetes e estofados mais finos, simplesmente não nos sentimos em casa. Quando passamos por uma experiência desse tipo, nossa satisfação vem da sintonia fina da energia sutil que faz com que nos sintamos em equilíbrio com o mundo — nós damos a esse equilíbrio o nome de *ressonância*.

Até certo ponto, estamos em ressonância com tudo ao nosso redor, com nossos carros, nossa casa e até mesmo com os aparelhos domésticos que usamos diariamente, razão pela qual exercemos influência sobre outras pessoas, sobre nossa vizinhança e sobre o mundo em geral simplesmente pelo fato de estarmos presentes. Não deveria causar surpresa, portanto, que, quando alguma coisa muda dentro de nós ou nas coisas no nosso entorno, tais mudanças apareçam em nossa vida [...] e assim acontece.

Algumas vezes essas mudanças acontecem de maneiras sutis. Por exemplo, tive um carro americano que tinha mais de 480.000 quilômetros rodados com o motor original na época em que o vendi, em 1995. Sempre tive o maior cuidado para que meu "velho companheiro" tivesse a aparência de novo e me levasse, são e salvo, das montanhas do Colorado às colinas de Napa, na Califórnia, e me trouxesse de volta ao deserto do Novo México.

Ainda que o carro desse partida e rodasse perfeitamente na minha mão, ele nunca deixou de dar problema quando eu o emprestava a alguém. Invariavelmente surgia algum barulho novo no motor, uma luz de advertência aparecia acesa no painel ou ele simplesmente parava de funcionar quando o toque pessoal de outro indivíduo se fazia sentir na direção. Também, invariavelmente, bastava que eu fosse para o volante assumindo a direção para o problema "se resolver espontaneamente", desaparecendo de modo inexplicável.

Ainda que o mecânico me assegurasse de que "essas coisas acontecem o tempo todo", estou seguro de que depois de alguns alarmes falsos ele começou a suspeitar de outras razões sempre que via meu Pontiac de 480.000 quilômetros rodados parado no pátio da sua oficina. Embora não possa demonstrá-lo cientificamente, conversei com muitas outras pessoas para me certificar de que essa minha experiência não era fora do comum. Os aparelhos que usamos diariamente parece que funcionam melhor em nossa presença. Algumas vezes, entretanto, nossa ressonância com o mundo se revela de maneira menos sutil, por meio de uma mensagem mais difícil de ser compreendida, como a que se percebe no exemplo a seguir.

No início de 1990, em Denver, parei de trabalhar na indústria bélica e comecei a morar, temporariamente, em São Francisco. Durante o dia promovia seminários e escrevia meu primeiro livro e no período noturno trabalhava como consultor. Especificamente, eu procurava orientar as pessoas para compreenderem melhor a grande influência da emoção em nossa vida e seu papel nos nossos relacionamentos. Uma de minhas primeiras clientes descrevia um relacionamento que era um belíssimo exemplo de como a ressonância com o mundo podia ser profunda e como ela podia ser entendida ao pé da letra.

Ela se referia ao seu relacionamento com o homem de sua vida como um "encontro que não terminava nunca". Durante mais de dez anos, o relacionamento deles parecia um beco sem saída. Suas conversas sobre casamento pareciam sempre terminar em discussões amargas, embora eles não pensassem em se separar, desejassem mesmo continuar vivendo juntos. Uma noite, minha cliente me contou uma experiência de ressonância tão clara e intensa que não deixava dúvida sobre a ligação da ressonância com nosso mundo.

"Conte-me como você viveu nessa última semana", pedi. "Como anda a vida em casa?"

"Puxa, nem queira saber o que tem acontecido", ela começou. "Que semana esquisita! Primeiramente, enquanto meu namorado e eu estávamos vendo TV no sofá, ouvimos um barulho terrível vindo do banheiro. Quando fomos ver o que tinha acontecido, você nem queira saber o que encontramos."

"Nem desconfio o que possa ter sido", eu disse, "mas agora você *realmente* me deixou muito curioso... O que aconteceu?"

"Bem, a tubulação de água quente debaixo do lavatório tinha explodido e arrancado a porta do armário embaixo da pia, que foi parar na parede do outro lado do banheiro", ela contou.

"Nossa!", exclamei. "Nunca tinha ouvido nada semelhante a isso em minha vida."

"Isso não é tudo", continuou contando. "Tem mais! Quando fomos até a garagem para pegar o carro, a água quente havia inundado todo o piso, o aquecedor também tinha explodido e havia água em toda parte. Então, quando demos marcha a ré para sair com o carro, a mangueira do radiador também explodiu e o anticongelante aquecido foi para todo o lado!"

Ouvi o que a mulher estava contando e instantaneamente reconheci o padrão. "O que estava acontecendo em casa nesse dia?", perguntei. "Como você diria que seu relacionamento estava indo?"

"Isso é fácil", disse impulsivamente. "A casa estava como uma *panela de pressão* naquele dia." Ela então parou de repente e me encarou. "Você não está achando que a tensão em nosso relacionamento tem alguma coisa a ver com o que aconteceu, está?"

"No meu mundo", repliquei, "tem *tudo* a ver com o que aconteceu. Estamos em sintonia com o mundo e o mundo nos mostra, fisicamente, a energia que experimentamos emocionalmente. Isso algumas vezes é sutil, mas em seu caso foi literal, sua casa inteira refletiu a tensão que se passava entre você e seu namorado. E para fazer isso, apelou para a própria essência que durante milhares de anos tem sido usada para representar a emoção: a água. Veja só como foi bela, intensa e clara a mensagem que você recebeu do campo! E agora, o que você vai fazer com ela?"

> **Princípio 17:** A Matriz Divina no nosso mundo funciona como o espelho dos relacionamentos que construímos com nossas crenças.

Independentemente de reconhecermos nossa conexão de ressonância com a realidade que nos cerca, essa conexão existe por meio da Matriz Divina. Se tivermos sabedoria suficiente para compreender as mensagens que nos chegam do nosso entorno, nosso relacionamento com o mundo pode nos ensinar muito. Algumas vezes pode até salvar nossa vida!

QUANDO A MENSAGEM É UM AVISO

Na vida de minha mãe, depois da amizade que seus dois filhos lhe dedicavam, sua melhor amiga era uma cachorrinha superativa de seis quilos, uma *terrier* chamada Corey Sue (que atendia simplesmente por Corey). Embora viajasse constantemente, fazendo excursões e participando de seminários, eu me esforçava para telefonar para minha mãe pelo menos uma vez por semana, para ver como ela ia levando a vida e dizer-lhe o que estava acontecendo na minha.

Um pouco antes de viajar para o lançamento de meu livro *The Isaiah Effect**, telefonei para casa e minha mãe me contou que estava preocupada com Corey. A cachorrinha não estava procedendo como sempre e nem estava se alimentando direito, minha mãe então a levara a um veterinário para ver se descobria o que andava errado. Vários raios X foram tirados durante o exame, revelando o que ninguém esperava. Por alguma razão inexplicável as chapas de Corey mostravam pequenas manchas brancas espalhadas em todas as partes dos pulmões, manchas que não tinham por que estar presentes. "Nunca vi

---

* *O Efeito Isaías,* publicado pela Editora Pensamento-Cultrix, São Paulo, 2007.

nada como isso em um cachorro antes", o veterinário tinha comentado, sem saber o que pensar. Foi decidido que novos exames seriam feitos para ver o significado dessas manchas em Corey.

Ainda que obviamente minha mãe estivesse preocupada com a cadela, enquanto ouvia sua narração outra preocupação me ocorreu. Ela sabia sobre o princípio da ressonância, havíamos trocado idéias sobre como estamos sintonizados com o mundo, automóvel, casa e até mesmo com nossos bichinhos de estimação. Rememorei vários casos de animais que tinham assumido comprovadamente as condições médicas de seus donos, semanas ou meses antes que os mesmos problemas se manifestassem nas pessoas que tomavam conta deles. Minha sensação era que alguma coisa desse tipo estava acontecendo com Corey e minha mãe.

Depois de convencê-la de que a vida está cheia dessas mensagens, ela concordou em fazer um exame de saúde completo na semana seguinte. Embora ela não estivesse sentindo desconforto algum e sua aparência externa não indicasse razão alguma para um exame, ela concordou em marcar um exame físico, incluindo uma radiografia do tórax.

Nessa altura o leitor pode estar imaginando qual o desfecho da história e o porquê de compartilhá-la aqui. Para surpresa de minha mãe, o exame de raio X mostrou que existia uma mancha suspeita em um de seus pulmões, mancha essa que não aparecera no seu exame anual, um ano antes. Depois de pesquisar mais, foi descoberto que ela tinha uma cicatriz nos tecidos do pulmão direito, resultado de uma doença contraída ainda quando criança; o lugar tinha se curado, mas agora tinha se tornado canceroso. Três semanas depois ela passou pela cirurgia que removeu completamente o terço inferior do pulmão.

Enquanto eu conversava com o médico na sala de recuperação, ele não cansava de reiterar a "sorte" que minha mãe tinha tido em detectar o problema tão cedo, especialmente pelo fato da inexistência de sintomas. Antes da cirurgia ela se sentia perfeitamente bem com sua Corey de estimação, seus filhos, seu jardim de que tanto cuidava, sem nenhuma pista de que algo errado pudesse estar acontecendo.

Aí está um exemplo de como podemos usar espelhos na nossa vida. Como minha mãe e eu tínhamos aprendido a compreender as mensagens que a vida nos transmite momento a momento, e como entendíamos e confiávamos na linguagem da mensagem para aplicá-la de maneira prática, a história teve um final feliz. Minha mãe se recuperou da cirurgia. No momento em que escrevo essas linhas, ela está passando bem e já há seis anos ficou livre do câncer.

É interessante ressaltar que as manchas nos pulmões de Corey, aquela que tinham nos despertado para investigar as condições de saúde de minha mãe, desapareceram completamente depois da cirurgia. Minha mãe e sua cadelinha viveram juntas mais seis anos, gozando de boa saúde e de toda a alegria que encontraram diariamente uma na outra.

(Observação: Corey Sue deixou este mundo durante a edição deste livro devido a complicações da idade avançada. Quando morreu, a meio caminho do seu décimo quinto aniversário, sua idade equivalia a quase 100 anos da nossa, segundo o cálculo que se faz para estimar a "idade dos cães" de sua raça. Ela sobreviveu depois das manchas e da cirurgia de minha mãe, gozando de ótima saúde e com uma centelha de ânimo que alegrava a todos os que passavam pela sua vida. Como minha mãe tantas vezes dizia, "Ninguém era um estranho para Corey Sue." Ela gostava de todos ao primeiro contato e transparecia isso com um beijo molhado que deixou saudade em todos os que a conheceram.)

Embora não seja possível provar cientificamente que a condição de Corey tivesse alguma coisa a ver com o que aconteceu com minha mãe, podemos dizer que a sincronicidade entre as duas experiências é significativa. Como esse não foi um incidente isolado, podemos afirmar que existe uma correlação quando nos deparamos com tais sincronicidades. Ainda que não possamos entender completamente essa correlação hoje, a verdade é que poderíamos estudá-la durante os próximos cinqüenta anos sem ainda compreendê-la inteiramente. O que podemos fazer é aplicar o que descobrimos em nossa vida. Ao fazermos isso, os eventos de cada dia se tornam a linguagem rica que nos oferece uma introvisão dos nossos segredos mais íntimos.

É bom frisar mais uma vez que, em um mundo onde a própria vida espelha nossas crenças mais íntimas, muito pouco fica verdadeiramente secreto. Por fim, provavelmente pouco importa como acontecem as inesperadas curvas da estrada de nossa vida, importa mais se nós somos ou não capazes de reconhecer a linguagem dos avisos de que estamos chegando perto dessas curvas.

NOSSOS MAIORES MEDOS

Como a Matriz Divina reflete constantemente as crenças, sentimentos e emoções mediante os eventos que nos ocorrem, nosso mundo de todos os dias nos propicia revelações sobre o mais profundo âmago do nosso ego. Nossos espelhos pessoais nos mostram nossas mais profundas convicções, amores e receios. O mundo é um espelho poderoso, muitas vezes um espelho no estrito senso, nem sempre muito fácil de ser encarado. Honestamente, a vida nos ofe-

A MATRIZ DIVINA

rece uma janela para a realidade derradeira de nossas crenças e, algumas vezes, nossos pensamentos nos ocorrem de maneiras que nunca esperaríamos.

Lembro-me de algo que ocorreu em 1989, em uma loja de uma cadeia de supermercados nos subúrbios de Denver. Como sempre fazia na volta do trabalho, eu tinha passado por lá para fazer algumas compras para o jantar. Enquanto percorria o corredor dos enlatados, tirei os olhos de minha lista de compras durante o tempo suficiente apenas para notar que estava sozinho naquela ala, salvo por uma jovem mãe, com uma garotinha sentada no carrinho de compras. Evidentemente estava apressada e parecia tão satisfeita quanto eu por estar fazendo compras de supermercado depois de um longo dia.

Quando voltei minha atenção para a lista de compras e reiniciei a comparação de seus itens com o que havia nas prateleiras, fui de repente surpreendido pelo grito agudo de uma criança. Não era apenas um grito estridente: o volume e a intensidade rivalizavam com Ella Fitzgerald ao fazer o anúncio dos gravadores Memorex na década de 1970 (a cantora emitia uma nota que despedaçava um vidro). A garotinha simplesmente estava sozinha e aterrorizada no carrinho ... absolutamente terrificada. Em instantes a mãe apareceu para acalmar a garotinha. Ela sossegou imediatamente, parou de gritar e a vida voltou ao normal para todos em volta.

Todos nós já vimos essa cena antes, mas alguma coisa parecia diferente naquela noite. Por alguma razão, em vez de simplesmente ignorar o fato como um incidente banal, examinei mais cuidadosamente o que tinha acontecido. Instintivamente, olhei para o corredor do supermercado. Tudo o que reparei era que a mãe tinha se afastado do carrinho e deixado a filha de 2 ou 3 anos sozinha durante um momento. Isso foi tudo — a garota simplesmente ficara sozinha.

Por que ela tinha ficado tão aterrorizada? Tinha perdido a mãe de vista apenas um instante, quando ela foi ao corredor de compras vizinho. Por que uma criancinha, cercada por um mundo de latas e rótulos chamativos, sem ninguém por perto que a proibisse de explorá-los, tinha ficado tão assustada com a situação? Por que razão ela simplesmente não tinha dito a si mesma alguma coisa parecida com: *Puxa... aqui estou eu sozinha com essas bonitas latas vermelhas e brancas de sopa! Acho que vou dar uma olhada em cada prateleira, olhar as latinhas uma a uma, e me divertir à beça fazendo isso!* Por que razão a perspectiva de ficar sozinha, ainda que por um breve momento, tinha afetado de tal forma seu íntimo de idade tão tenra a ponto de ela, instintivamente, gritar com toda a força dos pulmões?

Em outra ocasião eu atendia a uma mulher de seus 30 e poucos anos, já minha cliente de muitas outras sessões. Nosso encontro começou da maneira habitual: quando a moça se acomodou confortavelmente na cadeira de vime dos clientes, eu lhe pedi para contar o que lhe tinha acontecido desde nossa última consulta, o que tinha havido desde que faláramos da última vez. Ela começou então a me descrever o relacionamento que tinha com o marido, com quem se casara já há 18 anos. Durante a maior parte do casamento eles haviam brigado, algumas vezes violentamente. Conforme sua narração, ela era criticada diariamente por absolutamente tudo o que fizesse ou deixasse de fazer, do gerenciamento da casa ao preparo das refeições. Na cama ela também tinha a sensação de que nunca estava à altura do que esperava o marido.

Ainda que não houvesse nada de novo no tipo de relacionamento que vinha tendo, na semana anterior a situação tinha se degradado aceleradamente. O marido tinha ficado furioso quando ela lhe perguntara sobre suas "horas extras" e suas noites no escritório até tarde da noite. Ela se sentia extremamente infeliz ao lado de quem tinha amado e confiado durante tanto tempo. E agora sua infelicidade tinha sido complementada por uma ameaça física bastante real, como resultado da perda de controle das emoções do marido.

Depois de tê-la jogado no chão no calor da última briga, ele tinha saído de casa e ido morar com um amigo. Não tinha deixado nem número de telefone, nem endereço, nem uma indicação de quando poderia voltar ou se iria voltar algum dia; simplesmente tinha ido embora. Finalmente, esse homem, que havia desgraçado a vida da esposa e ameaçado sua segurança com intensas explosões emocionais e agressões, tinha saído de cena.

Enquanto ela narrava a partida do marido, fiquei esperando alguma demonstração de como estava aliviada. Em vez disso, entretanto, algo surpreendente aconteceu. Ela começou a chorar incontrolavelmente ao compreender que o marido estava agora afastado de seu convívio. Quando eu lhe pedi para me contar como estava se sentindo, não ouvi expressões de alívio ou indicações de que ela considerava o assunto resolvido, como eu esperava. Em vez disso, ela demonstrou estar se sentindo só e com saudades. Começou a descrever seu estado usando palavras como "arrasada" e "totalmente devastada" pela ausência do marido. Com a oportunidade de agora viver livre de críticas, insultos e agressões, ela estava angustiada. Por quê?

A MATRIZ DIVINA

A resposta a essa pergunta nas duas situações que acabo de descrever é a mesma. Por mais diferentes que os dois casos pareçam ser, um mesmo laço une ambos os episódios. Existe uma grande probabilidade de que o terror sentido pela garotinha abandonada durante momentos no corredor do supermercado e o sentimento devastador experimentado pela mulher agredida pelo marido tenham pouca relação com as pessoas que abandonaram ambas as personagens. A mãe da criança e o marido da mulher maltratada serviram como catalisadores para um padrão sutil, embora poderoso, que se processa no nosso íntimo de maneira tão profunda que fica praticamente irreconhecível ... muitas vezes é mesmo totalmente esquecido.

Esse padrão é o medo.

E o medo é mascarado de muitas maneiras em nossa cultura. Ainda que o medo desempenhe um papel-chave no modo como edificamos tudo, desde nossa saúde às amizades, carreira e romances, ele aflora, quase todos os dias de nossa vida, como um padrão que acabamos não reconhecendo. Entretanto, é interessante observar que esse padrão pode até nem ser nosso.

Quando somos tocados por alguma experiência que traz à tona emoções negativas, podemos ter certeza de que, independentemente do que *achamos* que causou o medo, existe uma boa probabilidade de que alguma coisa diferente esteja em jogo — alguma coisa tão profunda e primitiva que pode passar despercebida com facilidade ... isto é, a não ser que venha a cruzar nosso caminho de maneira inconfundível.

NOSSOS MEDOS UNIVERSAIS

Se você está lendo este livro, é bem possível que já tenha pensado sobre os relacionamentos que estabeleceu até hoje. Em suas considerações, sem dúvida já fez descobertas valiosas sobre quais pessoas desencadearam certas emoções em você e por quê. De fato, seu conhecimento de si mesmo deve ser tão bom que poderia até lhe permitir acertar respostas a quesitos propostos em um questionário médico sobre sua vida e seu passado, e suas conclusões provavelmente estariam certas para cada resposta, por mais variado que o teste pudesse ser. E com tudo isso, é bem possível que deixasse de perceber o mais importante e profundo padrão de procedimento de sua vida, aquele que tem lhe acompanhado desde o início de sua existência. É exatamente por essa razão que eu convido os participantes dos seminários que promovo a completarem um formulário impresso previamente, e nele lhes peço para identificar as características que consideram mais marcantes e "negativas" naqueles que tomaram conta deles quando crianças.

Pergunto pelas características negativas porque raramente vejo alguém atrapalhado com os padrões de procedimento positivo que encontraram na vida. Quase sempre, as situações que fazem as pessoas se sentirem paralisadas estão enraizadas no que se consideraram sentimentos negativos. Essas são as emoções despertadas por nossas próprias experiências e pelo significado que elas têm para nós. Ainda que não se possa alterar *o que* já aconteceu, é possível entender a razão de nossos sentimentos e mudar o significado da história de nossa vida.

Depois de completarem o exercício, costumo pedir aos membros da audiência para repetirem em voz alta quais características perceberam como negativas naquelas pessoas que tomaram conta deles quando eram crianças. Para muitos eram os pais naturais, enquanto para outros eram os pais adotivos. Para alguns eram os irmãos mais velhos, as irmãs, outros parentes ou amigos da família. Não importa quem fosse, a questão era identificar quem tinha cuidado deles durante seus anos de formação, isto é, até a puberdade.

Os tímidos deixavam no mesmo instante de ser tímidos quando começavam a bradar as qualidades negativas que iam lendo dos formulários preenchidos, tão rapidamente quanto eu podia acompanhá-los, escrevendo no quadro branco. E, de repente, aconteceu uma coisa interessante: enquanto uma pessoa dizia a palavra que descrevia sua lembrança, outro participante manifestava-se transmitindo o mesmo sentimento, muitas vezes usando exatamente a mesma palavra empregada pelo primeiro. Uma amostragem dos termos de um desses programas típicos revela idênticos objetivos, como mostrado a seguir:

Zangado	Indiferente	Inacessível	Crítico
Intolerante	Abusivo	Ciumento	Rigoroso
Controlador	Ausente	Medroso	Desonesto

O ambiente se tornou leve e as pessoas começaram a rir do que estavam presenciando. Quase daria para pensar que todos éramos parte da mesma família. A semelhança das palavras foi mais do que uma coincidência. Quantas pessoas com passados tão diferentes têm passado por uma experiência como essa? A resposta a esse mistério é o padrão que percorre os meandros profundos do tecido de nossa consciência coletiva, que pode ser descrito como nosso medo nuclear ou *universal*.

Os padrões universais de medo podem ser tão sutis em sua manifestação, mas ao mesmo tempo tão dolorosos ao vir à mente que, habilidosamente, criamos máscaras para torná-los mais suportáveis. De uma maneira semelhante ao modo como certas memórias familiares difíceis são raramente mencionadas, inconscientemente pactuamos disfarçar as feridas de nosso passado coletivo de maneira a fazê-lo mais aceitável socialmente. Somos tão bem-sucedidos em esconder nossos maiores medos que, para todos os fins e propósitos, as razões originais de nossas feridas são esquecidas e tudo o que resta é como elas se expressam, isto é, como extravasam.

Somos como a mulher que perdeu o marido e a garotinha do supermercado, que provavelmente não tinham consciência do motivo pelo qual se sentiram e reagiram daquele modo. Devido às estratégias que empregamos para mascarar nossos medos, jamais somos obrigados a falar sobre as feridas mais profundas de nossa existência. Mesmo assim, elas continuam nos fazendo companhia, com persistência e sem serem resolvidas, até que alguma coisa acontece e não podemos mais, simplesmente, olhar para outro lado. Quando nos permitimos aprofundar um pouco na análise desses momentos intensos e não-camuflados da vida, acabamos descobrindo que, por mais diferentes que nossos medos pareçam ser, eles terminam por convergir para apenas um dos três padrões básicos seguintes (ou uma combinação deles): o medo da separação ou do abandono, o medo do desmerecimento e o medo de se entregar e confiar.

Exploremos um por um esses medos.

NOSSO PRIMEIRO MEDO UNIVERSAL: A SEPARAÇÃO OU O ABANDONO

Praticamente sem exceções, existe um sentimento que toma conta de nós quando ficamos sozinhos. Dentro de cada pessoa e família há uma sensação não expressa verbalmente de que existimos separadamente de quem quer que seja responsável por nossa existência. Percebemos, nos nebulosos recônditos de nossa memória remota, que fomos trazidos até aqui e então abandonados, sem que fosse dada uma explicação ou razão.

E por que deveríamos esperar que fosse diferente? Na presença da ciência que colocou um homem na Lua e traduz o código genético, realmente ainda não sabemos quem somos. Também não sabemos como viemos parar aqui. Sentimos no íntimo nossa natureza espiritual, enquanto, ao mesmo tempo, procuramos validar nossos sentimentos. Da literatura, do cinema, da música e da cultura, fazemos a distinção entre os nossos lugares aqui na Terra e um distante céu em algum outro lugar. No Ocidente, estamos habituados a separar a criatura do Criador, como vemos ao examinar a tradução da oração da Bíblia que descreve justamente essa relação: o Pai-Nosso.

Por exemplo, a tradução ocidental usual começa assim: "Pai nosso que estais no céu", ou seja, reconhece que a separação existe. Nessa interpretação nós estamos "aqui", ao passo que Deus está em algum lugar muito distante. No entanto, os textos aramaicos originais oferecem uma visão diferente para nosso relacionamento com o Pai Celestial. Uma das traduções para a mesma frase diz o seguinte: "Uno Radiante, Vós que brilhais em nós e fora de nós — até mesmo a escuridão brilha — ao lembrarmo-nos de Vós"[2], reforçando a idéia do Criador não estar distante e separado de nós. Em vez disso, a força criativa de nosso Pai — seja lá qual for o significado que nós lhe dermos — não somente está conosco; *somos* nós e permeia tudo que conhecemos como sendo nosso mundo.

A descoberta em 2004 do Código de Deus e a mensagem vinda da tradução do DNA de todos os seres vivos nas letras do antigo hebraico e dos alfabetos árabes, aparentemente, apóiam essa tradução. Quando seguimos as indicações que nos foram deixadas no livro mítico do século I *Sepher Yetzirah*, descobrimos que cada um dos elementos que compõem nosso DNA corresponde a uma letra daqueles alfabetos. Ao fazermos as substituições, descobrimos que a primeira camada do DNA do nosso corpo, ao que tudo indica, apóia a admoestação que fala sobre a grande inteligência que está em toda parte, inclusive dentro de nós. No DNA humano literalmente se lê: *"Deus/eterno dentro do corpo"*[3].

Nas ocasiões em que sentimos medo, mesmo sem estarmos conscientes do que precisamente ocorre, nosso corpo cria certa tendenciosidade emocional, experiência muitas vezes descrita como a de estarmos "carregados" ou "uma pilha de nervos". Isso aparece para nós como as convicções firmes que temos quanto a estarmos "certos" ou "errados" a respeito de alguma coisa, ou sobre como determinada situação "deveria" se desenrolar. Nossas cargas emocionais e excitações nervosas nos prometem que criaremos os relacionamentos que nos mostrarão qual medo precisa desaparecer. Em outras palavras, essas cargas emocionais nos mostram nossos medos: quanto mais elevada for, maior o medo que nos assalta. E raramente essas emoções se enganam.

Assim, se conscientemente não lhe ocorrer a lembrança de seu medo de separação e abandono, existe boa possibilidade de que esse medo se revele mais tarde, da maneira mais inesperada e no momento mais inconveniente. Em suas experiências de romances, carreira e amizades, qual sua sensação? É a de ser aquele que "abandona" ou aquele que é "abandonado"?

Você é do tipo que é o último a saber que um relacionamento terminou? Os casamentos, empregos e amizades "perfeitos" parecem desmoronar diante de seus olhos, sem aviso algum e aparentemente sem nenhum motivo? Você fica devastado quando esses relacionamentos se rompem e falham?

Ou talvez com você aconteça o contrário. Seu hábito é o de abandonar relacionamentos, carreiras e amizades enquanto os laços estão fortes justamente para evitar ser ferido? Algumas vezes você se surpreende dizendo: "Seria melhor que eu desistisse agora, enquanto as coisas estão boas, antes que alguma coisa aconteça e eu me machuque". Se esse for o cenário que já aconteceu ou que está acontecendo agora na sua vida, há uma boa possibilidade de que esse seja seu modo, magistralmente criado e socialmente aceitável, de mascarar seus medos profundos do abandono e da separação.

Pela repetição desses padrões de relacionamento, seu medo pode ser reduzido a um nível administrável. Pode até levá-lo por toda a vida. O outro lado da moeda é que o sofrimento tomou um desvio. Transformou-se no seu modo de não encarar o medo universal de que você foi separado da plenitude de seu Criador, abandonado e por fim esquecido. Como é que você espera encontrar o amor, a confiança e a proximidade tão ansiados se você está sempre partindo ou sendo deixado para trás, justamente quando você se aproxima?

O NOSSO SEGUNDO MEDO UNIVERSAL
É A BAIXA AUTO-ESTIMA

Quase universalmente existe um sentimento em toda pessoa de todas as culturas e sociedades do mundo de que, de alguma maneira, não somos suficientemente bons. Sentimos que não merecemos reconhecimento pelas contribuições que damos à nossa família, comunidade e locais de trabalho. Sentimos que não valemos o bastante para sermos honrados e respeitados como seres humanos. Algumas vezes até nos surpreendemos com o sentimento de que não somos suficientemente bons para estarmos vivos.

Conquanto o sentimento de baixa auto-estima nem sempre seja consciente, ele está continuamente presente e fundamentando a maneira de abordarmos a vida e os relacionamentos com outras pessoas. Como mestres da sobrevivência emocional, freqüentemente nos encontramos criando cenários na vida real equivalentes aos valores imaginários que atribuímos a nós mesmos.

Por exemplo, todos nós temos sonhos, esperanças e aspirações de realizar mais em nossa vida embora, freqüentemente, racionalizemos os porquês de não o fazermos. Como vimos em capítulos anteriores, a emoção é uma linguagem em si mesma, e é a própria linguagem à qual a Matriz Divina é capaz de responder. Nas ocasiões em que nos sentimos como se não pudéssemos alcançar nossos maiores sonhos, a Matriz simplesmente nos devolve aquilo que estivemos usando diariamente: atrasos, provocações e obstáculos.

Ainda que possamos estar querendo alcançar grandes coisas, a dúvida que vem muito profundamente de dentro de nós, em última análise, provém de nossa baixa auto-estima. A pergunta que nos fazemos é: *Sou suficientemente bom para ter essa alegria em minha vida?* E por que deveríamos esperar que nos sentíssemos de outra forma? Na tradição ocidental judeu-cristã, o que nos dizem aqueles em quem confiamos e respeitamos é que, de certo modo, somos seres "de menor importância". Não somos tão bons quanto os anjos dos céus ou quanto os santos que nos dão lições. Essa mesma tradição convenceu muitas pessoas de que, apenas pelo fato de estarmos neste mundo, precisamos nos redimir da vida propriamente dita por razões que nos dizem estar além de nossa compreensão.

Há 2.000 anos somos comparados à memória editada, condensada e preferida da vida de Jesus, com a antiga história de um homem com quem jamais poderemos nos equiparar. Algumas vezes a comparação é acompanhada de sérias admoestações, sugerindo que poderemos ser condenados a uma pós-vida bastante dura se não vivermos de determinado modo. Algumas vezes ouvimos algo mais leve, simplesmente nos lembrando de nossa inadequação por meio de perguntas tais como: "Quem você está pensando que é, Jesus Cristo?" ou então, "Como você vai chegar lá ... andando sobre as águas?" Quantas vezes já ouvimos observações semelhantes, significando que por melhor que a gente faça durante a vida toda nunca seremos tão bons ou valeremos tanto quanto o mestre do passado? Ainda que não levemos a sério tais comentários, lá bem no fundo eles nos lembram que de algum modo não merecemos ter as maiores alegrias nesta vida.

Mesmo que sua auto-estima seja elevada, até um determinado ponto você pode ser levado a acreditar nessas sugestões. Finalmente, é provável que todos acreditem, pelo menos um pouco. E como resultado disso, expressamos nossas crenças por meio de expectativas de nossas conquistas, da alegria que nos permitimos ter e dos sucessos que esperamos dos nossos relacionamentos. Nosso medo de não ter bastante valor para ter amor, aceitação, saúde e longevidade promete que cada um de nossos relacionamentos refletirá o medo da baixa auto-estima. E acontece de maneiras que nós nunca poderíamos esperar nem em um milhão de anos.

Por exemplo, quantas vezes já estabelecemos relacionamentos que não são exatamente aquilo que desejávamos, mas racionalizamos dizendo coisas como: "Por enquanto isso serve" ou "Isso é um degrau para algo melhor?" Alguma vez você já se descobriu dizendo: "Gostaria muito de dividir minha vida com alguém amoroso, bom, carinhoso, dedicado, mas...", ou então, "Esse não é um emprego em que eu verdadeiramente possa expressar meus dons e talentos, mas...", depois dando todas as razões pelas quais seus maiores sonhos não podem ser realizados naquele momento?

Se esses cenários ou outros semelhantes já se desenrolaram na sua vida é bem provável que eles sejam as máscaras criadas habilidosamente para você questionar seu próprio valor. Mediante seus relacionamentos pessoais e profissionais, vem-lhe a lembrança de suas crenças íntimas acerca de si próprio, crenças que pedem uma cura mais eficaz.

O NOSSO TERCEIRO MEDO UNIVERSAL É O MEDO DE SE ENTREGAR E CONFIAR

Você alguma vez já experimentou um relacionamento de qualquer tipo em que o nível de sua confiança foi tão completo que se sentiu disposto a abrir mão da sua própria individualidade em troca do conhecimento de uma maior? Para ser mais específico quanto a isso, não estou sugerindo que alguém abra mão de si próprio e de toda energia individual em situação alguma. Pelo contrário, a experiência que sugiro fazer é uma em que o sentimento do próprio eu é tão fortalecido que a pessoa se permite abrir mão de crenças pessoais sobre quem é ou deveria ser, na expectativa de uma troca por vir a ser, potencialmente, muito mais.

É quase universal a sensação que temos no nosso íntimo de que não é seguro optar por isso, não é seguro confiar a outras pessoas o saber de nosso corpo, ou a paz de nosso mundo. E por que deveríamos pensar de outra maneira? Não precisamos procurar além das notícias do jornal diário para ter mais razões capazes de justificar nossos sentimentos. Todos os dias nos mostram exemplos de comportamentos que parecem justificar, e até mesmo perpetuar, a sensação de que vivemos em um mundo assustador e perigoso. Este planeta que chamamos de nossa casa tem cenas de terror, assassinatos e assaltos sem limites diariamente, além de violações de confiança, traições experimentadas

O UNIVERSO CONVERSA CONOSCO: MENSAGENS DA MATRIZ

pessoalmente e a miríade de preocupações com a saúde para as quais somos alertados todos os dias, de tal maneira que certamente acaba nos parecendo um lugar assustador.

Em última análise, nossa sensação de segurança no mundo deve vir da segurança que sentimos dentro de nós. Para experimentarmos isso, devemos confiar e perguntar se temos fé na inteligência do universo, manifesta em todas as situações e que surge ao longo da vida. Se respondermos não a essa pergunta deveremos nos perguntar: *Por quê?* Quem ou qual experiência nos ensinou que o mundo não é um local seguro e que não é certo confiar?

Por exemplo, você crê no processo da vida? Quando descobre que o universo pregou uma peça em você, em um ente querido, em seu animal-zinho de estimação, você logo atribui a culpa a alguém para se sentir pro-tegido? Quando seus filhos saem para a escola de manhã você se preocupa, acha que eles não estarão seguros ou, ao contrário, sente que estarão em segurança e continua acreditando nisso até a hora em que eles voltam so-zinhos da escola?

Ainda que todas as coisas assustadoras que nos cercam hoje sejam parte da realidade, o segredo para superarmos nossos medos é saber que elas não precisam necessariamente ser parte da *nossa* realidade. Mesmo que isso soe como uma filosofia ingênua da Nova Era trata-se, na realidade, de uma crença bastante antiga que ultimamente vem sendo apoiada pelos mais avançados es-tágios da ciência. Sabemos que a Matriz Divina existe e que ela reflete nossos pensamentos, sentimentos, emoções e crenças em nossa vida, coração e mente. Temos conhecimento de que uma sutil mudança no modo de nos enxergarmos é tudo o que é preciso para mudar nosso coração, desempenho profissional e relacionamentos. E é nesse ponto que a natureza perniciosa do círculo vicioso do medo se torna aparente.

> **Princípio 18:** A origem de nossas experiências "negativas" pode ser reduzida a um dos três medos universais (ou a uma combinação deles): abandono, baixa auto-estima e falta de confiança.

Se quisermos que alguma coisa mude, temos que romper o círculo e dar à Matriz alguma coisa diferente para ela refletir. Parece simples, não é mesmo? Pode ser simples, mas podemos ficar decepcionados; não é fácil mudar o modo pelo qual nos vemos. Talvez seja uma das coisas mais difíceis da vida. Por causa de nossas crenças interiores, enfrentamos a grande batalha, o grande desafio de todo ser humano, ou seja, a luta cujo resultado irá definir quem acreditamos ser.

Na presença de todas as razões que temos para *não* confiar, recebemos o pedido para encontrarmos uma saída da prisão na qual nosso medo nos trancou. Todos os dias as experiências da vida nos pedem para que demonstremos o quanto podemos confiar ... não confiar cegamente sem uma razão válida, mas realmente sentir a segurança material e pessoal que nos pertencem neste mundo.

CAPÍTULO SETE

A LEITURA DO ESPELHO DOS RELACIONAMENTOS: NOSSAS PRÓPRIAS MENSAGENS

> "A vida é um espelho
> devolvendo ao pensador
> o pensamento que dele recebe."
> — Ernest Holmes (1887–1960),
> fundador da Ciência da Mente
>
> "O reino está no seu interior,
> e no seu exterior. [...]
> Nada que esteja oculto
> deixará de se manifestar."
> — Palavras de Jesus, escritas
> por Dídimo Judas Tomé,
> da biblioteca de Nag Hammadi

Além de ser o receptáculo onde se desenrolam nossas experiências, a Matriz Divina põe à nossa disposição o espelho quântico que nos mostra o resultado das nossas crenças. Os relacionamentos que temos com as outras pessoas nos apresentam os exemplos mais claros do que essas crenças realmente são. Algumas vezes o reflexo é óbvio e dizemos: "Certo! Então é assim que as coisas funcionam!" E outras vezes eles nos surpreendem refletindo a sutil realidade de um julgamento muito diferente do que nós *pensávamos* que era o que acreditávamos.

Independentemente do que os espelhos nos mostram, é passando o tempo com outras pessoas que elas se tornam acionadoras das emoções e dos sentimentos certos, precisamente no momento adequado da nossa vida, e nos ajudam a curar ferimentos e feridas profundas. Nossos relacionamentos nos mostram alegrias e amores, e... nossos medos. Mas como raramente ficamos

A MATRIZ DIVINA

"empacados" na alegria, não são as relações meramente agradáveis que geralmente fazem surgir as lições mais profundas da vida.

Os relacionamentos são nossa oportunidade de nos vermos de toda maneira imaginável. Nossos companheiros de trabalho, colegas de classe e a pessoa com quem vivemos, todos nos mostram alguma coisa de nós mesmos, desde traições graves à confiança que neles depositamos até as tentativas mais desesperadas que fazemos para preencher nosso vazio. Se tivermos a sabedoria de reconhecer as mensagens que nos voltam refletidas da Matriz, vamos acabar descobrindo quais as crenças que estão nos fazendo sofrer.

Encontramos pessoas que nos dizem que estão fazendo uma pausa em seus relacionamentos ou que nunca terão outro porque a experiência que tiveram no último foi muita penosa. A verdade é que nós sempre estamos nos relacionando com alguém ou com alguma coisa. Ainda que vivêssemos no topo de uma montanha e nunca víssemos outro ser humano, deveríamos interagir com essa montanha e com nós mesmos. Nessas interações veríamos o verdadeiro reflexo de nossas crenças fundamentais. E qual a razão disso? Nossos espelhos no mundo nunca param — estão sempre funcionando. Não há escapatória! E os espelhos nunca mentem.

> **Princípio 19:** Nossas verdadeiras crenças são refletidas em nossos relacionamentos mais íntimos.

A Matriz Divina fornece uma superfície neutra que apenas reflete o que projetamos nela. A questão é saber se entendemos ou não sua linguagem. Talvez uma maneira melhor de perguntar isso seja: Reconhecemos as mensagens que mandamos para nós mesmos como se viessem da Matriz Divina?

Ernest Holmes, o fundador da Ciência da Mente, afirmou no século XX: "A vida é um espelho devolvendo ao pensador o pensamento que dele recebe"[1]. Muitas tradições antigas reconhecem essa conexão e valorizam esses relacionamentos refletidos como um caminho para a plenitude e união com o Divino. Por exemplo, nos textos coptas, gnósticos e essênios descobertos em 1945, como parte da biblioteca Nag Hammadi, foram mostrados uma série de espelhos que refletirão o rosto de todos em algum momento da vida. Ainda que possam sempre estar presentes, parece que nós os reconhecemos dentro de uma certa ordem.

Nessas tradições espirituais, acredita-se que, enquanto nossos sentimentos dolorosos são curados, nós vamos dominando os padrões que fizeram a dor aparecer. Em outras palavras, para superar o medo devemos primeiramente dominar os padrões que possibilitaram que ele existisse.

CINCO ANTIGOS ESPELHOS DOS RELACIONAMENTOS

Primeiro espelho: Reflexos do momento

Segundo espelho: Reflexos de julgamentos instantâneos

Terceiro espelho: Reflexos do que perdemos, jogamos fora ou foi tirado de nós

Quarto espelho: Reflexos da Noite Escura da Alma

Quinto espelho: Reflexos do nosso maior ato de compaixão

Figura 12. Espelhos dos relacionamentos colocados na ordem em que os reconhecemos. Em geral, os espelhos mais óbvios são os reconhecidos em primeiro lugar, o que torna possível que os mais influentes e sutis venham à superfície e se tornem claros.

Nas seções seguintes, exploraremos os cinco espelhos dos relacionamentos, desde os mais óbvios até os mais sutis. A resolução de cada um em seqüência é o equacionamento das variáveis que torna possível a maior das curas no menor dos tempos. A pesquisa científica tem indicado que, à medida que mudamos a maneira de perceber o que nos aconteceu no passado, alteramos a química de nosso corpo no presente. A vida em um universo onde o modo pelo qual nos sentimos sobre nós mesmos é espelhado pelo mundo à nossa volta, faz com que reconhecer as mensagens de nossos relacionamentos e apreender o que nos diz a Matriz Divina seja mais importante do que nunca.

PRIMEIRO ESPELHO: REFLEXOS DO MOMENTO

"Vós examinais a face do céu e da Terra, mas não reconheceis aquele que está diante de vós, nem sabeis apreciar este momento."[2]
— Evangelho de Tomé

Os animais são grandes espelhos para disparar as emoções sutis que costumamos designar como sendo nossos "problemas". No modo inocente de ser apenas o que são, eles são capazes de inflamar nossos sentimentos intensos de controle e julgamento acerca de como as coisas deveriam ou não deveriam ser. Os gatos oferecem um exemplo perfeito.

Minha primeira experiência com gatos foi em 1980. Eu estava trabalhando com computadores, exercendo a função de geólogo em uma companhia de petróleo, e morava em um pequeno apartamento em Denver. Como membro de um departamento de serviços técnicos formado pouco tempo antes, eu passava a maior parte de meus dias, tardes e fins de semana aprendendo a entrar e sair de aplicativos de computadores para pôr em prática os conceitos tradicionais da geologia do petróleo que havia aprendido. Não me havia passado pela cabeça ter animais domésticos simplesmente porque eu nunca ficava em casa tempo suficiente para tomar conta de um.

Certo fim de semana, um amigo estava me visitando e me trouxe um presente inesperado: um belo gatinho rajado amarelo de cerca de cinco semanas. Ele era o mais fraco da ninhada e recebera o nome de Tigre, lembrando um dos amigos do Ursinho Puff. Embora não me fosse permitido ter um animal de estimação no apartamento, fui imediatamente conquistado por Tigre e achei mesmo que a grande presença que ele trazia no seu corpinho representava tal acréscimo à minha vida que eu chegava a sentir sua falta quando ele não estava presente. Convencendo-me de que só poderia mesmo ser alguma coisa temporária, decidi desobedecer ao regulamento do prédio e conservá-lo comigo. De repente, eu e ele formávamos uma família.

Imediatamente treinei meu novo amigo a respeitar certos "territórios proibidos" dentro de casa. Ensinei que ele devia ficar distante dos estofados, dos aparadores e da parte de cima da geladeira. Acima de tudo, ele não poderia ficar no peitoril da janela para que o mundo o visse enquanto eu estivesse no trabalho. Todos os dias eu chegava em casa e o encontrava dormitando em um dos lugares permitidos. Tudo parecia correr às mil maravilhas no nosso relacionamento.

Um dia, cheguei do trabalho mais cedo do que de costume. Quando abri a porta do apartamento encontrei Tigre acabando de despertar de um profundo sono dos gatos, bem em cima do balcão da cozinha próximo à pia — decididamente um lugar claramente fora do combinado como permitido. Ele ficou tão surpreendido ao me ver entrando quanto eu fiquei de encontrá-lo onde ele estava. Imediatamente ele saltou e voltou ao seu lugar na cama e ficou observando, aguardando minha reação. Fiquei curioso: será que esse tinha sido um incidente isolado ou se tratava de um indício do que acontecia todos os dias quando eu me ausentava? Será que ele conhecia tão bem meus hábitos que sempre procurava estar no lugar certo antes da minha chegada em casa?

Nesse dia resolvi fazer uma experiência. Andando até a varanda de onde podia se ver a bela sebe que circundava o terreno, fiquei escondido atrás das cortinas, fingindo que tinha saído para trabalhar. Dentro de poucos minutos, ele pulou da cama e foi diretamente para a cozinha. Na certeza de que eu já havia saído, ele voltou ao seu poleiro perto da torradeira e do liquidificador. Ele aparentava estar tão confortavelmente alojado que começou a cabecear de sono e logo dormia perto da pia, um lugar em que ele jamais estaria se soubesse que eu ainda estava em casa.

Foi então que meus amigos que também tinham gatos me contaram o que todo dono de felinos provavelmente já sabe ou acabou por descobrir: é impossível treinar um gato! Admitindo que possa haver exceções, geralmente os gatos fazem o que os gatos fazem. Eles gostam de lugares altos e gravitarão em torno dos lugares mais altos que encontrarem por perto — aparadores, refrigeradores, peitoris de janelas e outros locais igualmente proibidos. Ainda que eles possam respeitar as regras enquanto em nossa presença, quando sozinhos os gatos são senhores de seu próprio mundo.

OS ESPELHOS ESTÃO EM TODA PARTE

A razão pela qual compartilho essa história é para explicar o que o comportamento do gatinho "fez" em mim. Na sua simplicidade de ser apenas o que é, eu me peguei frustrado quase a ponto de me enfurecer. Ele me olharia diretamente nos olhos e eu tinha certeza de que ele sabia precisamente quais eram seus limites. Ainda assim ele agiu contra seu treinamento, fez o que arbitrou fazer no momento que escolheu para fazer.

Coincidentemente ou não, na época em que encarei meus desafios com o Tigre, experimentei frustrações no meu trabalho. Falando francamente, parece que as pessoas que eu estava supervisionando estavam procedendo comigo exatamente como o Tigre: não seguiam minhas instruções para desenvolver os projetos. Um dia, depois de uma discussão áspera, uma de minhas colaboradoras virou-se para mim e me perguntou por qual razão eu simplesmente não deixava que ela fizesse o trabalho dela. Eu lhe dera uma tarefa e sua queixa é que eu andava fazendo um microgerenciamento de seu desempenho a cada passo de seu desenvolvimento. Mais tarde, ao chegar ao meu apartamento, encontrei Tigre novamente na área proibida da cozinha. Dessa vez, quando me encarou, nem se dignou a sair do lugar. Fiquei furioso!

Enquanto eu meditava no sofá sobre o que estava presenciando, notei a semelhança entre o "desrespeito" do Tigre pelas minhas regras e o que sentia quando a mesma atitude era tomada pelos meus colegas de trabalho. As duas experiências semelhantes, ainda que aparentemente não relacionadas entre si, estavam me revelando alguma coisa importante sobre mim mesmo, meu gato de um lado e meus colegas de trabalho do outro! Cada qual tinha refletido um padrão de comportamento tão sutil que não me fora possível percebê-lo conscientemente, até aquele momento. O episódio estava destinado a se tornar o primeiro de uma série de espelhos que eu deveria reconhecer em mim mesmo antes que pudesse remediar outros mais intensos e sutis em outros relacionamentos.

Durante as décadas de 1960 e 1970, era comum os profissionais de auto-ajuda dizerem que, se não estivéssemos gostando do que o mundo nos mostrava, deveríamos procurar nos ver a nós mesmos. Eles nos ensinavam que tanto a revolta de quem trabalha conosco como traições à confiança que depositávamos em outros era o reflexo de nossas crenças mais profundas. Os padrões de comportamento com os quais nos identificamos mais fortemente muitas vezes são os que não toleramos em nossa vida. Esse era precisamente o cenário do que estava acontecendo com relação ao Tigre e ao pessoal no trabalho.

Não estou sugerindo que meus colaboradores soubessem como eles estavam servindo de reflexo para minhas atitudes, ou o papel que esse padrão desempenhava em minha vida —; estou praticamente certo de que eles não tinham consciência disso. Mas o simples fato era que eles tinham feito surgir algo em mim por causa da dinâmica entre nós. Naquele momento de minha vida o que foi espelhado foi o desejo de controlar. Como o reflexo aconteceu dentro de instantes e não depois de horas, ou mesmo dias, pude perceber a ligação entre meu comportamento e as reações que provoquei. A resposta imediata foi minha chave para aprender a lição.

O ESPELHO INSTANTÂNEO

A importância de reconhecer a relação entre o que fazemos e o que acontece no mundo fica bem enfatizada quando examinamos certos estudos antropológicos sobre tribos ocultas da Ásia. Quando os exploradores descobriram uma das tribos "perdidas" (naturalmente elas só estavam perdidas para nós, pois *elas* sabiam muito bem quem eram e onde estavam localizadas), ficaram surpresos com a descoberta de que seus membros não faziam a mínima idéia da relação entre intercurso sexual e gravidez. Tantos meses entre o sexo e o nascimento fazia com que a relação entre os dois eventos não fosse óbvia para eles. A vantagem dos nossos espelhos é essa — a ajuda imediata que nos dão para compreender as conexões verdadeiras e dissimuladas entre eventos aparentemente distintos.

Se a representação de nossas crenças estiver aparecendo nos nossos espelhos, elas serão parte da realidade nesse momento. Todo reflexo nos concede uma oportunidade instantânea preciosa. Um padrão de comportamento negativo, depois de ter sido reconhecido, pode ser corrigido em um piscar de olhos. Reconhecê-lo é a primeira chave para descobrir por que ele existe. Com muita freqüência costumamos concluir que os padrões negativos espelhados em nossa vida estão enraizados em um dos três medos universais que vimos no último capítulo.

Quando nossas crenças aparecem refletidas em tempo real nos nossos relacionamentos com os outros, vivenciamos o primeiro dos espelhos, que nada mais é do que o espelho instantâneo. Entretanto, algumas vezes esse reflexo pode estar nos mostrando alguma coisa ainda mais sutil do que estamos fazendo em nossa vida — às vezes nos revela a maneira pela qual *julgamos* a vida que vivemos. Quando isso acontece, vivenciamos o segundo espelho dos relacionamentos.

SEGUNDO ESPELHO: REFLEXOS DE JULGAMENTOS INSTANTÂNEOS

"Reconhece o que é visível para ti,
e o que te é oculto
te será desvelado[3]."
— Evangelho de Tomé

Na década de 1970, um dos meus instrutores de artes marciais me revelou como descobrir as intenções secretas de um oponente: "Cada pessoa numa competição é um espelho seu. Sendo seu espelho pessoal, seu oponente vai lhe mostrar quem você é naquele instante. Pela observação de como ele se aproxima, é possível ver como ele percebe você." Tenho lembrado a vida toda das palavras do meu instrutor e com bastante freqüência costumo pensar no que elas significam. Mais tarde comecei a aplicar o que ele dizia sobre competição no dojo ao modo das pessoas se comportarem. Em 1992 eu me vi enredado em uma experiência em que esse tipo de espelho não se aplicava de forma alguma ... e foi quando descobri a sutileza do segundo espelho dos relacionamentos.

A MATRIZ DIVINA

Três pessoas novas dentro de um período bastante curto passaram a fazer parte da minha vida naquele mesmo ano. Por meio delas experimentei os três relacionamentos mais intensos e dolorosos que conheci na vida adulta. Ainda que não tivesse reconhecido isso na época, cada uma delas se revelaria capaz de me ensinar de uma maneira que jamais teria imaginado ser possível. Juntas elas me ensinaram uma lição única, suficiente para garantir que minha vida nunca mais fosse a mesma. Ainda que cada um desses relacionamentos servisse como um espelho para mim precisamente no momento exato, inicialmente não reconheci o que eles me ensinavam.

O primeiro relacionamento foi com uma mulher, que tinha entrado em minha vida com metas e interesses tão semelhantes aos meus, que havíamos resolvido viver e trabalhar juntos. O segundo foi com uma parceria profissional que supria minha grande necessidade de auxílio na criação e organização dos seminários que eu fazia pelo país. O terceiro relacionamento, que combinava amizade e arranjo comercial, era com um homem que cuidava da minha propriedade quando eu me ausentava a trabalho e, em troca morava em uma das minhas casas sem uso e em reformas.

O fato de esses relacionamentos me aparecerem ao mesmo tempo deveria ter me dado uma indicação de que alguma coisa estava acontecendo — alguma coisa grande. Quase imediatamente, todos os três relacionamentos começaram a testar minha paciência, meus limites de atuação positiva e minha capacidade para solucionar problemas. Senti que essas pessoas estavam me tirando o juízo! Tinha discussões e desacordos com todas as três. Como estava viajando bastante, minha tendência era não considerar seriamente as tensões e não procurar soluções para os problemas. Eu me peguei tomando a atitude do "esperar para ver" até voltar de minha próxima viagem. Ao fazer isso, as coisas estavam como eu tinha deixado, algumas até em estado pior.

Nessa época, eu seguia uma rotina cada vez que chegava ao aeroporto vindo de um seminário. Eu sempre apanhava minha bagagem na esteira, retirava dinheiro no caixa automático para gasolina e uma refeição, e pegava o carro para minhas quatro a cinco horas de volante até em casa. Entretanto, durante uma dessas viagens, aconteceu algo que tornou evidente tudo o que estava acontecendo naqueles relacionamentos. Depois de apanhar minha bagagem, fui até o caixa automático fazer minha retirada. Foi quando tive um choque ao ser avisado pela máquina que meu saldo não era suficiente nem para encher o tanque na volta para casa!

A LEITURA DO ESPELHO DOS RELACIONAMENTOS

O que mais me apavorava é que eu já tinha preenchido cheques justamente daquela conta para pagar a uns empreiteiros, contratados para reformar construções centenárias em minha propriedade. Depois do pagamento da hipoteca, das despesas de escritório e de viagem e dos gastos familiares, o saldo restante era absolutamente insuficiente para as outras obrigações. Sabia que se tratava de algum engano. Também sabia que às 17h30min daquele domingo à tarde no Novo México, nada poderia ser feito, tudo estava fechado até segunda-feira. Convenci o responsável pelo estacionamento de que ele poderia ficar tranqüilo, o pagamento pela estadia do veículo seria remetido pelo correio tão logo eu chegasse em casa. Iniciei então o regresso pensando no que poderia ter acontecido.

Quando telefonei para o banco na manhã seguinte, minha surpresa foi maior ainda. Olhando incrédulo, vi que o saldo praticamente igual a zero não tinha sido uma ilusão: não havia mesmo quase nada na conta. Na realidade, havia menos do que nada — tinha ocorrido uma retirada indevida da mulher em quem eu havia confiado meus negócios e que tinha esvaziado completamente a minha conta. Devido às multas sobre os cheques sem fundos, eu repentinamente estava mergulhado em um saldo negativo de centenas de dólares.

Eu me senti chocado e descrente. Repentinamente fiquei nervoso e, em seguida, furioso. Comecei a me lembrar de todas as pessoas a quem tinha dado cheques e como iria fazer, já que não poderia honrar minhas obrigações. A violação de minha confiança e o desrespeito completo a mim e aos meus compromissos doíam mais do que eu era capaz de expressar.

Para piorar as coisas, um pouco mais tarde nesse dia minha relação comercial chegou ao ponto de ebulição. Quando abri minha correspondência e verifiquei a contabilidade das minhas despesas durante os seminários que havia concluído, encontrei discrepâncias: num instante já estava ao telefone, discutindo item por item na tentativa de esclarecer a prestação de contas.

Nessa mesma semana, descobri que o inquilino que morava na minha propriedade estava com interesses não só frontalmente opostos aos acordos que tínhamos feito, mas também mal vistos pelo estado do Novo México. Sem sombra de dúvida, eu não podia mais ignorar o rumo que meus relacionamentos haviam tomado.

EXISTE MAIS DE UM ESPELHO

Na manhã seguinte, fui dar uma caminhada pela estrada enlameada que vai da minha propriedade até uma grande montanha que assoma sobre o vale

A MATRIZ DIVINA

atrás de casa. Enquanto fazia uma prece silenciosa, ia pisando cuidadosamente no sulco lamacento das rodas do carro e nos gravetos quebrados, e pedia por sabedoria, para reconhecer o padrão daquilo que me estava sendo mostrado de maneira tão gritante, malgrado minha impossibilidade de vê-lo com clareza. Qual a linha comum que tecia a rede desses relacionamentos? Lembrando-me do que o instrutor de artes marciais dissera, perguntei a mim mesmo: *Qual o reflexo comum que essas três pessoas me mostraram pelos seus atos?*

Imediatamente as palavras começaram a varrer minha mente, algumas com tanta rapidez que desapareciam em seguida, outras lá ficando com bastante clareza. Dentro de segundos, quatro palavras se sobressaíram dentre todas as outras: *honestidade, integridade, verdade e confiança.* Fiz a mim mesmo outras perguntas. *Se essas pessoas estão refletindo o que sou no momento, elas então estão me mostrando que sou desonesto? Será que de alguma maneira violei a integridade, a confiança e a verdade em meu trabalho?*

Enquanto minha mente fazia essas perguntas, um sentimento brotou no meu íntimo. Dentro de mim uma voz — a minha própria — gritava: *Não! Claro que sou honesto! Claro que tenho integridade! Naturalmente falo a verdade e sou de confiança! Essas são as coisas básicas que fundamentam meu trabalho e é o que compartilho com outras pessoas.*

No momento seguinte, outro pensamento me ocorreu, efêmero no começo, depois cada vez mais claro e forte, até ficar bastante sólido para ser visto e reconhecido. Naquele momento o espelho, subitamente, ficou claríssimo: as três pessoas que eu tinha tão habilmente introduzido na minha vida não estavam me mostrando *o que eu era naquele momento*, mas sim, cada uma delas havia me mostrado um reflexo mais sutil, um do qual ninguém havia ainda me falado. Elas estavam me mostrando *aquilo que eu julgo*, não o que eu era, e fizeram isso por meio da incompatibilidade entre nossas crenças e estilos de vida! Esses indivíduos mostravam-me as qualidades que tinham disparado a sensação de peso em meus ombros — as mesmas qualidades que senti que haviam violado.

Nessa época de minha vida, eu tinha realmente em alta conta o modo como as pessoas mantinham atributos como a honestidade e a integridade. Com toda probabilidade, minha bagagem dessas responsabilidades tinha sido formada durante a minha infância. Em um instante minhas experiências recentes adquiriram significado claro. Imediatamente eu me lembrei de todas as vezes em que essas mesmas qualidades tinham sido violadas na minha vida: eu me recordei dos meus romances em que minhas parceiras não foram verdadeiras com a relação a pessoas comuns em nossa vida; das promessas da vida adulta, feitas mas nunca honradas; dos amigos bem-intencionados e dos mentores corporativos que prometeram coisas que nunca poderiam cumprir... minha lista prosseguia e crescia sem parar.

Meus julgamentos acerca desses tópicos tinham sido construídos ao longo de anos, com tal grau de detalhes que eu nunca tinha sido capaz de reconhecê-los. Agora ocupavam o núcleo de algo que eu não poderia ignorar. A conseqüência mais ampla de ter uma conta bancária zerada era a garantia de que eu teria de compreender a mensagem desses relacionamentos antes que pudesse avançar na vida. Foi nesse dia que aprendi o mistério profundo, embora sutil, do segundo espelho dos relacionamentos: o espelho dos julgamentos que faço diariamente.

VOCÊ RECONHECE SEUS ESPELHOS?

Convido-o a examinar seus relacionamentos com aqueles que lhe são mais próximos. Em seguida, reconheça os traços e características que lhe irritam sem motivo e que acontecem aparentemente apenas para deixá-lo furioso. Depois de fazer isso, proponha a si mesmo a seguinte pergunta: *Essas pessoas estão me mostrando a mim mesmo neste momento?*

É bem possível que estejam. Se estiverem, essa sensação vai lhe dar uma convicção "visceral" instantaneamente. Entretanto, se a resposta for não, pode ser que a revelação seja de alguma coisa mais profunda e intensa do que o reflexo de sua pessoa — é possível que esteja à mostra o reflexo de seus hábitos de julgar as coisas. O mero reconhecimento e aceitação de que o espelho existe é o início do processo que vai levar à melhoria, à cura de seus julgamentos.

O EFEITO CASCATA DAS CURAS

No dia seguinte ao do meu reconhecimento do espelho de meus julgamentos, visitei um amigo que mora e trabalha nas proximidades de Taos Pueblo. Uma das comunidades indígenas mais antigas da América do Norte, esse lugar não é habitado há mais de 1.500 anos. Roberto (nome fictício) tinha uma loja em Pueblo mesmo, e era um artista e artesão tremendamente habilidoso. Sua loja tinha esculturas, filtros dos sonhos, músicas e bijuterias que tinham sido parte da tradição nativa séculos antes de haver uma "América".

Quando entrei, ele trabalhava em uma escultura de cerca de dois metros de altura, no corredor atrás da loja. Depois de nos cumprimentarmos, perguntei como ia indo sua família e negócios, e conversamos amigavelmente por alguns instantes. Ele então também me fez perguntas e indagou o que tinha me acontecido ultimamente. Eu lhe narrei os eventos da última semana, as três pessoas e o dinheiro perdido. Depois de ouvir o que eu dizia, ele meditou um pouco e então me contou uma história.

"Meu bisavô", disse ele, "caçava búfalos nas planícies ao norte do Novo México." Sabia que ele estava falando de um passado distante porque, tanto quanto soubesse, já há muitos anos não havia mais búfalos naquela parte do Estado. "Antes de morrer, ele me deu sua posse de maior valor: a cabeça do primeiro búfalo que tinha caçado quando jovem." Roberto continuou me contando como essa cabeça de búfalo também tinha se transformado em um tesouro para ele. Depois que seu bisavô falecera, a cabeça do búfalo era a única relíquia tangível que o ligava à herança de seu passado.

Um dia Roberto recebeu a visita da dona de uma galeria de arte da cidade vizinha. Encantada com a beleza da cabeça de búfalo, ela perguntou se poderia usá-la para completar o mostruário de sua galeria, com o que ele concordou. Depois de algumas semanas, como Roberto ainda não tinha notícias da amiga, resolveu visitá-la para ver como ela estava se saindo.

Para sua surpresa, quando ele chegou à galeria, não viu nada. As portas estavam fechadas, as janelas cobertas, e a loja tinha se retirado dos negócios. A dona da galeria e a cabeça de búfalo tinham ido embora. Roberto parou com sua escultura e me encarou tempo suficiente para que eu percebesse como ele tinha ficado magoado.

"O que você fez?", perguntei. Esperava ouvir como ele tinha procurado seguir a trilha da dona da galeria e recuperado sua preciosa lembrança.

Quando seus olhos encontraram os meus a sabedoria de sua resposta não foi ofuscada pela sua simplicidade: "Não fiz nada, porque ela terá que viver com o que fez". Saí de Taos Pueblo naquele dia pensando nessa história e no significado que ela poderia ter em minha vida.

Mais tarde, naquela semana, comecei a explorar as opções legais de que dispunha para recuperar pelo menos uma parte do dinheiro desaparecido de minha conta. Rapidamente percebi que, ainda que tivesse uma boa causa em mãos, tinha pela frente um longo e custoso processo. Devido à natureza do que tinha acontecido, eu seria obrigado a encaminhar o caso para a esfera criminal e não para a cível. Desse ponto em diante, ficaria totalmente fora do meu alcance e, se a mulher fosse condenada, ela poderia ir para a prisão. E tudo isso ocorria com relação a alguém com quem eu tinha mantido um relacionamento

A LEITURA DO ESPELHO DOS RELACIONAMENTOS

emocional prolongado, mas com quem não me sentia mais ligado, de forma alguma.

Enquanto considerava as opções, pensei uma vez mais na conversa que tinha tido com meu amigo em Pueblo e das lições que tinha absorvido. Não foi preciso muito tempo para que concluísse sobre o que devia fazer, e senti imediatamente que era a atitude correta: decidi não fazer nada. Quase que imediatamente aconteceu algo inesperado — cada uma das três pessoas que espelharam meus julgamentos começaram a sair da minha vida. Eu não estava mais com raiva delas e já não guardava mais nenhum ressentimento. Comecei a sentir uma estranha sensação de "inexistência" com relação a todas as três. Não houve nenhum esforço consciente de minha parte para bani-las. Depois de ter redefinido o que tinha acontecido entre nós, realmente considerando o que havia sido cada experiência, não o que os meus julgamentos haviam me levado a crer que tinham sido, simplesmente não havia mais resquício algum dessas pessoas em minha vida. Cada uma por sua vez começou a se desvanecer do dia-a-dia de minhas atividades. Subitamente caiu a quantidade de telefonemas, cartas delas e também de pensamentos dedicados a elas durante o dia. Meus julgamentos tinham sido o ímã que conservara aquelas relações em seus respectivos lugares.

Embora esse novo curso dos acontecimentos fosse interessante, depois de alguns dias algo ainda mais intrigante e mesmo um pouco curioso começou a acontecer. Compreendi que existiam outras pessoas que tinham estado em minha vida durante muito tempo que também tinham começado a desaparecer. Mais uma vez, não houve nenhum esforço consciente da minha parte para terminar essas relações; elas simplesmente não tinham mais sentido. Em uma rara ocasião em que conversei com um desses indivíduos, eu me senti tenso e artificial. Onde antes tinha havido um terreno comum agora só havia estranheza.

Quase imediatamente depois de ter notado a mudança nesses relacionamentos, fiquei consciente do que, para mim, tratava-se de um novo fenômeno. As relações que saíram da minha vida fundamentavam-se no mesmo padrão trazido pelas três pessoas, e esse padrão era o do julgamento. Além de ser o ímã que me trouxera os relacionamentos, meu hábito de julgar tinha também sido a cola que conservara as relações. Na ausência do julgamento, a cola se dissolvera. Notei o que parecia ser um efeito cascata: uma vez que o padrão fora reconhecido em um lugar — em um relacionamento —, seu eco foi se tornando menos audível em muitos outros níveis de minha vida.

A MATRIZ DIVINA

Os espelhos do julgamento são sutis, difíceis de captar, possivelmente não têm sentido para todos os que se tornam cientes deles. Quando meus amigos e minha família ouviram minha decisão de "não fazer nada" pensaram que eu estava atravessando um período de negação do que tinha acontecido. "Ela tomou seu dinheiro!", diziam. "Ela violou sua confiança! Deixou-o sem nada!" De uma certa maneira, as observações deles eram bastante verdadeiras — tudo o que diziam tinha realmente acontecido. Eu entendia que se fosse seguir o padrão típico de retribuição, se procurasse a desforra para deixar as coisas em pé de igualdade, facilmente entraria em um círculo vicioso de pensamentos que alimentariam justamente esse tipo de experiência. Entretanto, em outro nível, procurando simplesmente ser quem eram, cada um dos três me mostrou alguma coisa sobre mim que se tornaria a peça fundamental das decisões de negócios que eu deveria tomar no futuro. Essa coisa era uma importante lição no discernimento da verdade.

Antes dessa época, eu acreditava que a confiança tinha uma característica binária, isto é, ou confiávamos ou não em uma pessoa — e se confiássemos, confiaríamos integralmente. Ainda que eu não aprecie ver o mundo de outra maneira, tinha conseguido aprender com esses três relacionamentos que existem níveis de confiança que ficam ao nosso critério discernir no outro. Muitas vezes depositamos em outras pessoas mais confiança e responsabilidade do que elas próprias jamais depositariam em si mesmas. E essa foi precisamente a experiência que tive.

O reconhecimento do julgamento refletido no relacionamento é uma descoberta penetrante cujas reverberações tocam todos os aspectos da vida. Para as pessoas que me ajudaram com essas lições, meus agradecimentos. E para aquelas que me mostraram minha humanidade, meu mais profundo respeito e gratidão por segurarem sem nenhuma falha o espelho diante de mim. O que foi uma bela validação do mistério do segundo espelho dos relacionamentos!

(*Observação*: Na história anterior, mencionei a reconciliação da carga do julgamento sem descrever inteiramente como tal reconciliação poderia ser feita. Focalizei inteiramente esse assunto em meu livro de 2006 intitulado *Secrets of the Lost Mode of Prayer*, editora Hay House, como sendo o "Terceiro segredo: abençoar é libertar". Resumindo o poderoso princípio capaz de transformar nossos julgamentos, a atitude de abençoar é um antigo segredo que nos liberta do sofrimento da vida durante tempo suficiente para substituí-lo por outro sentimento. Quando abençoamos as pessoas ou coisas que nos feriram, temporariamente interrompemos o ciclo de dor. Não importa se essa suspensão dura nanosegundos ou um dia inteiro. Independentemente da duração, no decurso da bênção abre-se a porta para começarmos nossa cura e para avançarmos na vida. O segredo é que durante algum tempo ficamos liberados do nosso sofrimento o bastante para deixarmos que nosso coração e mente sejam ocupados por outra coisa: a intensidade da "beleza".)

TERCEIRO ESPELHO: REFLEXOS DO QUE PERDEMOS, JOGAMOS FORA OU FOI TIRADO DE NÓS

> *"O Reino [do Pai] é como uma certa mulher*
> *que estava carregando um [cântaro] cheio de farinha. Enquanto estava*
> *caminhando pela estrada, ainda distante de casa,*
> *a alça do cântaro partiu-se e a farinha foi caindo*
> *pelo caminho atrás dela. Ela não se deu conta, pois*
> *não tinha percebido o acidente. Quando chegou em*
> *casa, colocou o cântaro no chão e percebeu que ele estava vazio."[4]*
> — Evangelho de Tomé

Seu amor, compaixão e dedicação são como o alimento no cântaro da parábola acima. Durante toda a vida, são suas características que dão conforto, nutrem e dão apoio aos outros (bem como a você mesmo) durante as épocas difíceis. Quando perdemos pessoas, lugares e coisas que nos são caras, são nosso amor e natureza compassiva que nos permitem sobreviver e enfrentar essas provações.

Como compartilhamos amor, compaixão e dedicação de boa vontade, essas são nossas partes mais vulneráveis ao risco de serem perdidas, inocentemente desperdiçadas ou tiradas de nós pelos que exercem poder sobre nós. Cada vez que confiamos o suficiente para amar ou alimentar outra pessoa e temos nossa fé violada, perdemos um pouco de nós mesmos na experiência. Nossa relutância em nos expor novamente a tais vulnerabilidades é nossa proteção — a maneira de sobrevivermos quando nos traem e nos ferem da maneira mais profunda possível. E a cada vez que vedamos o acesso a nossa verdadeira inclinação para ter compaixão e nutrir nosso semelhante, somos como o alimento que aos poucos vai deixando o jarro que a mulher ia levando.

Na vida existe um momento em que realmente desejamos nos abrir para compartilhar um pouco de nós mesmos com outra pessoa. Procuramos o amor no nosso íntimo apenas para descobrir que ele se foi e que deixou um reservatório vazio em seu lugar. Descobrimos que nos perdemos pouco a pouco para aquelas mesmas experiências nas quais tínhamos depositado confiança suficiente para permitir que elas entrassem em nossa vida.

A boa notícia nesse ponto é que aquelas partes de nós mesmos que parecem estar ausentes, nunca foram embora realmente. Não é como se elas estivessem extintas para sempre ... elas são parte de nossa essência mais verdadeira, fazem parte de nossa alma. E assim como a alma não pode jamais ser destruída, o núcleo de nossa verdadeira natureza nunca pode ser perdido. Simplesmente é mascarado e oculto como salvaguarda. Ao reconhecermos como nos escondemos por trás da máscara, começamos a trilhar um atalho para a cura. A maior prova de termos reassumido o comando acontece quando conseguimos reunir as diversas partes de nós mesmos que tinham sido dispersadas.

No início de minha carreira na indústria bélica, fiz parte de um grupo de desenvolvimento de software para sistemas de armas. Meus colegas e eu dividíamos um pequeno espaço de trabalho na Força Aérea, com escrivaninhas, cadeiras e divisórias, e passávamos muitas horas trabalhando próximos uns dos outros. Como é fácil imaginar, havia pouca privacidade. As paredes em painéis de gesso não evitavam que um ouvisse o outro ao telefone e chegamos a nos conhecer muito bem de tanto entreouvirmos as conversas telefônicas por cima das divisórias. Ficamos sabendo tanto um do outro que trocávamos conselhos com freqüência, fosse sobre encontros amorosos, assuntos de família, escolhas profissionais ou assuntos diários da vida de cada um.

Várias vezes por semana íamos almoçar juntos, às vezes descontando os cheques do pagamento e indo ao mesmo lugar comprar alguma coisa. Numa dessas aventuras na hora do almoço tive a oportunidade de testemunhar em primeira mão uma experiência que criou um "inferno" na vida pessoal de um dos meus colegas, um homem de quem tinha também me tornado amigo.

Meu amigo tinha o hábito de "se apaixonar" pelas mulheres que conhecia no seu dia-a-dia de trabalho. Poderia ser a garçonete que atendera nosso pedido ou a moça do caixa do supermercado. Falando francamente, poderia ser qualquer pessoa que tivesse cruzado seu caminho durante o dia (qualquer mulher, bem entendido). Acontecia em toda parte e o padrão era sempre o mesmo: ele simplesmente olhava a mulher nos olhos e "tinha um sentimento" que ele não sabia explicar. Sem compreender bem o que estava acontecendo, ele descrevia sua experiência explicando da única maneira que, ele imaginava, seria capaz de esclarecer o que ocorria. Ele achava que estava amando! E todos os dias ficava apaixonado várias vezes.

A razão pela qual isso era problemático é que ele era casado. Tinha uma bela esposa que o amava muitíssimo e um filho pequeno, e amava ambos de todo coração. A última coisa que poderia querer era causar-lhes um desgosto ou destruir o que tinham construído juntos. Ao mesmo tempo, seus sentimentos por outras mulheres eram praticamente incontroláveis e algo que ele simplesmente não era capaz de compreender.

Nessa ocasião, tínhamos acabado de voltar para o escritório, depois de um almoço rápido e de passarmos no posto de gasolina e no banco. Foi no banco que ele se meteu em uma encrenca. A caixa onde fomos depositar nossos cheques era uma moça muito bonita. (Isso foi há muito tempo, antes dos caixas de depósito automático.) No caminho de volta ao escritório, ele não parava de pensar nela. Não se concentrava, era incapaz de varrê-la da memória. "E se ela estiver pensando em mim neste exato momento?", era sua pergunta. "E se ela for 'tudo o que imagino'?" Finalmente ele resolveu ligar para o banco, encontrar a caixa e perguntar se ela gostaria de encontrá-lo para um café depois que saísse do trabalho. Ela concordou. Mas quando eles estavam na lanchonete, ele olhou nos olhos da moça que servia as mesas e se apaixonou por *ela*!

Ao contar essa história chamo a atenção do leitor para o fato de que meu amigo, por razões que ele não compreendia, sentia-se compelido a entrar em contato com a mulher movido por uma convicção sincera no sentimento que nutria por ela. Ao fazer isso ele arriscava tudo o que considerava importante na vida, ou seja, sua esposa, seu filho e sua carreira. O que estava acontecendo com ele?

O leitor já teve uma experiência semelhante (e se já, espero que em menor grau)? Já houve épocas em que estava perfeitamente feliz comprometido com um relacionamento quando, não mais do que de repente, veio a paixão? Ou quem sabe sem relacionamento algum, nem procurando um — sem aviso —, andando em uma movimentada rua comercial, em um shopping, no supermercado, no aeroporto, aconteceu "aquela experiência inesquecível". Alguém, uma pessoa desconhecida, passa, seus olhos se encontram e ...*plim!*... surge aquele sentimento. Pode ser uma simples sensação de familiaridade ou o vislumbre de uma possibilidade, talvez um impulso irresistível de se aproximar da pessoa, chegar a conhecê-la melhor, ou mesmo de iniciar uma conversa. Já propus essa situação muitas vezes durante *workshops*. Acho interessante observar que, se formos verdadeiramente honestos com nós mesmos, esse tipo de ligação não é assim tão raro.

Quando acontece, o encontro usualmente se desenrola assim: ainda que os olhos das duas pessoas se encontrem e que elas obviamente "sintam algo", uma das duas descartará o momento. Entretanto, durante uma fração de segundo alguma coisa inegavelmente ocorre ... acontece um estado de alteração e uma sensação de irrealidade. Nesse instante efêmero além da olhadela casual, seus olhos transmitem uma mensagem. Cada pessoa estará dizendo alguma coisa a outra naquele instante sem que nenhuma das duas tenha consciência do que seja.

Então, quase como se fosse uma sugestão, suas mentes racionais criarão uma distração — alguma coisa que sirva para quebrar o constrangimento do contato. Pode ser o som de um carro ou a passagem de outra pessoa por perto. Pode ser algo tão simples como uma rajada de vento espalhando folhas do outro lado da rua, ou um simples espirro. Pode até ser a pisada em um chiclete na calçada! O que importa é que, usando uma desculpa qualquer, uma das duas pessoas terá sua atenção atraída para o ocorrido e o momento se esvai, simplesmente isso!

Quando temos essa experiência, o que ocorre nesse momento?

O ENCONTRO DO QUE PERDEMOS EM OUTRAS PESSOAS

Quando nos encontramos nessas situações, estamos frente a frente com uma poderosa oportunidade de nos conhecermos de um modo muito especial, isto é, se percebermos de que se trata o momento que vivemos. Se não formos capazes de reconhecer o momento, descobriremos, como meu amigo engenheiro fez, que esse tipo de ligação pode ser confuso e até mesmo assustador! O segredo de tais encontros é a essência do mistério do terceiro espelho.

Todos nós comprometemos grande parte de quem somos para sobreviver. Cada vez que fazemos isso, perdemos alguma coisa interior de um modo que, embora seja socialmente aceitável, nem por isso deixa de ser doloroso. Assumir o papel de adulto e sentir falta da infância depois de um rompimento familiar; perder a identidade racial quando culturas diferentes são forçadas a conviver no mesmo ambiente e sobreviver a um trauma precoce reprimindo as emoções de dor, raiva e fúria são, todos eles, exemplos de como podemos perder uma parte de nós mesmos.

Por que fazemos isso? Por que trairíamos nossas crenças, nosso amor, nossa confiança e nossa compaixão tendo consciência de que esses sentimentos são a própria essência do que somos? A resposta é muito simples: é uma questão de sobrevivência. Assim como a criança, talvez tenhamos descoberto que é mais fácil ficar em silêncio do que expressar uma opinião enfrentando o risco de ser ridicularizado e invalidado pelos pais, irmãos, irmãs e iguais. Se somos alvo de abuso familiar, é mais seguro "desistir" e ignorar do que resistir aos que têm poder sobre nós. A sociedade aceita a morte de outros durante a guerra, por exemplo, justificando o fato como sendo devido a uma circunstância especial. Todos nós fomos condicionados a nos abandonar em face de conflitos, doenças e emoções avassaladoras de maneiras que apenas agora começamos a compreender. Em cada circunstância temos mais a oportunidade de distinguir possibilidades poderosas do que de julgar o que está certo e o que está errado.

Para cada parcela nossa da qual desistimos para ficar onde nos encontramos hoje, existe um vazio que fica para trás, esperando para ser preenchido. Estamos em constante busca do que quer que seja para preencher esse vazio. Quando encontramos uma pessoa que tenha as mesmas coisas das quais desistimos, sentimo-nos bem em estar perto dela. A essência complementar dessa pessoa preenche nosso íntimo e deixa-nos plenos mais uma vez. Essa é a chave para a compreensão do que aconteceu no caso do meu amigo engenheiro e nos outros exemplos, comentados anteriormente.

Quando descobrimos nossas partes "faltantes" nos outros, sentimo-nos poderosa e irresistivelmente atraídos. Podemos até mesmo acreditar que "precisamos" deles em nossa vida, até o momento em que nos lembramos de que o que nos atrai é algo que ainda temos dentro de nós ... e que, simplesmente, está adormecido. Tendo consciência de que essas características e traços ainda estão conosco, podemos retirar a camuflagem que os encobre para incorporá-los outra vez em nossa vida. E, ao fazermos isso, subitamente descobrimos que não estamos mais nos sentindo poderosa, magnética e inexplicavelmente arrastados para a pessoa que originalmente espelhou esses nossos traços.

Reconhecer nossos sentimentos com relação aos outros pelo que eles são, e não pelo que o nosso condicionamento os transformou, é a chave para o terceiro espelho dos relacionamentos. Esse inexplicável sentimento que temos quando estamos com outra pessoa — o magnetismo e a chama que nos fazem sentir tão cheios de vida — na realidade *somos nós mesmos!* Trata-se da essência dessas partes que nós perdemos e do reconhecimento de que as queremos de volta em nossa vida. Assim, tendo isso em mente, voltemos à história do meu amigo engenheiro.

Certamente, existe uma boa possibilidade de que, sem conhecimento consciente disso, meu amigo tenha visto naquelas mulheres algumas partes perdidas de si mesmo, partes que ele havia descartado ou que dele tinham sido tiradas ao longo da vida. Existe uma boa chance de que tenha encontrado o mesmo em homens, mas que tenha se impedido de sentir os mesmos sentimentos por causa de seu condicionamento social. Sob o ponto de vista de sua experiência, as coisas que havia perdido eram tão significativas para ele que ele identificava traços dessas coisas em quase todos os que encontrava.

Entretanto, sem a compreensão do que seus sentimentos queriam dizer, ele se via compelido a acompanhá-los da única maneira que conhecia. Ele acreditava honestamente que cada encontro era uma oportunidade de felicidade porque se sentia muito bem quando em companhia de uma mulher. Ele ainda amava muitíssimo a esposa e o filho — quando uma vez perguntei se ele os deixaria, ele pareceu ficar verdadeiramente chocado. Ele não tinha desejo algum de terminar o casamento, ainda que obedecesse à força que o impulsionava para situações comprometedoras até o ponto em que a perda da família transformou-se em um perigo bastante real.

COMO DESCOBRIR O QUE OS SENTIMENTOS DE ATRAÇÃO DIZEM

Todos nós dominamos a arte de desistir de partes de nós mesmos quando sentimos que no momento é uma medida necessária para nossa sobrevivência física ou emocional. Quando fazemos isso, é fácil nos vermos como "inferiores" e sermos iludidos pelas nossas crenças sobre o que restou. Para algumas pessoas, a compensação ocorre antes da percepção, sem que cheguem a compreender o que ocorre; enquanto para outras, trata-se de uma escolha consciente.

Uma tarde, enquanto eu trabalhava naquela mesma indústria bélica com meu amigo engenheiro, um convite inesperado aterrissou em minha mesa. Era para uma apresentação informal que seria realizada para a Casa Branca e oficiais sobre o novo sistema, recentemente inaugurado, Strategic Defense Initiative (SDI), popularmente conhecido como "Guerra nas Estrelas". Durante a recepção que se seguiu ao evento, tive oportunidade de ouvir uma conversa entre um dos oficiais de alta patente e o CEO de nossa companhia.

A pergunta feita pelo CEO era relativa aos sacrifícios que o outro havia suportado para alcançar a posição de poder que conquistara. "Quais sacrifícios você teve que fazer para chegar onde está hoje?", era a pergunta. O oficial descreveu como tinha escalado postos no Pentágono e na hierarquia militar até sua atual posição de mando em uma grande companhia multinacional. Eu ouvia atentamente enquanto o homem narrava sua história com honestidade e entusiasmo.

"Para chegar onde estou hoje, tive que me entregar ao sistema. Cada vez que conquistava um posto, perdia mais uma parte da minha vida. Um dia, compreendi que tinha chegado ao topo e olhei para trás, para minha vida. Descobri que havia aberto mão de tanto de mim mesmo que não havia sobrado mais nada. Meus donos eram as empresas e os militares. Tinha deixado escapar o que mais amava: minha esposa, meus filhos, os amigos e a saúde. Tinha trocado essas coisas por poder, saúde e controle."

Fiquei pasmo com a honestidade de sua narrativa. Ainda que admitisse ter se perdido no processo, estava consciente do que havia feito. Estava entristecido, mas considerava que era um preço que valia a pena pagar pela sua posição de poder. Ainda que não pelas mesmas razões, nós todos podemos fazer algo semelhante. Para muitos, entretanto, a meta é menos o poder do que a sobrevivência.

Convido-o a mergulhar em si mesmo no momento em que encontrar alguém que lhe desperte um sentimento de proximidade e empatia. Algo de raro e precioso está acontecendo com ambos nesse instante: você acaba de encontrar quem guardava suas partes perdidas que você tanto procurava. Freqüentemente trata-se de uma experiência de mão dupla, pois a outra pessoa sente-se atraída pela mesma razão. Usando seu poder de discernimento, você percebe que deve iniciar uma conversa. Comece falando sobre alguma coisa — qualquer coisa — para manter o contato pelo olhar. Enquanto fala, mentalmente proponha a si mesmo a seguinte pergunta: *O que vejo nesta pessoa que perdi em mim mesmo, que desisti, ou que tiraram de mim?*

Quase imediatamente uma resposta surgirá em sua mente. Pode ser alguma coisa tão simples como um sentimento de realização ou algo tão claro como a voz interior que você reconhece e que tem estado desde criança em sua companhia. As respostas freqüentemente são palavras simples ou frases curtas, e seu corpo saberá o que tem sentido para você. Talvez você simplesmente perceba algo de belo nessa pessoa de que você sente falta em si mesmo naquele momento. Possivelmente será a inocência perante a vida, a graça com que anda pelo corredor do supermercado, a confiança que transmite ao executar a tarefa do momento ou, simplesmente, seu brilho ou vitalidade.

Seu encontro não precisa durar mais do que alguns segundos, talvez poucos minutos. Aqueles instantes são a sua oportunidade de sentir a alegria e a euforia do momento. Trata-se de você encontrando uma parte sua em outra pessoa, algo que você tem, bem como o sentimento do que seria despertar alguma coisa assim no seu íntimo.

Para os que têm a coragem de reconhecer o sentimento de familiaridade de tais encontros momentâneos, o espelho da perda, provavelmente, é algo que enfrentamos todos os dias. Encontramos uma sensação de plenitude em nós mesmos quando os outros espelham em nós a verdadeira natureza deles. Coletivamente, estamos olhando para nossa plenitude, e criamos individualmente as situações que nos levam a encontrá-la. Sacerdotes, professores, pessoas mais velhas, jovens, pais e filhos são, todos, catalisadores de sentimentos.

Nesses sentimentos encontramos as coisas que ansiamos ter em nós mesmos, o que ainda existe em nós mas está oculto pelas máscaras do que acreditamos que somos. É natural e humano. A compreensão do que nossos sentimentos realmente nos contam a respeito dos outros pode se transformar no mais poderoso instrumento para descobrirmos nosso potencial máximo.

QUARTO ESPELHO: REFLEXOS DA NOITE ESCURA DA ALMA

> *"Aquilo que tendes vos salvará*
> *se o manifestardes."*[5]
> — Evangelho de Tomé

Gerald (nome fictício) era engenheiro no Vale do Silício, na Califórnia, durante o grande avanço da alta tecnologia no início da década de 1990. Tinha duas lindas filhas e sua esposa era igualmente bela. Já viviam juntos há quase 15 anos. Quando eu o encontrei, ele tinha acabado de ganhar um prêmio da companhia pelo seu quinto ano na função de solucionador sênior de problemas para um determinado tipo de software especialista. Seu desempenho fez com que o considerassem um verdadeiro patrimônio da companhia e usavam sua vasta experiência mais do que a típica semana de cinco dias e oito horas de trabalho diárias.

Para atender à demanda pelas suas habilidades, ele começou a trabalhar até altas horas da noite e também nos fins de semana, além de fazer viagens para convenções e exposições profissionais com seu software. Não demorou muito e ele notou que passava mais tempo com seus colegas de trabalho do que com a família. Eu podia ver em seus olhos como ele se ressentia da falta de con-

A LEITURA DO ESPELHO DOS RELACIONAMENTOS

vívio com os familiares. Quando Gerald chegava em casa à noite, encontrava a esposa e as filhas dormindo e, na manhã seguinte, ele já estava no trabalho antes de elas se levantarem. Depois de algum tempo, ele começou a se sentir um estranho na própria casa. Ele sabia mais acerca das famílias das pessoas em seu escritório do que sobre a sua própria.

Foi nesse ponto que a vida de Gerald deu uma violenta guinada. Por acaso ele tinha me procurado para uma sessão de aconselhamento enquanto eu escrevia um livro intitulado *Walking Between the Worlds: The Science of Compassion*, que descrevia como os "espelhos" dos nossos relacionamentos atuavam em nossa vida. Há mais de 2.200 anos, os autores dos Manuscritos do Mar Morto identificaram sete padrões específicos de ocorrência provável em nossas interações com outras pessoas. À medida que Gerald desenrolava sua história, ficava cada vez mais claro que ele descrevia um desses padrões, reflexo de um dos nossos maiores medos, usualmente conhecido como "Noite Escura da Alma".

Entre os engenheiros do escritório havia uma jovem programadora brilhante, aproximadamente da mesma idade dele. E ele de repente estava constantemente trabalhando em parceria com essa moça, pegando serviços que às vezes duravam dias e que os levava a visitar diversas cidades no país inteiro. Em pouco tempo, ele começou a sentir que a conhecia melhor ainda do que à própria esposa. Nesse ponto da história já pude vislumbrar o desfecho provável. O que eu não poderia supor foi o que aconteceu em seguida e por qual razão Gerald ficara tão perturbado.

Não demorou muito para que ele achasse que tinha se apaixonado pela colega de trabalho, decidindo então deixar a esposa e filhas para começar uma vida nova com ela. Essa era uma decisão que parecia fazer sentido na época, já que tinham tanta coisa em comum. Entretanto, dentro de poucas semanas, sua nova parceira foi transferida para um trabalho em Los Angeles. Cobrando alguns favores de conhecidos, Gerald manobrou para que também fosse transferido para o mesmo escritório.

Imediatamente tudo começou a andar errado e Gerald descobriu que tinha perdido mais do que ganho na barganha. Os amigos comuns dele e da esposa, conhecidos de muitos anos, repentinamente tornaram-se distantes e indisponíveis. Seus colegas de trabalho pensaram que ele estava "maluco" por largar a posição e projetos que havia conquistado com tanto sacrifício. Até mesmo seus pais se enraivecerem quando viram que ele tinha largado a família. Embora traumatizado, ele racionalizou dizendo a si mesmo que esse era o preço a pagar pela mudança de vida. Ele estava livre para começar uma grande vida nova. O que mais poderia pedir?

É nesse ponto que o espelho do equilíbrio vindo da Noite Escura da Alma entra em cena. Quando as coisas pareciam estar correndo como planejado, Gerald descobriu que, na realidade, tudo estava se esfacelando! Em poucas semanas seu novo amor deixou claro que o relacionamento não era o que ela esperava que fosse. Ela rompeu bruscamente e pediu que ele se fosse. Sem mais nem menos, de repente ele estava sozinho e arrasado. "Depois de tudo que eu tinha feito *por ela*, como ela pode fazer isso?" ele gemia. Ele tinha largado a esposa, as crianças, os amigos e o emprego — em resumo, ele tinha aberto mão de tudo o que amava.

Não demorou muito para ele passar a executar seu trabalho de modo deficiente. Depois de vários avisos de que seu desempenho estava inferior ao ótimo esperado, o departamento o despediu. O desenrolar da história de Gerald mostra claramente o que tinha acontecido. Sua vida tinha saído do mais alto dos patamares, com todas as perspectivas de novos relacionamentos, novos trabalhos e salário mais alto, para o ponto mais baixo possível, com o desvanecimento de todos os sonhos. Naquela noite quando ele veio me ver, trazia uma única pergunta: "O que aconteceu?" Como tudo que parecia tão bom ficou tão ruim?

A NOITE ESCURA DA ALMA: COMO RECONHECER O GATILHO

Gerald tinha perdido tudo o que amava na época que eu o conheci. A razão pela qual isso tinha acontecido é o ponto fundamental de sua história. Em vez de se libertar das coisas que amava *porque* se sentia realizado e desejava avançar, ele tinha feito suas opções porque acreditava que havia algo melhor para ocupar o lugar do que já existia. Em outras palavras, ele jogou com segurança. Como tinha medo de que poderia não encontrar nada melhor, ele permaneceu fisicamente casado e com a família, muito depois de, emocionalmente, ter se separado de ambos. Existe uma diferença sutil, embora significativa, entre deixar nosso emprego, amigos e romances porque nos sentimos realizados e a situação de se agarrar a todos eles por causa do medo de que não exista mais nada para alcançarmos!

Em todos os tipos de relacionamento pode ocorrer uma certa tendência de ficarmos presos ao *status quo*, esperando que alguma coisa melhor apareça. Esse tipo de apego pode resultar do fato de não termos consciência do que

A LEITURA DO ESPELHO DOS RELACIONAMENTOS

estamos fazendo, ou pode aparecer por causa do medo de balançar o barco e de encarar a incerteza do que vem a seguir. Ainda que pareça representar um padrão do qual não temos consciência, não deixa de ser um padrão. Quer se trate de um emprego, de um romance ou de um estilo de vida, é possível que estejamos retendo um padrão no qual não nos sentimos verdadeiramente felizes, ainda que não tenhamos comunicado isso a ninguém de nossas relações. Assim, mesmo quando o mundo acredita que vivemos como era de se esperar, por dentro poderemos estar clamando por uma mudança e nos sentindo frustrados por não sabermos como compartilhar essa necessidade com os que nos são próximos.

Esse é o padrão que acumula o negativismo. Nossos verdadeiros sentimentos são disfarçados em tensão, hostilidade ou, algumas vezes, apenas ficam ausentes do relacionamento. Todos os dias passamos pelas alterações normais do ambiente de trabalho ou compartilhamos nossa vida com outra pessoa, enquanto emocionalmente estamos distantes e vivendo em outro mundo. Quer nosso problema seja com o patrão, com o(a) amante ou com nós mesmos, racionalizamos, assumimos compromissos e ficamos aguardando. E, então, um belo dia, sem mais nem menos — *bum!* — acontece! Aparentemente vindas de lugar nenhum, aquelas mesmas coisas pelas quais ansiávamos e esperávamos tanto que acontecessem aparecem repentinamente. Nesse momento podemos investir nelas como se não houvesse um amanhã.

No caso de Gerald, quando ele mudou para outra cidade com seu novo relacionamento, deixou atrás de si um vazio não solucionado, dentro do qual seu mundo entrou em colapso. Agora, depois de ter perdido tudo o que ele prezava tanto, sentava-se diante de mim com enormes lágrimas rolando pelas faces! "Como vou conseguir de volta meu emprego e minha família? Só me diga o que tenho que fazer!"

Passei os lenços de papel que tinha ao lado da mesa — e que deixava ali justamente para ocasiões como essa — e disse algo que o pegou completamente desprevenido: "Nesse momento não se trata de recuperar o que você perdeu, ainda que isso possa vir a acontecer. Você criou para si mesmo uma situação que ultrapassa seu emprego e sua família. Despertou uma força interior que poderá vir a ser sua mais poderosa aliada. Quando você passa por uma experiência dessas, você ganha uma confiança nova inquebrantável. Penetra em um intervalo do tempo que os antigos chamavam de 'Noite Escura da Alma'".

Gerald enxugou os olhos e sentou na cadeira. "O que você quer dizer com a 'Noite Escura da Alma?'", perguntou. "Como é que eu nunca soube de nada sobre isso?"

"A Noite Escura da Alma é um período da vida em que a gente se vê arrastado para uma situação que para nós significa o nosso pior pesadelo", respondi. "Isso geralmente acontece quando menos esperamos e, normalmente, sem nenhum aviso prévio. A questão é que", continuei, "só se pode ser arrastado para uma dinâmica dessas quando nosso domínio sobre a vida assinala que estamos preparados! Então, exatamente quando tudo parece perfeito, o próprio equilíbrio conquistado serve para sinalizar que estamos pronto para a mudança. O chamariz para criar a mudança será alguma coisa pela qual ansiamos a vida toda, algo que simplesmente consideremos irresistível. De outro modo, nunca teríamos coragem de dar o salto!"

"Um chamariz como um novo relacionamento?", ele perguntou.

"Precisamente como um novo relacionamento", respondi. "Um relacionamento é uma espécie de catalisador que embute a promessa de avanço na vida." Continuei explicando, que ainda que soubéssemos que somos perfeitamente capazes de sobreviver seja lá ao que for que enfrentemos no caminho, não é natural acordarmos uma manhã dizendo, "Humm... acho que hoje vou desistir de tudo que mais prezo e mergulhar na minha Noite Escura da Alma". Nós simplesmente não pensamos desse jeito! É muito comum que os grandes testes das noites escuras venham quando menos esperamos.

A possibilidade de que a vida nos traga exatamente o que estamos precisando no momento em que precisamos é bastante razoável. Assim como podemos encher uma xícara abrindo uma torneira, se nossa caixa de ferramentas emocional estiver bem sortida, é perfeitamente possível que isso seja o gatilho que abre a torneira da vida deixando a mudança fluir. Até abrirmos o fluxo nada acontece. O outro lado dessa dinâmica ocorre quando nos encontramos na Noite Escura da Alma, pois pode ser confortador saber que a única maneira de estarmos enfrentando o que estamos é que fomos nós mesmos que abrimos a torneira. Tendo ou não ciência disso, sempre estamos prontos para enfrentar o que a vida nos reserva.

NOSSOS MAIORES MEDOS

O propósito da Noite Escura da Alma é nos fazer passar pela cura de nossos grandes medos. Uma coisa realmente curiosa a respeito da "noite escura" é que, como os medos mudam conforme a pessoa, uma experiência assustadora para algumas poderá significar uma banalidade para outras. Por exemplo, Gerald havia admitido que seu pior medo era ser deixado por conta de si mesmo. Um pouco mais cedo, no mesmo dia, uma mulher havia me dito que sua maior alegria era "ficar sozinha".

Não é incomum que alguém que tenha medo de estar só torne-se mestre em arranjar relacionamentos em que possa justamente viver tal medo. Por exemplo, Gerald havia narrado romances, empregos e amizades no passado que jamais poderiam ter sido duradouros! Mas, mesmo assim, quando cada umas dessas situações terminava ele dizia que o relacionamento tinha "fracassado". Na realidade, tinham sido tão bem-sucedidos que cada um deles havia permitido que seu maior medo, o de ficar sozinho, viesse a acontecer. Como ele nunca tinha se curado e nem mesmo reconhecido os padrões que pautavam sua vida antes, ele se colocava em situações em que seu medo se tornava cada vez menos sutil. Finalmente as coisas tinham chegado a um ponto em que suas emoções eram tão fortes que ele precisava dar atenção a elas, antes que pudesse prosseguir.

Ainda que possamos passar por muitas noites escuras da alma ao longo da vida, a primeira, geralmente, é a mais sofrida. E freqüentemente é também a mais poderosa agente de mudança. Depois que compreendemos *por que* estamos tão feridos, a experiência começa a assumir um novo significado. Ao reconhecermos a sinalização do caminho da Noite Escura, podemos dizer: "Ah!... Conheço esse padrão! Sim, sem dúvida, trata-se da Noite Escura da Alma, tudo certo. Bom, e agora, o que é mesmo que devo aprender nessa situação?"

Conheço pessoas que ficam tão fortes depois de aprenderem a resolver o episódio da Noite Escura, que praticamente desafiam o universo que os submetam à próxima prova! Fazem isso porque simplesmente sabem que, se conseguiram sobreviver ao primeiro, poderão superar qualquer coisa. Só quando temos tais experiências sem compreender o que elas significam, ou porque estamos passando por elas, é que ficamos bloqueados anos, ou até a vida inteira, presos a um padrão que literalmente pode roubar o que mais prezamos ... tal como nossa própria vida.

A MATRIZ DIVINA

QUINTO ESPELHO: REFLEXOS DO NOSSO MAIOR ATO DE COMPAIXÃO

"A pedra que os pedreiros rejeitaram, tornou-se agora a pedra angular."[6]
— Evangelho de Tomé

No final da década de 1980, meu escritório ficava em um edifício de vários pavimentos nas colinas de Denver. Embora o edifício fosse enorme, o fim da Guerra Fria e os cortes governamentais fizeram com que a companhia onde eu trabalhava cortasse funcionários e se reorganizasse. Como outras divisões da companhia também tinham se mudado para o edifício, o espaço era muito limitado. Eu compartilhava minha sala com outra pessoa, uma mulher que executava uma função inteiramente diferente da minha no departamento. Não havia competição nem responsabilidades comuns, e rapidamente nos tornamos bons amigos, trocávamos histórias sobre nossos fins de semana com a família, amigos e falávamos sobre as alegrias e tristezas da vida fora da companhia.

Um dia, tínhamos acabado de voltar do almoço e ela ouvia as mensagens gravadas no seu correio de voz enquanto estávamos ausentes. Pelo canto do olho, eu a vi ficar paralisada, sentando-se com um olhar vidrado nos olhos. Seu rosto ficou totalmente branco com realce apenas da maquilagem dos lábios e face. Depois que ela desligou, aguardei um pouco para que ela se recompusesse e perguntei o que tinha acontecido. Ela me olhou e narrou uma história ao mesmo tempo pungente e triste.

Um de seus amigos tinha uma filha jovem com uma combinação muito invejada de qualidades que cultivava desde a infância: beleza, habilidades de ginasta e talento artístico. Quando a garota cresceu, buscou uma forma de combinar todos os seus atributos em uma carreira única e decidiu ser modelo. A família apoiou sua decisão e prestou-lhe ajuda de todas as maneiras possíveis para que ela realizasse seus sonhos. Quando ela distribuiu o seu portfólio, algumas agências responderam com entusiasmo. Ela começou a receber ofertas de viagens, cursos e muito mais apoio do que imaginara ser possível. Para todos parecia que não faltava mais nada, coisa alguma poderia ser melhor na vida dela.

Entretanto, em um nível sutil e quase imperceptível, os que realmente a conheciam podiam sentir que alguma coisa estava mudando. Seu estado de espírito dava margem a preocupações. As agências para quem ela trabalhava buscavam um determinado tipo de aparência na mulher que desejavam promover. Conquanto a moça fosse dona de uma beleza toda especial, não era o tipo que as agências estavam procurando no final dos anos 80. Sentindo-se compelida a

A LEITURA DO ESPELHO DOS RELACIONAMENTOS

conseguir o tipo físico que a indústria queria, pediu que a família a ajudasse a fazer uma série de procedimentos estéticos que achava que podiam moldar seu corpo até alcançar o tipo desejado.

Começou com o mais óbvio dos melhoramentos, a cirurgia plástica. Ainda que tivesse chegado mais perto da meta, ainda não obtivera realmente a aparência que queria; resolveu então partir para medidas mais drásticas. Desde a infância, ela sempre teve a arcada superior dos dentes ligeiramente proeminente, com leve recessão do queixo e do maxilar. Ela então concordou em fazer uma reestruturação que implicava em quebrar e reposicionar o maxilar para obtenção de uma simetria mais perfeita. Sua boca tinha sido fechada com uma armação metálica durante seis semanas para dar tempo à cicatrização da ossatura e durante esse período ela apenas ingeria líquidos. Quando a armação metálica foi removida sua face estava lindamente simétrica, com maçãs do rosto acentuadas e sem proeminência do maxilar superior. Ao olhar uma foto que minha companheira de sala tinha da filha da amiga, eu mesmo não pude ver grande diferença entre as imagens anterior e posterior à cirurgia.

Depois de haver perdido peso durante semanas por causa da dieta líquida, essa bela jovem começou a notar que seu corpo não tinha mais as mesmas formas de antes da cirurgia. A *realidade* era que devido à perda de peso, seu busto havia perdido o tônus muscular que lhe conferia suas proporções de "modelo". Entretanto, a percepção que ela tinha era de que se tratava de algo que poderia ser remediado cirurgicamente, portanto decidiu empreender a retirada de um par de costelas inferiores, para definir mais sua silhueta e proporções.

O *stress* resultante dos procedimentos anteriores debilitou o corpo da moça. Ela concluiu que não podia mais controlar a perda ou ganho de um quilo num lugar ou noutro. Seu corpo passou a perder peso de modo sistemático e diário. Quando seus pais acordaram para o que estava acontecendo e a hospitalizaram, já era muito tarde. A amiga da minha colega de trabalho acabara de falecer naquela manhã, não sob alegação de uma única causa, mas sim, de uma série de complicações pós-cirúrgicas. Essa tinha sido a mensagem que recebera pela secretária eletrônica depois do almoço.

Talvez você conheça pessoas que passaram por algo semelhante, espero que com desenlaces não tão extremados assim. Dou esse exemplo com o objetivo de enfatizar um ponto. A jovem dessa história tinha uma imagem de perfeição aos olhos de sua mente e essa imagem transformou-se em padrão a ser seguido. Ela manteve-se constantemente na sombra desse ponto de referência, e usou sua imagem mental como medida de comparação para sua aparência física. Suas crenças lhe diziam que ela era de certo modo imperfeita, e que suas imperfeições poderiam ser superadas graças aos milagres da tecnologia moderna. O que aconteceu a essa moça, entretanto, desenrola-se em um nível muito mais profundo do que os procedimentos usados para corrigir as imperfeições percebidas — iam diretamente ao âmago desse espelho.

Por que ela sentia que tais extremos eram necessários para seu sucesso? Por que sua família e amigos a apoiavam nessa busca pela perfeição? Por que razão essa jovem, já naturalmente tão bela, sentia uma compulsão tão forte para se transformar em outra, diferente de quem era desde que nasceu? Que medos ficaram tão fortes que ela fez de tudo para mudar a aparência, procurando ser aprovada por outros? Talvez uma questão maior ainda seja: *Que lição podemos tirar de sua experiência?* Qual gabarito poderemos usar para comparar? Qual o ponto de referência que usamos para medir nossos próprios sucessos e fracassos ao longo da vida?

AS "IMPERFEIÇÕES" SÃO AS PERFEIÇÕES

Freqüentemente conto essa história em meus *workshops*. Imediatamente depois de contá-la, peço aos participantes para completarem um gráfico simples onde eles avaliam suas próprias conquistas em áreas tais como a educacional, romântica, profissional e atlética. O sistema de atribuição de notas compõe-se de quatro categorias que oscilam desde o "muito bom" até ao "muito ruim". O segredo aqui é que dou a eles muito pouco tempo para completarem o gráfico. Faço isso por uma razão: a resposta que virá no papel é menos importante do que o pensamento que a acompanha.

Sejam quais forem as respostas, a realidade é que qualquer coisa inferior à perfeição será o próprio participante fazendo uma avaliação sobre si mesmo. A única maneira de as pessoas atribuírem notas a elas mesmas relativas ao sucesso ou fracasso é pela comparação com alguma coisa que esteja além da própria experiência. E como todos sabem, nós somos nossos críticos mais severos. Por essa razão, esse espelho é conhecido como nossa maior atitude de compaixão. Trata-se da compaixão por nós mesmos — pelo que somos e por quem queremos ser.

É por meio do reflexo de nós mesmos que nos pedem para sermos compassivos quanto à perfeição que já existe em cada momento da vida. Isso é verdadeiro, não importando como outros possam ver o momento ou como ele realmente venha a ser. Até colocarmos um significado nosso ao resultado, cada experiência é simplesmente uma oportunidade para nossa própria expressão... nem mais nem menos do que isso.

Até que ponto sua vida seria diferente se você permitisse que todas as coisas que você faz fossem perfeitas, como na realidade elas são, não importando as conseqüências? Se tudo o que fazemos e criamos é feito da melhor maneira que podemos, então, até compararmos com alguma outra coisa, como ela poderá ser menos do que ótima? Se por acaso um projeto profissional, um relacionamento, um compromisso escolar, não for concluído com a qualidade esperada, sempre poderemos aprender com a experiência feita e da próxima vez fazer melhor. Na Matriz Divina o que conta é a maneira de nos sentirmos — nosso desempenho, presença e realizações —, que se reflete em nós como realidade do nosso mundo. Com isso em mente, a cura mais profunda de nossa vida poderá também ser o nosso maior ato de empatia. É a bondade que dirigimos a nós mesmos.

ALÉM DOS ESPELHOS

Apesar de existirem outros espelhos que nos mostram segredos ainda mais sutis da nossa verdadeira natureza, os que apresento aqui são os cinco que possibilitam as maiores curas nos relacionamentos. Nesse processo, encontramos nosso poder mais verdadeiro para sermos criadores dentro da Matriz Divina. Cada espelho é um degrau na conquista da capacidade de exercer o domínio em grau mais elevado. Depois de aprendê-los, não há como "desaprendê-los". Depois de vê-los atuando em sua vida, você não será capaz de desviar o olhar. Todas as vezes que reconhecer um desses espelhos em uma determinada circunstância, há boa possibilidade de encontrar o mesmo padrão atuante em outras áreas de sua vida também.

Por exemplo, as questões relativas ao controle, que fazem surgir tantas emoções quando em casa no ambiente familiar, podem aflorar com intensidade muito menor no momento de regatear com um estranho o preço de um carro usado. O motivo pelo qual a emoção é mais moderada é explicado pela falta provável do mesmo grau de intimidade com o vendedor, em comparação com o que existe com relação à família e aos amigos. Ainda que os padrões sejam menos intensos, eles ainda estão lá. E aí está a beleza do padrão holográfico de consciência. A determinação que você demonstra ao se relacionar na compra do carro em uma revenda, com a funcionária do caixa do supermercado ou com o mau garçom no restaurante, acaba transparecendo no seu relacionamento familiar. E deve acontecer assim, é da própria natureza do holograma.

A MATRIZ DIVINA

Uma vez que o padrão mude em um ambiente, todo relacionamento que use o mesmo padrão será beneficiado.

As mudanças algumas vezes vêm até nós de onde menos esperamos. Se não viessem, provavelmente nunca diríamos no começo do dia: "Hoje vou enfrentar relacionamentos que vão me mostrar os meus maiores espelhos nos meus mais profundos julgamentos". Nós simplesmente não pensamos desse jeito! Em vez disso, as oportunidades de nos curarmos por meio de espelhos freqüentemente aparecem enquanto estamos a caminho do correio ou enchendo os pneus do carro.

Não faz muito tempo encontrei um amigo que tinha desistido da carreira, da família, das amizades e dos relacionamentos que tinha em outro Estado e mudado para a região inóspita do norte do Novo México. Perguntei a ele por qual razão ele tinha desistido de tanto para viver no isolamento dos altiplanos do deserto. Ele começou a me dizer que tinha ido à procura do seu "caminho espiritual". Entretanto, imediatamente depois, ele me disse que não tinha sido capaz de começar nada porque nada estava dando certo. Ele estava tendo problemas com a família, com os planos de negócios e até mesmo com os empreiteiros que estavam construindo sua nova casa "espiritual". Sua frustração era óbvia. Ouvindo sua história sugeri uma interpretação com o intuito de ajudá-lo.

Meu ponto de vista é que somos incapazes de algo que não seja a vida espiritual. Em outras palavras, como somos espírito, somos capazes de ter apenas experiências espirituais. Independentemente da aparência que a vida possa ter, acredito que tudo o que empreendemos e todos os nossos caminhos estão nos levando para o mesmo lugar. A partir dessa crença, as atividades diárias não podem ser separadas *da* nossa evolução espiritual — elas *são* nossa evolução espiritual!

Eu me virei para meu amigo e sugeri que talvez todos os desafios da vida dele no momento se resumissem no seu caminho espiritual. Ainda que essa obviamente não fosse a resposta esperada, ele ficou curioso sobre o que eu queria dizer. Sua idéia era de que a espiritualidade seria alcançada pela vida solitária em calma contemplação todos os dias.

Eu esclareci melhor minhas crenças explicando que, apesar disso tudo poder ser parte da vida, o modo de resolver os desafios que ele enfrentava poderia ser, precisamente, o caminho que ele estava prestes a explorar. Devolvendo meu olhar com um ar surpreso no rosto enquanto nos despedíamos, ele simplesmente respondeu: "Talvez seja!"

CAPÍTULO OITO

REESCREVENDO O CÓDIGO DA REALIDADE: VINTE CHAVES PARA A CRIAÇÃO CONSCIENTE

> *"Você encontrou as condições para que o desejo de seu coração transforme-se na realidade do seu ser. Fique aqui até adquirir uma força tal que nada possa destruir."*
> — Falado ao místico Gurdjieff pelo seu professor em *Meetings with Remarkable Men: Gurdjieff's Search for Hidden Knowledge*[1]

A popular balada de rock da década de 1970 do grupo Ten Years After, transmite o mesmo desejo do fundo do coração que tenho constatado no mundo inteiro: tantas pessoas desesperadamente querendo fazer diferença sem saber como. "Eu gostaria muito de mudar o mundo", começa o coro, "mas não sei como fazer / deixo então por sua conta."[2] Minha esperança é que nas páginas que se seguem nós possamos tecer juntos tudo o que for preciso para instruir nosso próprio fortalecimento com conhecimentos úteis para a criação de um novo mundo.

No primeiro capítulo deste livro eu contei a história de como as pessoas da cultura do povo daquele nativo americano meu amigo acreditam que nós, por alguma razão misteriosa começamos a esquecer há muito tempo, que podemos mudar o universo. Ele sugeriu que a tecnologia complexa que usamos hoje em dia é o modo pelo qual tentamos reviver essa capacidade, mimetizando no mundo o que podemos de fato fazer no nosso corpo. Tendo isso presente, não devemos ficar surpresos de que os computadores tenham se tornado uma parte tão integral de nossa vida. Eles parecem de fato mimetizar o modo pelo qual guardamos nossas memórias e nos comunicamos uns com os outros.

A MATRIZ DIVINA

A comparação da tecnologia externa *versus* a interna, entretanto, pode até mesmo ir mais longe do que nosso amigo suspeitou (ou pelo menos mais longe do que ele compartilhou comigo naquele dia). De muitos modos nosso cérebro e até mesmo nossa consciência têm sido comparados com o modo de trabalhar dos computadores. Daniel Dennett, diretor do Center for Cognitive Studies da Tufts University, em seu livro pioneiro *Consciousness Explained*, diz que podemos imaginar nosso cérebro como um "computador heterogêneo", e que, ao fazermos isso, temos uma metáfora eficaz para compreender como usamos a informação[3]. De muitas maneiras as idéias da ciência da computação nos fornecem apenas o necessário para encontrarmos nosso caminho no que chamamos de *"terra incógnita"*, ou terra desconhecida, aquela que fica entre o que a ciência nos conta acerca do cérebro e o que nós experimentamos por meio dele. Sem dúvida, o sucesso do computador como uma ferramenta de memória e comunicação nos fornece uma analogia poderosa para que compreendamos melhor o mistério da consciência.

Veja a seguir uma breve descrição de como trabalha um computador moderno. Embora muitíssimo simplificada, a informação é precisa. Esse modelo simples possibilita a comparação entre o mundo exterior de hardware e software e os mecanismos da própria consciência. O paralelo é fascinante e a semelhança é inequívoca.

Para começar, todos os computadores precisam apenas de três coisas para serem úteis. Independentemente do tamanho ou do grau de complicação do computador, ele sempre precisará de um *hardware*, de um *sistema operacional* e de um *software* para funcionar. Até aqui tudo parece bastante simples... mas, para lançarmos uma nova luz nesse entendimento, é importante compreender o que essas três partes do computador fazem realmente.

O sistema operacional é o que torna possível nossa comunicação com os chips e circuitos do computador e acaba fazendo com que alguma coisa aconteça na impressora ou apareça na tela, por exemplo. O sistema operacional tanto pode ser dos tipos Macintosh e Windows, mais conhecidos, como outros mais exóticos, desenvolvidos para tarefas específicas. Quando digitamos no teclado, o sistema operacional faz com que as teclas pressionadas tenham sentido para o computador. Ele traduz nossas instruções em alguma coisa que a máquina reconhece.

O hardware é a estrutura física do computador propriamente dito. Inclui coisas como um monitor e um teclado, bem como circuitos, chips e processadores — os dispositivos mediante os quais o sistema operacional trabalha. O resultado do trabalho do computador torna-se visível geralmente por meio de um dispositivo de hardware. Além da tela, esse dispositivo de saída pode ser constituído por impressoras, traçadores gráficos e projetores que exibem nossas criações.

O software inclui programas conhecidos como Word, PowerPoint e Excel, que usamos diariamente para executar nossos trabalhos nos escritórios e escolas. Mediante nossa interface com esses programas, o computador recebe nossos comandos, que tornam todo o conjunto bastante útil!

O segredo da analogia é: para todas as finalidades e propósitos, o sistema operacional do computador é fixo e não muda. Em outras palavras, ele "é" o que foi feito para ser. Quando queremos que o computador faça alguma diferente, não mudamos o sistema operacional — *mudamos os comandos que vão até ele*. A razão pela qual isso é importante é que a consciência, aparentemente, também trabalha precisamente do mesmo modo.

Se pensarmos no universo inteiro como um imenso computador de consciência, então a consciência propriamente dita é o sistema operacional, e a realidade é o resultado do processamento. Assim como o sistema operacional do computador é fixo e toda mudança é proveniente de programas que falam com ele, para mudar o mundo devemos alterar os programas que são inteligíveis para a realidade: os sentimentos, as emoções, as orações e as crenças.

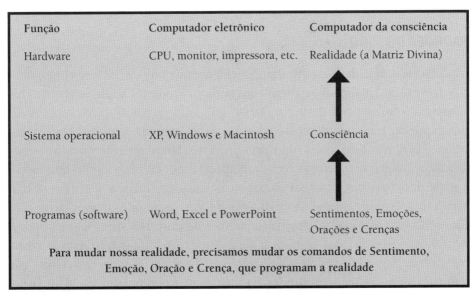

Figura 13. Comparação entre um computador de consciência e o conhecido computador eletrônico: em ambos os casos, para mudar o resultado da programação é preciso usar uma linguagem que o sistema reconheça.

A MATRIZ DIVINA

> **Princípio 20:** Durante a vida precisamos nos transformar nas experiências que queremos ter no mundo.

Tudo o que poderíamos imaginar, e provavelmente coisas que jamais imaginaríamos, são possíveis dentro desse modo de nos vermos. Assim como os processadores de texto Word e Works são os recursos que usamos para conseguir resultados no nosso computador: os sentimentos, as emoções, as crenças e as orações são os programas que mudam o resultado da consciência na Matriz Divina. A beleza dessa analogia é que já temos programas aptos para fabricar a realidade, e já usamos esses programas todos os dias.

A todo momento estamos enviando mensagens de emoção, sentimento, orações e crença na consciência, que se traduzem no código do que enviamos para a realidade diária de nosso corpo, relacionamentos, vida e para o mundo. A questão agora não é tanto saber que essa linguagem existe, é mais definir como a usamos intencionalmente na nossa vida.

Para compreender precisamente por que nossas crenças são tão poderosas e como fazemos uma diferença significativa em um mundo de aproximadamente seis bilhões de pessoas, levaremos nossa compreensão do holograma mais um passo adiante.

PADRÕES DO TODO

Nesta altura já deve estar bastante evidente que nós somos seres holográficos. Deve estar igualmente aparente que somos corpos holográficos vivendo na consciência holográfica de um universo holográfico. Somos seres capazes de nos expressar por meio de nosso próprio corpo, que está além dos limites das células, para nos tornarmos o próprio universo. Simplesmente "sendo" quem somos, abrangemos a criação toda, refletimos tudo, do mais amplo fenômeno à mais diminuta das ocorrências, da mais clara das luzes à mais negra das escuridões. Nossos amigos são parte desse todo, bem como nossos parceiros, pais e filhos. Nosso corpo espelha os padrões do universo, que estão incluídos dentro de outros padrões, que se incluem dentro ainda de mais outros, e assim por diante. Nossa existência holográfica não é segredo algum, entretanto, ela tem sido alvo das mais profundas e tocantes prosas e poesias da história do mundo.

Na obra gnóstica *Trovão, a Mente Perfeita*, por exemplo, uma mulher do século III declara que ela não é nem mais nem menos do que a incorporação de

REESCREVENDO O CÓDIGO DA REALIDADE

todas as possibilidades que já existem dentro de cada pessoa. "Sou a primeira e a última", diz ela. "Sou a prostituta e a santa. Sou a esposa e a virgem. [...] sou a mãe de meu pai e a irmã de meu marido. [...] na minha fraqueza não me abandone, e não tenha medo do meu poder. [...] Por qual razão fui desprezada nas vossas deliberações?"[4]

Por mais precisamente que essas palavras possam descrever nossa existência holográfica, elas foram escritas durante os primeiros anos da igreja cristã e eram muitíssimo precoces para a época. Lembrando-nos disso, quando pediram ao patriarca do conselho da igreja para escolher quais documentos seriam omitidos dos textos religiosos "oficiais" fica fácil perceber por qual razão *Trovão, a Mente Perfeita* ficou sumido até a descoberta da biblioteca formada antes do surgimento da igreja, a biblioteca de Nag Hammadi, praticamente 1.700 anos depois.

O que há de importante aqui é a compreensão de que nós todos somos inteiros e completos em nós mesmos. E nesse estado encontramos a chave para os padrões de cura ainda mais eficazes e que existem dentro de uma abrangência ainda maior. É esse poderoso princípio que atua em nossa vida, catalisando experiências e emoções que de fato podem ter pouco a ver com o que pensamos que elas significam.

Por exemplo, é bastante provável que a tristeza que sentimos quando assistimos a um filme que descreve uma perda tenha muito pouca relação com a cena mostrada na tela. No filme *Dança com Lobos*, de 1990, a cena instigante dos soldados atirando no lobo domado por John Dunbar (interpretado por Kevin Costner) é uma perfeita ilustração de como esse princípio atua em nossa vida. Pelos olhos de Dunbar, pudemos ver os mesmos soldados que o fizeram prisioneiro atacar o lobo, seu amigo de confiança.

Já vi esse filme diversas vezes e em todas as ocasiões a audiência sente-se emocionada pela intensidade e autenticidade da cena, para alguns até mesmo envolta em mistério. *"Por que sentimos tanta tristeza quando vemos o lobo Two Socks ser caçado e morto?"*, é a pergunta. A resposta talvez seja surpreendente. A razão para isso é porque existe uma boa possibilidade de que a tristeza que a audiência sente tenha muito pouco a ver com o que acaba de acontecer na tela. É bem provável que em poucos minutos o filme tenha despertado aquelas emoções que os espectadores tinham enclausurado longe de si sempre que enfrentaram perda ou confisco de alguma coisa preciosa.

Por fim, não é uma surpresa descobrir que os sentimentos evocados enquanto assistimos ao filme, muito possivelmente estão mais relacionados co-

A MATRIZ DIVINA

nosco — com as coisas que descobrimos em nós mesmos para sobreviver às experiências da vida — do que com o que as pessoas experimentam assistindo ao drama mostrado na tela. Entretanto, sem saber que desistimos tanto de nós mesmos, podemos nos encontrar reagindo ao gatilho acionado por livros, filmes ou outras situações com as quais nos identificamos. Esse é o recurso que nos resta para nos lembrarmos de que ainda podemos reconhecer as coisas que estamos perdendo para sobreviver nos momentos difíceis da vida.

Aparentemente, nossa vida funciona assim: cada um de nós reflete para os outros peças diferentes do todo. Somos lembrados disso por um antigo princípio hermético: "Assim em cima como embaixo." Seguindo a sugestão do físico John Wheeler, podemos ser laços de retroalimentação cósmica no universo, com o mesmo padrão repetindo-se a si próprio vezes sem conta e em vários níveis. Avançando um pouco mais com essa idéia, as tradições antigas indicam que os laços de "experiência" da vida continuam pelo tempo que for necessário, até encontrarmos nosso estado mais saudável. Nesse ponto, libertamo-nos do ciclo ou, como as crenças hindus afirmam, nosso karma fica completo.

ALGUÉM PRECISA FAZER PRIMEIRO

No holograma vivo do computador da nossa consciência, todas e cada uma das peças, mesmo as menores, vivem no domínio dos seus espaços próprios. Como tal, ficam subordinadas a um conjunto mais amplo. As subpartículas atômicas, por exemplo, formam os átomos e determinam como *eles* devem funcionar; os átomos, por sua vez, constituem as moléculas e ditam seu funcionamento; já as moléculas compreendem as células do nosso corpo e determinam como nós funcionamos; nosso corpo é o espelho do cosmo ... e assim por diante.

Precisamente por causa da natureza do holograma, como abordamos na Parte II, a mudança feita em um nível reflete-se inteiramente no todo. Dessa maneira, não são necessárias muitas pessoas para ancorar uma nova forma de pensar ou de acreditar dentro de um padrão global de consciência. Relativamente poucas pessoas, ao criarem um novo programa na consciência, fazem uma enorme diferença no resultado da nossa realidade coletiva. Isso ocorreu com os nativos americanos no século XV, que só "viram" os barcos estrangeiros se aproximando, um padrão anômalo com relação ao que estavam acostumados a enxergar, depois que o curandeiro da tribo descobriu como mudar a sua percepção do olhar; ocorreu também com as populações em Israel e no Líbano na década de 1980, que experimentaram a paz depois de indivíduos espe-

REESCREVENDO O CÓDIGO DA REALIDADE

cialmente treinados a sentiram durante períodos previamente programados. O princípio básico é que sempre alguém precisa ser o primeiro a fazer.

Precisamos escolher um novo modo de ser e de viver que se diferencie dos outros, sejam percebidos e se tornem padrão. Ao fazer isso estaremos atualizando o conjunto das nossas crenças e enviando o projeto de uma nova realidade para a consciência. Já vimos muitas vezes esse princípio funcionando no passado: foram muitos os que assumiram uma maneira de ser diferente na presença dos outros — Buda, Jesus, Maomé, Gandhi, Madre Teresa, Martin Luther King Jr. — e ainda por cima fizeram isso dentro da própria consciência que tinham escolhido mudar. Já ouvimos falar nesses exemplos de mudanças influenciadoras há tanto tempo que podemos achar que eles foram muito naturais.

Se examinarmos mais a fundo o procedimento adotado por esses mestres para semear as novas idéias num paradigma em vigor, é impossível não reconhecer como ele foi assombroso. Usando aquela analogia do computador, isso seria equivalente ao processador de texto repentinamente se autoprogramando para projetar naves espaciais... ou seja, um exemplo perfeito de inteligência artificial! E é mais ou menos esse o porte do milagre exigido de nós quando falamos em criar uma grande mudança tendo presente as mesmas crenças que nos limitaram no passado.

Essa a razão do alcance ser tão grande quando encontramos uma maneira de confiar em um universo que nos dá boas razões para ser temido, quando encontramos o perdão em um planeta obcecado pela vingança ou quando encontramos compaixão em um mundo que aprendeu a matar tudo o que teme ou que não consegue compreender. E foi precisamente isso que aqueles nossos mestres conseguiram. Durante toda uma vida de exercício da compaixão, da sabedoria, da confiança e do amor, esses visionários do passado mudaram o "software" da crença que falava ao "sistema operacional" da consciência. Como sementes das novas possibilidades, eles "atualizaram" nossa realidade.

Hoje temos a mesma oportunidade. Não precisamos ser santos para fazer diferença. Existe uma distinção interessante que faz nossas escolhas habituais diferentes daquelas que fizemos no passado. Os estudos científicos indicam que quanto mais pessoas abraçarem uma nova crença, mais fácil fundamentar essa crença na realidade. (Como mencionado na Parte II, a equação "raiz quadrada de um por cento" simplesmente demonstra quantas pessoas são necessárias para iniciar uma mudança.) Ainda que Buda, Jesus e outros mestres possam ter sido os primeiros a conseguir o que conseguiram, seus exemplos

A MATRIZ DIVINA

provaram que eles eram os catalisadores que abriram portas para outros fazerem o mesmo. Até mesmo Jesus sugeriu que as gerações futuras fariam o que pareceria milagroso para as pessoas daquela época.

Muitos anos se passaram e muitas pessoas já seguiram a liderança desses homens de visão. O impulso que eles nos deram é a vantagem que temos sobre essas figuras do nosso passado. *Sabemos* hoje que podemos curar nosso corpo e viver até uma idade avançada. *Sabemos* que o amor, a estima e a gratidão são qualidades humanistas que infundem vitalidade em nosso corpo e paz em nosso mundo. E também *sabemos* que, com o conhecimento para atualizar o que dizemos à Matriz Divina, um número relativamente pequeno de pessoas pode fazer uma grande diferença.

Então, o que podemos fazer com tal conhecimento? O que acontecerá se uma pessoa decidir dar uma resposta nova a um padrão antigo de atitudes que infligem dor? O que ocorrerá se alguém decidir responder à "traição" ou à "violação da confiança", por exemplo, com uma resposta que não seja mágoa ou raiva? Qual poderia ser o destino de uma família quando um de seus membros começa a ouvir o noticiário da televisão sem sentir que é necessário que alguém parta para a vingança ou desforra contra os que enganaram ou violentaram outras pessoas? Eis o que acontecerá: o indivíduo que assim proceder se transformará em uma ponte de vida — pioneiro e parteira ao mesmo tempo — para todos os que tiverem a coragem de escolher o mesmo caminho. Cada vez que alguém mais fizer a mesma escolha ficará um pouco mais fácil, porque a outra pessoa não terá sido a primeira.

Como vimos anteriormente, o segredo do sucesso conquistado por essas pessoas é que, para procederem assim, elas precisaram *superar* as coisas que as feriam sem se perder na experiência. Em outras palavras, Martin Luther King Jr. não poderia lutar contra o ódio odiando. Nelson Mandela não teria sobrevivido mais de duas décadas em uma prisão da África do Sul se desprezasse aqueles que o prenderam. Da mesma maneira, é impossível terminar uma guerra criando mais guerras. Um exemplo importante e bastante significativo, precisamente desse princípio, surge quando atentamos para o fato de termos sido incapazes de encontrar a paz durante todo o século XX. A conclusão é que, em um universo que serve de espelho para nossas crenças, é claro que pessoas com a raiva no coração nunca poderão criar um mundo pacífico.

Tentamos, e a instabilidade do mundo hoje evidencia o que nossos esforços nos trouxeram.

Dois padrões emergem dos exemplos daqueles que conseguiram mudar os ciclos de opressão vivendo em um ambiente opressivo:

1. A escolha para ver além do ódio se origina mais do mesmo sistema de onde o ódio é expelido do que da imposição de uma fonte externa sobre o sistema;
2. Quem faz essa escolha se torna uma ponte viva para as pessoas que elas mais amam. Elas se sentem mais aptas quando vivem suas verdades em um sistema que não apóia as crenças que professam na época.

Como é poderosa essa relação! A consciência holográfica possibilita que uma mudança que ocorra em *uma parte qualquer* do sistema torne-se uma mudança em *todas* as partes do sistema. Mesmo com mais de seis bilhões de pessoas compartilhando o nosso mundo hoje, todos nós nos beneficiamos, até certo ponto, com as escolhas de paz e cura sustentadas por poucas. Posso afirmar isso com segurança, pois presenciei esse princípio em ação no meu ambiente de trabalho. Por meio do nosso conhecimento da Matriz Divina, sabemos de tudo o que precisamos para reconhecer o nosso poder de criar e para aplicar o que sabemos aos grandes desafios do nosso tempo.

Não importa se estamos escolhendo a paz para o mundo ou para nossa família, ou a cura dos entes queridos ou de nós mesmos, os princípios são os mesmos. Na nossa analogia, quando comparamos o universo com um computador de consciência, acionado por sentimentos, emoções, crenças e orações que programam a realidade, tem muito sentido um manual de instruções que enfatize os passos necessários para fazer realidades. E é assim que procedemos: os mais iluminados mestres ao longo dos séculos têm compartilhado isso minuciosamente conosco. Os princípios na próxima seção foram extraídos dos ensinamentos desses mestres e tencionam nos conduzir, passo a passo, por uma seqüência de lógica e de atitudes comprovadamente capazes de criar mudanças.

Conquanto certamente existam outros princípios, esta seqüência comprovada pelo tempo tem se mostrado eficaz ao longo da história e também na minha própria experiência. Por essa razão, é oferecida neste ponto do livro como um manual abreviado de "como fazer", tendo em vista a atualização dos nossos programas de realidade e a mudança do mundo.

VINTE PRINCÍPIOS PARA TORNAR AS COISAS REAIS

A seguir apresento os princípios que resumem os pontos mais importantes deste livro. Considerados individualmente, eles são interessantes. Considerados em conjunto, contam-nos uma história — *nossa história* — e nos lembram do nosso poder criador. Os princípios podem ser considerados como o software que o computador da nossa consciência usa para fazer as coisas se tornarem reais ... é o código da mudança. E como todo código, os princípios são citados em ordem por uma razão. Fazendo uma analogia simples, assim como nós precisamos ter todos os ingredientes à mão para podermos assar um bolo, os princípios da realidade só funcionarão se forem bem compreendidos a cada etapa do processo, e se estiverem disponíveis para serem usados quando necessário.

Quando penso acerca desses princípios, lembro-me de uma seqüência de penetrantes conhecimentos que foram descritos no misterioso terceiro livro da Cabala, o *Sepher Yetzirah*. As instruções, passo a passo, descrevem como o universo foi feito; o desconhecido autor do livro convida o leitor a considerar um passo da criação de cada vez. Ao fazer isso o leitor deve atribuir, a cada um, sua quota de poder. "Examine com eles/e teste com cada um deles", diz o texto das antigas instruções. "Faça com que cada coisa permaneça de posse da própria essência"[5].

De modo semelhante, convido você a considerar a relação dos princípios individualmente, um a um. Dê a cada um seu mérito próprio, como poderoso agente de mudança. Pratique até que ele tenha sentido. Todos os passos, conjuntamente, podem se transformar no seu código para mudar o mundo e a si mesmo.

VINTE PRINCÍPIOS PARA A CRIAÇÃO CONSCIENTE

Princípio 1: A Matriz Divina é o *receptáculo* que contém o universo, a *ponte* que interliga tudo e o *espelho* que mostra todas as nossas criações.

Princípio 2: Todas as coisas do mundo estão ligadas a todas as outras coisas.

Princípio 3: Para usufruirmos da força do universo propriamente dito, devemos nos ver como *parte* do mundo, não como se estivéssemos *separados* dele.

Princípio 4: Coisas que são unidas *ficam para sempre unidas*, quer permaneçam ou não fisicamente ligadas.

Princípio 5: O ato de focalizar nossa consciência é um ato de criação. A consciência cria!

REESCREVENDO O CÓDIGO DA REALIDADE

Princípio 6: Temos o poder necessário para fazer todas as mudanças que quisermos!

Princípio 7: O foco da consciência torna-se a realidade do nosso mundo.

Princípio 8: Simplesmente *dizer* que escolhemos uma nova realidade não é suficiente!

Princípio 9: O sentimento é a linguagem que "fala" com a Matriz Divina. Sinta-se como se sua meta já tivesse sido alcançada e sua oração atendida.

Princípio 10: Nem todos os sentimentos são adequados. Aqueles capazes de criar deixam de lado o ego e o julgamento prévio.

Princípio 11: Durante a vida, temos de nos *transformar* nas *experiências* que escolhemos ter no mundo.

Princípio 12: Não estamos limitados pelas leis da física como as conhecemos hoje.

Princípio 13: Na imagem holográfica de "um objeto qualquer", todas as partes desse objeto espelham o objeto inteiro.

Princípio 14: O holograma universalmente conectado da consciência nos promete que os desejos e orações chegam ao seu destino no momento em que são concebidos.

Princípio 15: Por meio do holograma da consciência, uma pequena mudança em nossa vida espelha-se em todas as partes do mundo.

Princípio 16: A quantidade mínima de pessoas necessárias para "dar partida" a uma mudança de consciência é a raiz quadrada de 1% do total de pessoas da população em causa.

Princípio 17: A Matriz Divina no nosso mundo funciona como o espelho dos relacionamentos que construímos com nossas crenças.

Princípio 18: A origem de nossas experiências "negativas" pode ser reduzida a um dos três medos universais (ou a uma combinação deles): abandono, baixa auto-estima e falta de confiança.

Princípio 19: Nossas verdadeiras crenças são refletidas em nossos relacionamentos mais íntimos.

Princípio 20: Durante a vida precisamos nos transformar nas experiências que queremos ter no mundo.

Quase universalmente, compartilhamos uma sensação de que existe mais em nós do que os olhos vêem. Em algum lugar, emergindo da névoa da memória coletiva de um passado distante, sabemos que temos poderes mágicos e miraculosos dentro de nós. Desde a época de nossa infância, fantasiamos sobre nossa capacidade de fazer coisas além da razão e da lógica. E por que não? Quando ainda somos crianças temos que "aprender" a regra de que milagres não são coisas que acontecem todos os dias.

Os lembretes de nosso potencial miraculoso estão a nossa volta. Na Parte II sugeri que as "anomalias" das partículas quânticas poderiam ser algo mais do que simplesmente "estranhas" e "fantasmagóricas". Perguntei se a liberdade que essas partículas têm de se mover no espaço–tempo estaria realmente nos mostrando um tipo de liberdade que poderíamos ter em nossa vida. Intencionalmente esperei até agora para responder a essa questão. De acordo com todos os experimentos e pesquisas, juntamente com a demonstração dos que transcenderam os limites de suas próprias crenças, acredito que a resposta seja sim.

Se as partículas das quais somos feitos podem se comunicar instantaneamente entre si, existir em dois lugares ao mesmo tempo, viver tanto no passado como no futuro e até mesmo mudar a história mediante escolhas no presente, então nós também podemos. A única diferença entre nós e aquelas partículas isoladas é que somos feitos de uma quantidade enorme delas, mantidas juntas graças à própria consciência.

A mística dos tempos antigos lembra ao nosso coração, e as experiências modernas têm comprovado perante a razão, que a força mais poderosa do universo vive no interior de cada pessoa. E que o grande segredo secreto da própria criação é: ter o poder de criar o mundo que imaginamos em nossas crenças. Ainda que isso possa parecer muito simples para ser verdade, acreditamos que o universo funciona precisamente desse modo.

Quando o poeta sufi Rumi observou que temos medo de nossa própria imortalidade, talvez ele quisesse dizer que o que realmente nos assusta é o poder de escolher a imortalidade.

Assim como os iniciados de Christopher Logue na Introdução deste livro descobriram que precisavam de um pequeno empurrão para começarem a voar, talvez tudo o que precisemos é de uma pequena mudança para nos conscientizarmos de que somos arquitetos do nosso mundo e do nosso destino, artistas cósmicos expressando as próprias crenças interiores na tela do universo. Se pudermos nos lembrar de que somos não só a obra de arte como também o artista que a criou, talvez então nos lembremos de que somos a semente do milagre, tanto quanto o milagre em si mesmo. Se pudermos operar essa pequena mudança, já estaremos curados na Matriz Divina.

*Continue andando, embora não
haja nenhum lugar para ir.
Não tente ver a longas distâncias.
Os seres humanos não são capazes disso.
Volte-se para dentro, mas não siga
o caminho do medo.*

— Rumi

AGRADECIMENTOS

A *Matriz Divina* é uma síntese de pesquisas, descobertas e apresentações que começaram com uma pequena audiência em Denver, no Colorado, em 1986. Desde essa época, muitas pessoas cruzaram meu caminho e forneceram a ponte para a experiência que resultou na mensagem intensa e fortalecedora deste livro. Muitas vezes participaram de tal forma que nem elas mesmas perceberam! Ainda que fosse necessário um volume inteiro para citar todos os participantes nominalmente, essas páginas são a oportunidade que tenho de expressar meus agradecimentos àqueles cujos esforços contribuíram diretamente para tornar este livro possível.

Sou especialmente grato:

Aos grandes amigos que fiz na Hay House! Minha sincera apreciação e calorosos agradecimentos à Louise Hay, Reid Tracy e Ron Tillinghast, pela penetrante visão e dedicação à maneira verdadeiramente extraordinária de fazer negócios, uma característica inconfundível do sucesso da Hay House. A Reid Tracy, presidente e CEO, envio meus profundos agradecimentos pelo apoio recebido e fé inabalável em mim e no meu trabalho. A Jill Kramer, diretora da redação, meu muitíssimo obrigado pelas suas opiniões honestas e orientações recebidas, por estar sempre presente quando chamada e pelos anos de experiência que trouxe às nossas conversações.

A Angela Torrez, minha agente publicitária; Alex Freemon, meu revisor; Jacqui Clark, diretor de publicidade; Jeannie Liberati, diretora de vendas; Margarete Nielsen, diretora de marketing; Nancy Levin, diretora de eventos e Rocky George, extraordinário engenheiro de áudio — eu nunca poderia ter reunido uma equipe melhor e mais dedicada do que essa para apoiar meu trabalho! O entusiasmo e profissionalismo de toda equipe foram insuperáveis e orgulho-me de fazer parte de todas as boas coisas que a família da Hay House trouxe para nosso mundo.

A Ned Leavitt, meu agente literário: muitos agradecimentos pela sabedoria e integridade que trouxe, para que juntos alcançássemos cada marco do cami-

AGRADECIMENTOS

nho. Se alcançamos mais pessoas do que nunca com nossos livros foi graças à distribuição bem orientada e às nossas mensagens fortalecedoras de esperança e possibilidade. Ao mesmo tempo que apreciei a sua orientação impecável, sou especialmente grato pela amizade e confiança que me dedicou.

A Stephanie Gunning, minha amiga e editora de primeira linha ... meus agradecimentos pela dedicação e habilidade, e pela energia que demonstrou ser capaz de incorporar em tudo o que fez. Acima de tudo, obrigado pela ajuda na compreensão das complexidades da ciência e na busca das palavras certas para compartilhá-las de uma maneira jovial e significativa. Admiro-me de sua capacidade ao levantar as questões oportunas da maneira adequada e sempre convergentes para as escolhas claramente mais acertadas.

Orgulho-me de ser parte da equipe virtual e dos que se juntaram a nós para apoiar meu trabalho ao longo dos anos, incluindo Lauri Willmot, minha gerente favorita e exclusiva. Vocês contam com minha admiração e com incontáveis agradecimentos por terem sempre estado presentes — especialmente quando necessário! A Robin e Jerry Miner da Sourcebooks, muito obrigado por terem ficado conosco tantos anos, criado os grandes eventos e uma apresentação tão magnífica do material de apoio para os nossos programas. A M.A. Bjarkman, Rae Baskin, Sharon Krieg, Vick Spaulding, e a todos da The Conference Works!... meus profundos agradecimentos por tudo o que fizeram para nos ajudar na divulgação de nossa mensagem com audiências tão magníficas no país inteiro.

À minha mãe Sylvia e ao meu irmão Eric ... agradeço pelo amor sempre presente e por terem acreditado em mim. Ainda que nossa família consangüínea seja pequena, juntos nós descobrimos que nossa família ampliada pelo amor é maior do que jamais poderíamos imaginar. Minha gratidão por tudo o que vocês trazem todos os dias à minha vida se estende além de quaisquer palavras que eu poderia escrever nesta página. Ao Eric, engenheiro de áudio e vídeo e extraordinário guru técnico, um agradecimento muito especial pela paciência pelas muitas, variadas e freqüentemente desafiadoras atividades nas quais estivemos trabalhando. Ao mesmo tempo que me orgulho pelo trabalho que realizamos juntos, orgulho-me especialmente de ser seu irmão.

A Kennedy, minha amada esposa e parceira na vida, minha companheira única nos melhores e nos piores momentos. Obrigado pela presença constante, apoio inabalável e pela paciência durante os dias longos, as noites curtas e os "bons-dias" através de interurbanos! Acima de tudo, obrigado a você por tudo o que fez para nos conservar fortes e saudáveis e por me ajudar a manter minha

promessa de estar sempre na minha melhor forma! Suas palavras de encoraja-
mento sempre chegaram no tempo certo quando menos eram esperadas!

Um agradecimento muito especial a todos os que apoiaram nosso trabalho, livros, gravações e apresentações ao vivo ao longo dos anos. Sinto-me honrado pela confiança que em mim depositam e pela convicção, respeitosa e reverente, de que podemos melhorar o mundo. A presença de todos me ensinou a ser um ouvinte mais atencioso, a ouvir as palavras que tornam possível a divulgação das nossas mensagens que fortalecem a esperança e a possibilidade de alcançar metas. A todos, serei sempre grato.

NOTAS

INTRODUÇÃO

1. "Come to the Edge" é um poema de Christopher Logue escrito em 1968 para um festival em homenagem ao 50º aniversário da morte do poeta francês Guillaume Apollinaire. O poema encontra-se em Christopher Logue, *Ode to the Dodo: Poems from 1953 to 1978* (Londres: Jonathan Cape, 1981): p. 96.
2. *The Expanded Quotable Einstein*, Alice Calaprice, org. (Princeton, NJ: Princeton University Press, 2000): p. 220.
3. John Wheeler, conforme citado por F. David Peat in *Synchronicity: The Bridge Between Matter and Mind* (Nova York: Bantam Books, 1987): p. 4.
4. David Bohm and F. David Peat, *Science, Order, and Creativity* (Nova York: Bantam Books, 1987): p. 88.
5. David Bohm, *Wholeness and the Implicate Order* (Londres: Routledge & Kegan Paul, 1980): p. 62.
6. Ibid.
7. Ibid., p. 14.
8. Michael Wise, Martin Abegg, Jr. e Edward Cook, *The Dead Sea Scrolls: A New Translation* (San Francisco, CA: HarperSanFrancisco, 1996): p. 365.
9. Glen Rein, Ph.D., Mike Atkinson e Rollin McCraty, M.A., "The Physiological and Psychological Effects of Compassion and Anger", *Journal of Advancement in Medicine*, vol. 8, no. 2 (1995): pp. 87-103.
10. As antigas escrituras védicas dizem que o campo unificado de energia é um campo de energia infinito subjacente a um universo infinitamente diversificado. Site na Internet: **www.vedicknowledge.com**
11. O antigo *Hsin-Hsin Ming* (Versos sobre a Fé na Mente) é atribuído a Chien Chih Seng-ts'an, terceiro patriarca Zen do século VI. Essa citação específica vem da tradução inglesa de Richard B. Clarke e é ilustrado por Gyoskusei Jikihara, *Hsin-Hsin Ming: Seng-ts'an Third Zen Patriarch* (Buffalo, NY: White Pine Press, 2001).
12. Ibid.

PARTE 1

CAPÍTULO 1

1. Dean Radin, em comentário sobre cenas especiais da filmagem dos produtores da película de 2004 *Suspect Zero*, dirigido por E. Elias Merhige (Paramount Studios,

A MATRIZ DIVINA

DVD lançado nos Estados Unidos em abril de 2005). O enredo do filme gira em torno do uso da visão remota para a investigação criminal. Durante 15 anos, Radin conduziu estudos experimentais de fenômenos psíquicos na academia e na indústria por meio de seus compromissos em instituições dentre as quais as universidades de Princeton, Edinburgh, Nevada e a SRI International. Atualmente ele é cientista sênior no Institute of Noetic Sciences, uma organização com concessão para explorar "as fronteiras da consciência para o progresso das transformações individuais, sociais e globais".

2. Neville, *The Law and the Promise* (Marina del Rey, CA: DeVorss, 1961): p. 9.

3. Ibid., p. 44.

4. *The Expanded Quotable Einstein*, p. 75.

5. Francis Harold Cook, *Hua-yen Buddhism: The Jewel Net of Indra* (University Park, PA: Pennsylvania State University Press, 1977): p. 2.

6. James Clerk Maxwell, "pai" da teoria eletromagnética. Essa citação abre o artigo que pediram a ele para escrever sobre o campo do éter para a nona edição da *Enciclopédia Britânica*, publicada pela Cambridge University Press em 1890. Site na Internet: **www.mathpages.com/home/kmath322/kmath322.htm.**

7. "Physics — On Absolute Space (Aether, Ether, Akasa) and Its Properties as an Infinite Eternal Continuous Wave Medium", narrado pelo físico Hendrik Lorentz em 1906 e citado na coleção de pontos de vista online sobre o campo do éter. Site na Internet: **www.spaceandmotion.com/Physics-Space-Aether-Ether.htm.**

8. Narrado por Albert Einstein durante uma palestra em1928. Ibid.

9. Ibid.

10. A. A. Michelson, "The Relative Motion of the Earth and the Luminiferous Ether," *American Journal of Science*, vol. 22 (1881): pp. 120-129.

11. A. A. Michelson e Edward W. Morley, "The Relative Motion of the Earth and the Luminiferous Ether," *American Journal of Science*, vol. 34 (1887): pp. 333-345.

12. E. W. Silvertooth, "Special Relativity," *Nature*, vol. 322 (14 de agosto de 1986): p. 590.

13. Konrad Finagle, *What's the Void?* (Barney Noble, 1898) [textos selecionados em D. E. Simanek e J. C. Holden, *Science Askew* (Boca Raton, FL: Institute of Physics Publishing, 2002)]. Site na Internet: **www.lhup.edu/-dsimanek/cutting/grav.htm.**

14. "Physics — On Absolute Space (Aether, Ether, Akasa) and Its Properties as an Infinite Eternal Continuous Wave Medium", narrado por Albert Einsten durante uma palestra em 1928.

15. Max Planck, de um discurso proferido em 1944, em Florença, na Itália, intitulado: "Das Wesen der Materie" (A Essência/Natureza/Caráter da Matéria). Fonte: Archiv zur Geschichte der Max-Planck-Gesellschaft, Abt. Va, Rep. 11 Planck, Nr. 1797. A seguir apresento um trecho desse discurso traduzido do alemão:

NOTAS

Original em alemão: "Als Physiker, der sein ganzes Leben der nüchternen Wissenschaft, der Erforschung der Materie widmete, bin ich sicher von dem Verdacht frei, für einen Schwarmgeist gehalten zu werden. Und so sage ich nach meinen Erforschungen des Atoms dieses: Es gibt keine Materie an sich. Alle Materie entsteht und besteht nur durch eine Kraft, welche die Atomteilchen in Schwingung bringt und sie zum winzigsten Sonnensystem des Alls zusammenhält. Da es im ganzen Weltall aber weder eine intelligente Kraft noch eine ewige Kraft gibt - es ist der Menschheit nicht gelungen, das heissersehnte Perpetuum mobile zu erfinden - so müssen wir hinter dieser Kraft einen **bewussten intelligenten Geist** annehmen. Dieser Geist ist der Urgrund aller Materie."

Tradução: "Na qualidade de alguém que devotou a vida inteira à ciência mais esclarecida, ao estudo da matéria, posso fazer a seguinte afirmativa como resultado de minhas pesquisas sobre os átomos: a matéria, como matéria propriamente dita, não existe! Toda matéria se origina e existe apenas em virtude da força que faz vibrar as partículas de um átomo e que consegue manter unido esse extremamente diminuto sistema solar. Devemos assumir que por trás dessa força existe uma **Mente consciente e inteligente**. Essa Mente é a matriz de toda a matéria."

16. Albert Einstein, citado pelo físico Michio Kaku em um artigo online, "M-Theory: The Mother of all SuperStrings: An introduction to M-Theory" (2005). Site na Internet: **www.mkaku.org/article_mtheory.htm.**

17. *The Expanded Quotable Einstein*, p. 204.

18. Zhi Zhao, Yu-Ao Chen, An-Ning Zhang, Tao Yang, Hans J. Briegel e Jian-Wei Pan, "Experimental Demonstration of Five-photon entanglement and Open-destination Teleportation," *Nature*, vol. 430 (2004): p. 54.

19. Eric Smalley, "Five Photons Linked," *Technology Research News* (agosto/setembro de 2004). Site na Internet: **www.trnmag.com/Stories/2004/082504/Five_photons_linked_082504.html.**

20. Malcolm W. Browne, "Signal Travels Farther and Faster Than Light", Thomas Jefferson National Accelerator Facility (Newport News, VA) boletim informativo online (July 22, 1997). Site na Internet: **www.cebaf.gov/news/internet/1997/spooky.html.**

21. Essa citação do líder do projeto, professor Nicholas Gisin, vem de um artigo que descreve a experiência. "Geneva University Development in Photon Entanglement for Enhanced Encryption Security and Quantum Computers" (2000). Site na Internet: **www.geneva.ch/Entanglement.htm.**

22. Malcolm W. Browne, "Signal Travels Farther and Faster Than Light."

CAPÍTULO 2

1. *The Illuminated Rumi*, Coleman Barks, trad. [Nova York: Broadway Books, 1997): p. 13.

2. Citado por Carl Seelig, *Albert Einstein* (Barcelona, Espanha: Espasa-Calpe, 2005).

3. John Wheeler, de entrevista dada a Mirjana R. Gearhart do *Cosmic Search*, vol. 1, nº 4 (1979). Site na Internet: **www.bigear.org/vol1no4/wheeler.htm**

4. Ibid.

5. Joel R. Primack, cosmólogo da University of California em Santa Cruz, "De acordo com a teoria do Big Bang, o espaço está se expandindo. Não compreendo: se está se expandindo, está entrando aonde? Artigo online "Ask the Experts", uma seção da *Scientific American* Website: **www.sciam.com** (publicado em 21 de outubro de 1999). "De acordo com a moderna teoria da cosmologia, baseada na teoria da relatividade geral de Einstein (nossa moderna teoria da gravidade), o Big Bang não ocorreu em algum lugar do espaço, ele ocupou o espaço todo. Ele na verdade criou o espaço."

6. The Rig Veda, conforme citação em "Hinduism — Hindu Religion: Discussion of Metaphysics & Philosophy of Hinduism Beliefs & Hindu Gods". Site na Internet: **www.spaceandmotion.com/Philosophy-Hinduism-Hindu.htm**

7. Ibid.

8. Esse efeito foi primeiramente relatado na Rússia: P.P.Gariaev, K.V. Grigor'ev, A.A. Vasil'ev, V.P. Poponin e V.A. Shcheglov, "Investigation of the Fluctuation Dynamics of DNA Solutions by Laser Correlation Spectroscopy", *Bulletin of the Lebedev Physics Institute*, nº 11-12 (1992): pp. 23-30, conforme citado por Vladimir Poponin em um artigo online "The DNA Phantom Effect: Direct Measurement of a New Field in the Vacuum Substructure" (atualizado no DNA Phantom Effect: de 19 de março de 2002). Site na Internet The Weather Master: **www.twm.co.nz/DNA-Phantom.htm**

9. Ibid.

10. Vladimir Poponin, "The DNA Phantom Effect: Direct Measurement of a New Field in the Vacuum Substructure", nova execução do estudo russo em 1995 sob o patrocínio do Institute of HeartMath, Research Division, Boulder Creek, CA.

11. Ibid.

12. Glen Rein, Ph.D., Mike Atkinson e Rollin McCraty, M.A., "The Physiological and Psychological Effects of Compassion and Anger", *Journal of Advancement in Medicine*, vol. 8, nº 2 (verão de 1995): pp. 87-103.

13. Julie Motz, "Everyone an Energy Healer: The Treat V Conference", Santa Fé, NM, *Advances: The Journal of Mind-Body Health*, vol. 9 (1993).

14. Jeffrey D. Thompson, D.C., B.F.A., artigo online, "The Secret Life of Your Cells," Center for Neuroacoustic Research (2000). Esse artigo faz referências ao trabalho do colega de Thompson, Dr. Cleve Backster, e ao livro acerca da pesquisa de mesmo título. Site na Internet: **www.neuroacoustic.org/articles/articlecells.htm**

15. O Institute of HeartMath foi fundado em 1991 como uma organização não lucrativa, "fornecendo uma série de serviços especiais, produtos e tecnologias para

NOTAS

aumentar o desempenho, a produtividade, a saúde e o bem-estar, ao mesmo tempo reduzindo acentuadamente as tensões". Para mais informações, consulte o site na Internet: **www.HeartMath.com/company/index.html**

16. Glen Rein, Ph.D., "Effect of Conscious Intention on Human DNA", Proceedings of the International Forum on New Science (Denver, CO: 1996).

17. Glen Rein, Ph.D. e Rollin McCraty, Ph.D., "Structural Changes in Water and DNA Associated with New Physiologically Measurable States", *Journal of Scientific Exploration*, vol. 8, nº 3 (1994): pp. 438-439.

18. Rein, "Effect of Conscious Intention on Human DNA".

19. Elaine Pagels, *The Gnostic Gospels* (Nova York: Random House, 1979): pp. 50-51.

20. Planck, "Das Wesen der Materie".

PARTE II

CAPÍTULO 3

1. Chefe indígena Seattle, "A Message to Washington from Chief Seattle". Site na Internet: **www.chiefseattle.com**

2. "Does the Universe Exist if We're Not Looking?", entrevista de Tim Folger com John Wheeler, *Discover*, vol. 23, nº 6 (junho de 2002): p. 44.

3. Neville, *The Power of Awareness* (Marina del Rey, CA: DeVorss, 1961): p. 9.

4. Neville, *The Law and the Promise*, p. 57.

5. Neville, *The Power of Awareness*, pp. 103-105.

6. Ibid., p. 10.

7. Ibid.

8. Seelig, *Albert Einstein*.

9. Michio Kaku, *Hyperspace: A Scientific Odyssey Through Parallel Universes, Time Warps, and the 10th Dimension* (Nova York: Oxford University Press, 1994): p. 263.

10. C. D. Sharma, *A Critical Survey of Indian Philosophy* (Delhi, Índia: Motilal Banarsidass Publishers, 1992): p. 109.

11. Neville, *The Law and the Promise*, p. 13.

12. "The Gospel of Thomas," [o Evangelho de Tomé], traduzido e introduzido pelo Coptic Gnostic Library Project do Institute for Antiquity and Christianity (Claremont, CA). De *The Nag Hammadi Library*, James M. Robinson, org. (San Francisco, CA: HarperSanFrancisco, 1990): p. 137.

13. "John 16:23-24", *Holy Bible: Authorized King James Version* (Grand Rapids, MI: World Publishing, 1989): p. 80.

14. *Prayers of the Cosmos: Meditations on the Aramaic Words of Jesus,* Neil Douglas-Klotz, trad. (San Francisco, CA: HarperSanFrancisco, 1994): pp. 86-87.

15. Amit Goswami, "The Scientific Evidence for God Is Already Here", *Light of Consciousness*, vol. 16, nº 3 (inverno de 2004): p. 32.

A MATRIZ DIVINA

16. *The Illuminated Rumi*, p. 98.
17. *The Expanded Quotable Einstein*, p. 205.
18. Jack Cohen e Ian Stewart, *The Collapse of Chaos: Discovering Simplicity in a Complex World* (Nova York: Penguin Books, 1994): p. 191.
19. Uma das mais claras fontes da ligação mente-corpo foi documentada em um estudo memorável por James Blumenthal, da Duke University. "Chill Out: It Does the Heart Good", boletim informativo da Duke University (31 de julho de 1999), citando uma avaliação técnica da relação entre a resposta emocional e o estado saudável do coração, originalmente publicado no *Journal of Consulting and Clinical Psychology*. Site na Internet: **www.dukemednews.org**
20. Um belo exemplo da aplicação do que sabemos sobre a paz interior vivendo em um clima de guerra encontra-se no estudo pioneiro de David W. Orme-Johnson, Charles N. Alexander, John L. Davies, Howard M. Chandler e Wallace E. Larimore, "International Peace Project in the Middle East", *The Journal of Conflict Resolution*, vol. 32, nº 4, (dezembro de 1988): p. 778.
21. "The Gospel of Thomas" [o Evangelho de Tomé], *The Nag Hammadi Library*, p. 134.
22. Joan Carroll Cruz, *Mysteries, Marvels, Miracles in the Lives of the Saints* (Rockford, IL: TAN Books and Publishers, 1997).
23. Existem muitas narrações da vida milagrosa de Padre Pio, que incluem profecias, aromas milagrosos, estigmas e bilocações. A melhor fonte que encontrei para a narrativa específica do que houve durante a Segunda Guerra Mundial encontra-se no site da Internet Eternal Word Television Network. **www.ewtn.com/padrepio/mystic/bilocation.htm**

CAPÍTULO 4

1. A tecnologia holográfica foi inventada em 1948 pelo cientista húngaro Dennis Gabor. Em 1971, Gabor recebeu o prêmio Nobel de física pela descoberta, que havia feito 23 anos antes.
2. Russell Targ, em comentário sobre as cenas especiais da filmagem dos produtores da película de 2004 *Suspect Zero*, dirigido por E. Elias Merhige (Paramount Studios, DVD lançado nos Estados Unidos em abril de 2005).
3. Ibid.
4. Ervin Laszlo, "New Concepts of Matter, Life and Mind", artigo publicado com a permissão de Physlink no site da Internet: **www.physlink.com/Education/essay_Iaszlo.cfm**
5. Francis Harold Cook, *Hua-yen Buddhism*, p. 2.
6. Ibid.
7. Laszlo, "New Concepts of Matter, Life and Mind".

NOTAS

8. Karl Pribram, conforme citado durante uma entrevista de Daniel Goleman, "Pribram: The Magellan of Brain Science", no site da Internet SyberVision: **www.sybervision.com/Golf/hologram.htm**
9. Ibid.
10. "International Peace Project in the Middle East", *The Journal of Conflict Resolution*, p. 778.
11. "Mateus 17:20", *The New Jerusalem Bible: The Complete Text of the Ancient Canon of the Scriptures*, Standard Edition, Henry Wansbrough, org. (Nova York: Doubleday, 1998): p. 1129.
12. Neville, *The Power of Awareness*, p. 118.
13. *101 Miracles of Natural Healing*, vídeo instrucional sobre os métodos passo a passo do Chi-Lel™ de cura, criado pelo fundador Dr. Pang Ming. Site na Internet: **www.chilel-qigong.com**
14. Neville, *The Power of Awareness*, p. 10.

CAPÍTULO 5

1. *The Expanded Quotable Einstein*, p. 75.
2. Yitta Halberstam e Judith Leventhal, *Small Miracles: Extraordinary Coincidences From Everyday Life* (Avon, MA: Adams Media Corporation, 1997).
3. Jim Schnabel, *Remote Viewers: The Secret History of America's Psychic Spies* (Nova York: Bantam Doubleday Dell, 1997): pp. 12-13.
4. Russell Targ, from *Suspect Zero* DVD.
5. Jim Schnabel, *Remote Viewers*, p. 380.
6. Benjamin Lee Whorf, *Language, Thought, and Reality*, John B. Carroll, org. (Cambridge, MA: MIT Press, 1964): pp. 58-59.
7. Ibid., p. 262.
8. Ibid.
9. Ibid., p. 59.
10. "Mathematical Foundations of Quantum Theory: Proceedings of New Orleans Conference on the Mathematical Foundations of Quantum Theory", *Quantum Theory and Measurement*, J. A. Wheeler e W. H. Zurek, orgs. (Princeton, NJ: Princeton University Press, 1983): pp. 182-213.
11. Yoon-Ho Kim, R. Yu, S.P. Kulik, Y.H. Shih e Marian O. Scully, "Delayed 'Choice' Quantum Eraser", *Physical Review Letters*, vol. 84, nº 1 (2000): pp. 1-5.

PARTE III

CAPÍTULO 6

1. Carlos Castañeda, *Journey to Ixtlan: The Lessons of Don Juan* (Nova York: Washington Square Press, 1972): p. 61.

A MATRIZ DIVINA

2. Douglas-Klotz, *Prayers of the Cosmos*, p. 12.
3. Gregg Braden, *The God Code: The Secret of Our Past, the Promise of Our Future* (Carlsbad, CA: Hay House, 2005), p. xv. [*O Código de Deus: O Segredo do Nosso Passado, a Promessa do Nosso Futuro*, publicado pela Editora Cultrix, SP, 2006].

CAPÍTULO 7

1. Ernest Holmes, *The Science of Mind* (da versão original de 1926, Part IID, Lesson Four: Recapitulation). Site na Internet: **ernestholmes.wwwhubs.com/sompart2d. htm**
2. "The Gospel of Thomas" [o Evangelho de Tomé], *The Nag Hammadi Library*, p. 136.
3. Ibid., p. 126.
4. Ibid., p. 136.
5. Ibid., p. 134.
6. Ibid.

CAPÍTULO 8

1. *Meetings with Remarkable Men: Gurdjieff's Search for Hidden Knowledge* (Corinth Video, 1987). Esse filme foi baseado na vida de Gurdjieff e na sua incansável busca para conhecer os ensinamentos secretos do passado. Suas viagens o levaram pelo mundo e por fim a um convento secreto que se acredita estar localizado nas montanhas selvagens do remoto Paquistão. Essas foram as palavras que seu professor proferiu quando ele conquistou a habilidade de mestre, que buscava há tanto tempo.
2. Ten Years After, do álbum *A Space In Time* (Capitol Records, 1971).
3. Daniel Dennett, *Consciousness Explained* (Boston: Back Bay Books, 1991): p. 433.
4. "The Thunder: Perfect Mind" [O Trovão: Mente Perfeita], *The Nag Hammadi Library*, pp. 297-303.
5. *Sefer Yetzirah: The Book of Creation*, Aryeh Kaplan, org. (York Beach, ME: Samuel Weiser, 1997): p. 165.